U0862167

中国工程院院士
是国家设立的工程科学技术方面的最高学术称号，为终身荣誉。

中国工程院院士传记

周君亮自传

周君亮 著

人民出版社
科学出版社

图书在版编目(CIP)数据

周君亮自传 / 周君亮著 .—北京：科学出版社，2018.1
（中国工程院院士传记）
ISBN 978-7-03-052722-6

Ⅰ.①周… Ⅱ.①周… Ⅲ.①周君亮–自传 Ⅳ.①K826.16

中国版本图书馆 CIP 数据核字（2017）第099587号

责任编辑：张 莉 张翠霞 / 责任校对：何艳萍
责任印制：李 彤 / 封面设计：有道文化

编辑部电话：010-64035853

科学出版社出版
北京东黄城根北街 16 号
邮政编码：100717
http://www.sciencep.com
北京凌奇印刷有限责任公司印刷
科学出版社发行 各地新华书店经销
*
2018年1月第 一 版 开本：720×1000 1/16
2025年2月第五次印刷 印张：18 插页：4
字数：240 000

定价：88.00 元

（如有印装质量问题，我社负责调换）

周君亮　中国工程院院士

1963 年，年届 73 岁的母亲钱福闺

1955 年年初，与爱人储复仙结婚合影

1949 年 6 月，从复旦大学理学院土木工程系（水利组）毕业时留影

1941 年，在江苏省立苏州工业专科学校机械科（五年制）读二年级时留影

1986 年 11 月，与爱人储复仙（工作到 60 岁退休）合影

1988 年 11 月离休前全家合影（前排左一：爱人储复仙，左二：周君亮，后排左起依次为：儿子周储伟，女儿周储宏、周储明、周储光）

1992 年 7 月离休后在家工作留影

2003 年春节与爱人储复仙合影

2002 年春节全家合影

1983年6月，参加水利部《水闸设计规范》（报批稿）审稿会，后排左四为江苏省水利勘测设计院沈潜民、左五为江苏省水利厅代表周君亮

2003年10月，参加东深供水改造建设与技术管理及科技成果鉴定暨学科评审会时合影
（前排左二为郑守仁、左三为赵国藩、左四为潘家铮、左六为罗绍基、左七为周君亮）

2005年年满80岁，
为中国工程院资深院士

2015年3月，年届90岁

2015年3月，在杭州参加学术活动

1952 年，设计和建成高良涧船闸，首次建人字门同步开关运行

1956 年，设计和建成淮河入海射阳河挡潮闸，为国内首座电动启闭∏型弧形闸门

1958 年，设计和建成京杭运河工程江苏段 230m×20m×5m 船闸，共 7 座，图为淮阴船闸

1976 年江水北调工程设计和建成皂河第一抽水站，Q=200m^3/s，2 台套 ϕ=6m 斜流泵

2005 年，参加浙江省绍兴市曹娥江大闸枢纽工程建设专家组第一次会议（前排左五为潘家铮，后排左五为周君亮、左六为韩其）

1960～1974 年，设计和建成江水北调工程江都抽水站一、二、三、四站，抽江水 Q=400m^3/s

1967 年，三河闸加固设计，排洪 Q=12 000m^3/s，首次采用地基黏土极限滑动剪切系数设计

1972 年，设计和建成淮河入江水道金湾闸，排洪 Q=3200m^3/s，反拱底板正拱桥水闸结构

1974 年，设计和建成江都抽水站四站，排洪 Q=210m^3/s，7 台套 ϕ3.1m 轴流泵

1975 年，上海水泵厂 ϕ6m 斜流泵，H=7.5m，Q=100m^3/s

1984 年，指导设计和建成京杭运河复线船闸 11 座，20m×230m×5m，闸室 23m，图为宿迁船闸

1979 年，在连云港港区西海堤施工工地

1984 年，指导设计和建成京杭运河高邮临城东堤拓宽去除“卡脖子”航段

1988 年，指导设计和建成京杭大运河刘老涧复线船闸

1988 年，指导设计和建成京杭大运河淮阴复线船闸

1988 年，指导设计和建成京杭大运河泗阳复线船闸，图为上闸首消能室

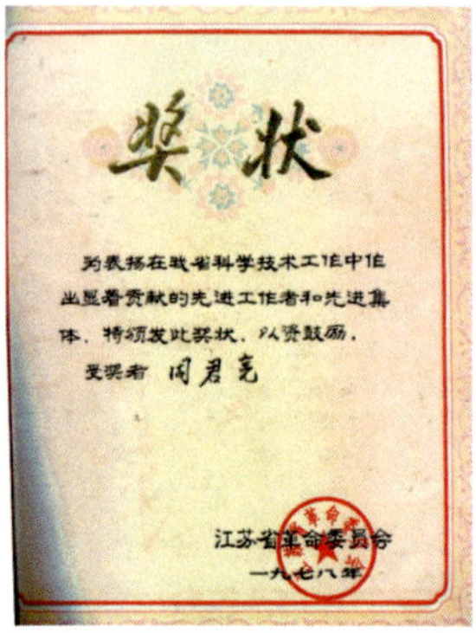

1978 年，荣获江苏省科学大会授予的“在科学技术工作中作出显著贡献的先进工作者”称号

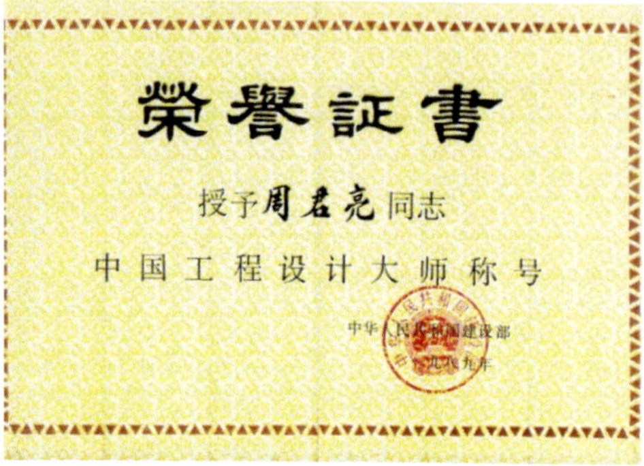

1989 年，获“中国工程设计大师”荣誉称号

1990 年，设计和建成无锡犊山防洪枢纽，不碍航，工程景观与湖光水色融为一体

1990 年，设计和建成无锡犊山防洪控制工程船闸

1995 年，当选为中国工程院院士

中国工程院院士传记系列丛书

领导小组

顾　问：宋　健　徐匡迪

组　长：周　济

副组长：陈左宁　黄书元　辛广伟

成　员：董庆九　任　超　沈水荣　于　青
　　　　高中琪　王元晶　高战军

编审委员会

主　任：陈左宁　黄书元

副主任：于　青　高中琪　董庆九

成　员：葛能全　王元晶　陈鹏鸣　侯俊智
　　　　王　萍　吴晓东　黎青山　侯　春

编撰出版办公室

主　任：侯俊智　吴晓东

成　员：侯　春　贺　畅　徐　晖　邵永忠　陈佳冉
　　　　汪　逸　吴广庆　常军乾　郑召霞　郭永新
　　　　王晓俊　范桂梅　王爱红　宗玉生　唐海英
　　　　张　健　黄海涛　李冬梅　于泽华

总　　序

20世纪是中华民族千载难逢的伟大时代。千百万先烈前贤用鲜血和生命争得了百年巨变、民族复兴，推翻了帝制，击败了外侮，建立了新中国，独立于世界，赢得了尊严，不再受辱。改革开放，经济腾飞，科教兴国，生产力大发展，告别了饥寒，实现了小康。工业化雷鸣电掣，现代化指日可待。巨潮洪流，不容阻抑。

忆百年前之清末，从慈禧太后到满朝文武开始感到科学技术的重要，办“洋务”，派留学，改教育。但时机瞬逝，清廷被辛亥革命推翻。五四运动，民情激昂，吁求“德、赛”升堂，民主治国，科教兴邦。接踵而来的，是18年内战、14年抗日和3年解放战争。恃科学救国的青年学子，负笈留学或寒窗苦读，多数未遇机会，辜负了碧血丹心。

1928年6月9日，蔡元培主持建立了中国近代第一个国立综合科研机构——中央研究院，设理化实业研究所、地质研究所、社会科学研究所和观象台4个研究机构，标志着国家建制科研机构的诞生。20年后，1948年3月26日遴选出81位院士（理工53位，人文28位），几乎都是20世纪初留学海外、卓有成就的科学家。

中国科技事业的大发展是在中华人民共和国成立以后。1949年11月1日成立了中国科学院，郭沫若任院长。1950—1960年有2500多名留学海外的科学家、工程师回到祖国，成为大规模发展中国科技事业的第一批领导骨干。国家按计划向苏联、东欧各国派遣1.8万名各类科技人员留学，全都按期回国，成为建立科研和现代工业的骨干力量。高等学校从中华人民共和国成立初期的200所增加到600多所，年招生增至28万人。到21世纪初，高等学校有2263所，年招生600多万人，科技人力总资源量超过5000万人，具有大学本科以上学历的科技人才达1600万人，已接近最发达国家水平。

中华人民共和国成立60多年来，从一穷二白成长为科技大国。年产钢铁从1949年的15万吨增加到2011年的粗钢6.8亿吨、钢材8.8亿吨，几乎是8个最发达国家（G8）总年产量的两倍，20世纪50年代钢铁超英赶美的梦想终于成真。水泥年产20亿吨，超过全世界其他国家总产量。中国已是粮、棉、肉、蛋、水产、化肥等世界第一生产大国，保障了13亿人口的食品和穿衣安全。制造业、土木、水利、电力、交通、运输、电子通信、超级计算机等领域正迅速逼近世界前沿。“两弹一星”、高峡平湖、南水北调、高公高铁、航空航天等伟大工程的成功实施，无可争议地表明了中国科技事业的进步。

党的十一届三中全会以后，改革开放，全国工作转向以经济建设为中心。加速实现工业化是当务之急。大规模社会性基础设施建设、大科学工程、国防工程等是工业化社会的命脉，是数十年、上百年才能完成的任务。中国科学院张光斗、王大珩、师昌绪、张维、侯祥麟、罗沛霖等学部委员（院士）认为，为了顺利完成中华民族这项历史性任务，必须提高工程科学的地位，加速培养更多的工程科技人才。中国科学院原设的技术科学部已不能满足工程科学发展的时代需要。他们于1992年致书党中央、国务院，建议建立“中国工程科学技术院”，选举那些在工程科学中做出重大创造性成就和贡献，热爱祖国，学风正派的科学家和工程师为院士，授予终身荣誉，赋予科研和建设任务，指导学科发展，培养人才，对国家重大工程科学问题提出咨询建议。中央接受了他们的建议，于

1993年决定建立中国工程院，聘请30名中国科学院院士和遴选66名院士共96名为中国工程院首批院士。1994年6月3日，召开了中国工程院成立大会，选举朱光亚院士为首任院长。中国工程院成立后，全体院士紧密团结全国工程科技界共同奋斗，在各条战线上都发挥了重要作用，做出了新的贡献。

中国的现代科技事业起步比欧美落后了200年，虽然在20世纪有了巨大进步，但与发达国家相比，还有较大差距。祖国的工业化、现代化建设，任重路远，还需要数代人的持续奋斗才能完成。况且，世界在进步，科学无止境，社会无终态。欲把中国建设成科技强国，屹立于世界，必须接续培养造就数代以千万计的优秀科学家和工程师，服膺接力，担当使命，开拓创新，更立新功。

中国工程院决定组织出版《中国工程院院士传记》丛书，以记录他们对祖国和社会的丰功伟绩，传承他们治学为人的高尚品德、开拓创新的科学精神。他们是科技战线的功臣、民族振兴的脊梁。我们相信，这套传记的出版，能为史书增添新章，成为史乘中宝贵的科学财富，俾后人传承前贤筚路蓝缕的创业勇气、魄力和为国家、人民舍身奋斗的奉献精神。这就是中国前进的路。

宋健

目　录

第一章

学习时期思想演变

第一节　小学与中学求学

1925年2月14日，我出生于江苏省无锡县雪浪乡许舍镇（现为许舍村）。名君良，字浩昌，1944年春进入复旦大学英语专修班时改名为周君亮。

1931年9月至1937年7月，一年级至五年级和六年级分别在无锡县雪浪乡许舍小学和无锡县荣巷私立公益小学学习并毕业。

1937年9至11月，在无锡县荣巷私立公益初中读一年级，同年11月，日军侵入无锡，无锡沦为日军占领区，学校关闭，我因此失学回家。

1938年秋，我进入家乡附近的板桥镇私立惜阴初中读二年级，当时，小学六年级和初中一年级至二年级的学生在一个教室内上课。1940年7月，我从惜阴初中毕业。该校后被日军烧毁，有老师为躲避逮捕，被日军烧死。

由于日军侵占了京沪，家乡出现了游击队，后来又出现了中国共产党的组织。1939年冬，我因姐姐的关系认识了周保中、杨秋滨二人，经他们介绍，我开始接触一些进步书籍，在他们的建议下，我在惜阴初中组织了读书会，有杨资生（杨石平）、董玉伦（董大光）、何仲道、杜洪深、殷正中等7人参加。读书会的内容是阅读革命理论书籍，有艾思奇写的《大众哲学》等，这使我日后对唯物论哲学一直很有兴趣。1940年夏，读书会因我毕业而解散。之后杨资生、董玉伦和我一直有往来。

1940年8月，杨秋滨找我谈了一次话，大致内容是希望我参加中国共产党，并在周围学生和青年中做一些联系工作。当时我对日军侵占国土、残杀国人怀恨在心，很想参加游击队，但母亲不同意，她希望我能继续读书。

1940 年 10 月，周保中受我母亲委托将我送到了无锡的私立正风中学，读高中一年级，同年 12 月日军“清乡”，烧了许舍镇的房子，我家房子也全被烧毁。日军用竹篱笆将许舍镇隔开，进入许舍镇需经日军检查，没有竹篱笆内发的“良民证”的人不准入内，于是我也无家可归了。

1941 年春，因弟弟读书，我也不能回乡，于是我家搬到无锡城中居住，从此我和周保中、杨秋滨的联系中断。随着我逐年长大，母亲希望我到上海读工科，以便可以快些时间工作自立。1941 年 8 月，我考取了位于上海市租界内的江苏省立苏州工业专科学校机械科（五年制），读二年级，住在同学家的余有房屋内。同年 12 月，日军进入租界，学校解散，市内购粮困难，我失学回无锡城内家中居住。1942 年下半年，我考入无锡私立圣德中学读高中三年级上学期，此时母亲已想方设法让我到重庆去找哥哥。

1941 年，在江苏省立苏州工业专科学校机械科（五年制）读二年级时留影

1943 年 1 月 29 日，我与圣德中学同学程定和程定认识的胡家骥三人自无锡乘木船到宜兴县丁山镇，此时丁山镇已被日军占领，所以又步行到张渚镇，住在程定家认识的教育书店里，等待家中将我的路费从无锡一家书店转来。程定因病留在张渚镇，我和胡家骥二人同在张渚镇认识的从上海来的姚铭德一家三人（姚铭德、姚铭德的姑母、姚铭德姑母家上初中的儿

子）从2月8日开始步行千余里[①]，先经安徽省屯溪到江西省婺源，雇乘船民木船由婺源顺赣江支流到乐平，再穿鄱阳湖到进贤附近，改乘轮船到吉安已是3月15日了。姚家三人等来钱暂留吉安。我与胡家骥二人乘汽车自吉安到湖南耒阳，改乘火车经衡阳到桂林，又乘火车到金城江，从金城江经贵阳到重庆，因无正常汽车班运，只能花钱搭乘运输货物的军用汽车。胡家骥留在贵阳，我一人从贵阳到重庆已是4月10日，历时70余天。

自我七八岁起，家中经济状况逐渐败落，由于父亲常年在外，另组家庭，不管家中事，母亲极为悲伤，我的童年就是在这种境况下度过的。特别是在抗日战争全面爆发的几年中，家中经常遭受乡保长以应付日军为名的捐款，敲诈勒索，这在我当时的思想意识中渗入了不满现状的反抗情绪。当时处在日军侵占区，心怀民族仇恨，又具爱国热忱，对游击队挎着枪英雄豪杰般的生活非常羡慕，我又较早就接触到了一些进步书籍和思想，因而对当时社会的黑暗和民不聊生、日军侵略践踏的现状非常厌恶和痛恨。我家原在本乡尚算“上层”人家，母亲耳提面命，要我们认真读书，希望我们有一技之长，将来能立足社会，出人头地，可因社会动乱，家里经济已十分拮据，能否继续读书已无把握，我对未来感到迷茫。读高中时，我们家搬入了城市，耳濡目染的是物质上的享受，这虽然与我无关，但亦暗暗怀着羡慕和留恋。因此，在我面前有两条路：一条是投身到抗日救国的革命大洪流中去，参加新四军；另一条是继续读书追求个人出路。我犹豫、徘徊了整个高中阶段。当时正处“皖南事变”之后，江南的革命斗争形势十分严峻，虽然曾和杨资生商议设法去苏北，但家庭和经济原因决定了我对革命斗争的软弱性，加上对国民党所谓的抗战大后方重庆抱有幻想，那里有哥哥、叔父可依靠，在“搞工程技术必须进正规大学、搞政治则必须投入革命斗争中去”这种分工论的

① 1里=500米。

思想引导下，我选择了读书这条路，离家去了重庆。

我有一个远房伯父周大莱，在我六七岁时就给我讲三国演义、水浒、东周列国等故事，一再对我灌输清高和儒家的思想，这对我影响很大。这种思想亦适合我的出身，虽然无法摆脱当时经济地位下降的困局，但又不甘心还要挣扎着向上。亦是这种信念，促使我在旧社会污浊的旋涡中保持着一种正义和昂扬向上的品性。

第二节　在　重　庆

1943 年到重庆后，我先住在哥哥处，因我中学六年没有有效读书，所以当年暑假报考交通大学时未被录取。约五个月后，我搬入重庆市黄桷椏的教育部敌占区来渝学生寄宿舍，主要原因是可以多些时间准备功课考大学，其次是哥哥等办的一家研制生产消毒棉花的小型工厂资金被人窃取，我住在来渝学生寄宿舍可以享受免费食宿，能减轻哥哥的经济负担。我在寄宿舍一直住到旧历新年。当时国民政府军事委员会外事局委托复旦大学办英语专修班并招生，1944 年春节我经考试进入复旦大学英语专修班学习。

当时美国军队大批来华，国民党征调大学四年级的学生去当译员，委托复旦大学办英语培训班，培养英语口译水平高的人员。由于当时我居住的寄宿舍负责人贪污，我们的居住条件很差，且负责人一直在撵我走，我就去上了英语专修班。上英语专修班的主要目的是准备功课以考大学。由于报考英语专修班有一个条件，即一定要服从工作分配，否则就要追回食宿费，我怕考取大学后引起麻烦，故将原名周君良改为周君亮。到了复旦大学英语专修班后，我就和哥哥失去了联系。当时复旦大学生物系主任薛芬教授一家与我家关系很好，和我母亲很熟悉，但我没去找他们，主要是怨恨自己无能考不上大学，所以一定要从跌倒的地方自己爬起来。

暑假时我向同学借了钱到重庆去考大学，报考了两所大学。考了交通大学后，我便开始寻找哥哥的下落，找到了大叔父，他告知哥哥此时处于潦倒落魄的境地，住在小旅店里靠借贷度日。当时大叔父的态度似乎是怪我们不争气，给他添麻烦，我一气之下，向在寄宿舍时认识的、当时已在重庆一个机关内当小职员的蒋桂林借了钱回到复旦大学，参加了英语专修班的考试。此刻我已身无分文，过冬无棉鞋，也不问考大学是否被录取，将读书用的绘图仪器卖了还欠钱。

怀着进大学读工程专业开拓美好前途的梦想，我跳出了家庭的保护圈，离家来到重庆。在这段日子里，我看到了广大农村民众的贫困饥寒境况，人们身上的重重枷锁，国民党官吏的贪污腐化，有钱是天堂、没钱是地狱的黑暗生活，我对所谓的抗战大后方的幻想破灭了。在那里虽然看不到日军直接的践踏，但由民族仇恨所激起的爱国热忱正在衰退。随着大环境的改变，当时我满脑子考虑的都是个人的前途和出路，到重庆的目的是考大学，但事与愿违未能考上，哥哥的经济情况十分糟糕，世态炎凉，这更激起了我要挣扎向上的斗志。在没有出路的情况下，我无可奈何地选择去当译员。

第三节　当译员阶段

我同英语专修班的十多名同学及从各大学征调来的学生共七八十人（少数人是招考来的），由当时的国民政府军事委员会外事局送到昆明译员第四期训练班受训，时间为一个月。在离开昆明前往印度的前夕，我接到从复旦大学转来的哥哥的来信，知道他到了重庆豫华纱厂工作。

译员训练班训练的内容是英语口译、会话及学习翻译一些军用名词。任教者除了几名美国军官外，均由西南联合大学的教授兼任，教务长亦为西南联合大学的教务主任，班主任是国民政府军事委员会外事局昆明办事处的戴主任。

1944年11月初，我们40多人乘飞机飞越喜马拉雅山，来到印度阿塞姆省，被分配到印度阿塞姆省列多中国驻印军外事局。当时列多尚是抗日前方，同去的人一部分被分在美军医院为医生医治中国伤兵时当翻译，我们8人被分配到将要开办的中国汽车高级驾驶学校，8人中有吕巽生[①]、孙芳垂[②]。我们暂寄住在列多附近麦格里多的美军第四野战医院内等待开学，逗留了两个半月。在这段时间内，我除了看英语小说、找人用英语闲聊外，几乎无事可干。为了提高英语水平，我买了不少英文书，其中包括尼赫鲁写的革命自传。在12月初拿到薪水后，我们8人悄悄到印度西浪风景区玩了8天。

当时中国驻印军的少校加翻译的报酬是每月补贴40卢比，共190卢比。一般称我们为“翻译官”或“少校”。1945年6月，当时的国民政府军事委员会外事局局长何浩若来印度召集我们谈话，明确应称呼我们为“先生”（master），共分五级，为军队雇员。

1945年1月中旬，缅滇公路打通，美军成立了中国汽车高级驾驶学校。教员是临时抽调来的，训练中国士兵驾驶汽车及一级保养汽车，结业后驾驶援助中国的汽车回国。我们7人（1人因被汽车碰断腿住医院）2月中旬先到学校学习驾驶汽车，共计20人左右，除一人做饭外，其他都是译员，主要配合汽车驾驶学校的工作。1945年3月，由学校去连队驻地用汽车接来学员，训练汽车队驾驶，

① 复旦大学英语专修班同学，1949年毕业于复旦大学英语系。

② 中央大学土木工程系四年级应届毕业生，1989年当选为第一届中国工程设计大师。

晚上再送回去，每班训练时间为 7 天或 10 天不等，由 1 位美国军官（尉级军官）、2～3 名士兵及 1 名译员组成。我在汽车驾驶学校的大部分工作地点是修理厂，为美军教一级保养和 20 多个修车工修车时当译员。在修理厂的翻译只有我一人，环境稍好，但工作十分繁忙，几乎成了不动手的修车工。少数时间在驾驶场，中间曾两次出差护送车队回国，到 100～200 英里[①] 的缅甸新平洋。一同出差的还有一位美军中尉，考察学员驾驶汽车技术。

由于与美国人接触较多，我们十分佩服他们对工作认真负责的态度，他们也很佩服中国士兵英勇抗日的精神，因而我们相处得很好。看美国电影、读美国小说，耳闻目睹，我对他们的物质文明、科学技术十分羡慕，亦曾有过幻想，希望将来能有机会到美国读书深造。同时，我也对他们打仗怕死、腐化堕落的生活方式感到厌恶。在接触中，他们偶有轻视中国士兵的现象，还有种族歧视，这伤害了我们的自尊心，使我对他们感到不满。

在此期间，我们住在原始森林中，与外界几乎完全隔绝，天气炎热又处于雨季，环境条件十分恶劣，但物质供给相对丰富。因为不知道战争何时能结束，也不知道今后会到何处去，所以除了怀念家乡、亲人外，我在当时的生活中毫无目标可言。

汽车驾驶学校在 1945 年 7 月停办，抗日战争胜利后，我们等待回国。8 月初，我们 4 人请假去印度加尔各答玩了 4 天。同年 9 月回国，住在昆明译员招待所等候遣散。9 月中旬，我们以“三级翻译官”的身份在昆明被遣散。遣散后，10 月初我到重庆进入复旦大学土木工程系一年级读书。

① 1 英里 =1609.344 米。

第四节 大学阶段

1945年10月初，我赶回位于重庆的复旦大学，校方要我交高中毕业证明，我在英语专修班的同学周熙安帮我弄了一张高中文凭证明——冀鲁豫边区战时中学高中毕业证明书。为了读书，多年来我历经磨难，所以有机会读书了，我的学习劲头很大。当时我有一些积蓄，生活上不用担心，美中不足的是我的志愿是学机械，而复旦大学理学院只有土木工程系。当时我有转学的想法，整天在图书馆里埋头读书，两耳不闻窗外事。

1946年年初，学校发生了特务学生殴打“谷风”编辑事件，洪深教授亦受侮辱。我是目击者，十分气愤，便签名支持正义。当时与我同寝室的8名同学中，新闻系的许子美同学也签了名，而其他几人中有特务学生的同路人反对签名，因而我们分成了三派。反对的同学对许子美加以讽刺，我虽整天待在图书馆内，和他们接触少，但也被他们看在眼里。为了发动内战，国民党策动反苏大游行，当时由“三青团”出面，校长章益在全校大会上做了动员，宣布学校停课，要求全体同学参加游行，校内气氛十分紧张。我因不相信苏联红军杀死中国工程师张辛夫，抢走东北工业设备，因而不想参加反苏大游行。当时我哥哥在重庆小龙坎的豫华纱厂工作，我们两人两年未见，因而想趁游行之机去看望哥哥。那天我由学校步行到重庆沙坪坝，到达时天已黑了，只好住在中央大学教室内，一早再出发去哥哥家。

1946年夏天，我随学校一起回到上海。母亲请人在许舍镇建了房子，我回家便有了房子居住，但家庭经济条件仍然十分差。但无论如何我进大学读书的愿望实现了。可由于国民党发动内战，时局不稳，毕业了又能怎样，前途迷茫，我在思想上感觉很苦闷。此时杨资生[①]在上海闸北小学教书，我知道杨资生和中国共产党有联系，于是有空就去找他，并借阅一些进步书籍。1946年冬，美军士兵强暴北京大学女学生，该事件掀起了要求美军撤离中国的学生运动，在游行中我担任了纠察。通过这次运动，我对美国参与中国内战，以援助为名、实则进行经济侵略的认识有所提高。但在个人主义思想支配下，1947年春我参加了面向曾担任过美军翻译的人进行的选拔留学考试，此为国民党在征调大学生当译员时答应的条件，但我未被录取。接着，学校内掀起了反饥饿、反内战运动，我在游行中担任纠察。当时逮捕了七八个同学，在欢迎被捕同学回来的晚会后，同学们在回寝室的路上遭到埋伏在此的特务的殴打，我和许子美等4人在路边的麦田里躲了一夜。

面对国民党的血腥魔爪，我的心中激起了无限的憎恨，也因此开始有加入中国共产党的想法。我曾向在上海的杨石平提出要加入中国共产党，杨石平答应将我的情况和要求向组织反映，希望学校里的党组织帮助我。此时，国民党对学校里的进步学生进行迫害，大批进步学生离开学校，学生运动跌入低潮，我体会到革命必须要有武装，否则都是没用的。除了参加学生联合会领导的一些活动外，我还阅读了一些进步的小册子。1947年暑假，乡保长勾结区里的工作人员收壮丁款，向我家勒索，威胁要带我到区政府去，我意识到离开了集体，个人的力量是极其微弱的。由于物价上涨，加上苛捐杂税，农村的经济情况日渐变坏，沉重的大山压在人民的头上，我感到要翻身只有走革命的道路。

1948年春，我被选为复旦大学土木工程系系会干事，系会有7位干事，我负责系会小图书馆及文艺活动。1948年暑假，系会介绍我到上海郊区大场镇附近由上海幼稚师范学校同学办的农村托儿所盖房子，在大场镇孟江巷托儿所内住了40多天，和在托儿所内工作

① 已改名杨石平，1942年加入中国共产党，上海市委宣传部局级离休干部。

的幼师同学一道工作，由当地农民轮流供饭。负责托儿所的王淑军是幼师学生，中华人民共和国成立后在上海国棉二厂工作，后来我才知道她是中共党员。

1948年下半年四年级分组，重庆来的同学都选读水利组。水利组有一位国内水利部门派去在美国垦务局工作几年刚回来的教师，他用美国技术编了一本设计水工建筑物的书。我看了他的书，感到学校内的书本知识与水利工程联系十分紧密，于是考虑后选读水利组。

我仍被选为系会干事，校中成立了应变组织，一方面，由系会公开组织同学参加；另一方面，在秘密组织的常设委员会的领导下，各班成立半公开的生活小组，团结同学讨论时事，迎接中华人民共和国成立。我担任生活小组长，名字也上了国民党特务要搜捕的黑名单。1949年1月，同班同学洪家罕介绍我参加中国共产党。1949年3月，我被批准加入中国共产党，成为上海市的地下党员。

刚进大学时，我用功读书，两耳不闻窗外事，对前途充满向往之情：抗日战争胜利了，国家安定了，憧憬自己毕业后参加祖国建设，从中亦可获得名誉地位，这一切只有从自己努力读书做起，这是我唯一可以向上的道路。然而在“谷风”事件中，在感情冲动下，我签名支持了正义。在国民党气势汹汹发动反苏大游行时不敢得罪，采取了两面派做法，似参加，实则去了哥哥家。在国民党为译员举行留学考试时，亦抱着试一试的侥幸心理。在国民党发动内战、民不聊生，感到读书亦没有出路、个人前途迷茫的情况下，在同志们的启发和带动下，我阅读了一些进步书籍，对国家的社会情况、革命前途有了一些认识。经过学生运动的锻炼，我才逐步认识到，只有中国共产党领导下的革命，才能解放全中国，人民才能翻身当家做主，个人的命运与前途只有和集体结合在一起才能有力量冲破旧社会的束缚，迎来新社会的曙光。

第二章

工程工作经历和科技探索进程

第一节　苏北行署农水处棉垦局

1949年6月，从复旦大学理学院土木工程系（水利组）毕业时留影

1945年10月至1949年6月，我在复旦大学理学院土木工程系（水利组）学习，1949年6月大学毕业。

1949年8月，我在上海市军事管理委员会农水处举办的棉垦训练班学习。1949年苏北棉垦区受台风灾害，棉花失收，海上受封锁，华东地区棉花供应很少，上海市学生联合会动员全市水利专业毕业的大学生在棉垦训练班学习后到苏北发展棉垦。当时我已报名南下参加工作，因多名水利组同学参加苏北棉垦训练班，我因此也改去了该班。

1949年9月，交通大学水利系、同济大学土木系和复旦大学土木工程系（水利组）应届毕业生二十余人在棉垦训练班学习政治。三所大学各有一名中共预备党员徐乾清①、蒋崇文②和我组成临时党小组，我被选为党小组长，经介绍，我们来到位于泰州的苏北行署农水处参与垦区水利工程建设。工程师陈之定、沈衍基、曹靖华三人同行到苏北行署农水处报到。11月农水处内成立棉垦局，棉垦训练班同学被定为三级工程员，棉垦局带了一班中国人民解放军搬到射阳县大中集。是年冬，棉垦训练班来的同学为淮河入海水道测量，

① 后曾在水利部任总工，1999年当选为中国工程院院士。

② 从江苏省水利厅离休。

宋乃聪和我参加工程师沈衍基为射阳县西潮河建咸水洞涵洞的设计，因我是水利工程专业的学生，又学过力矩分配法，我设计采用在天然地基土上钢筋混凝土 3m×2m 整块洞身（即底板），利用天然地基，装蝴蝶阀门控制输水，宋乃聪设计翼墙，因接触到了软弱地基和复杂结构，困难得几乎无从着手。我深感解决工程中的技术问题要将各技术学科的书本知识和工程实践相结合，只有将它们结合起来才能成为可用的技术知识，这促使我在以后的工作中始终重视通过工程实践与学科技术相结合的方法来提高业务水平。

农村土地改革前夕，阶级斗争异常复杂。棉垦训练班的同学在为淮河入海水道测量时，反革命分子在春节前的一个早晨向棉垦局食堂水中投放砒霜，包括我在内的多人吃早饭时中毒，可能因水中投放的砒霜量较少，我虽胃痛、体肿，但胃未出血。此时苏北行署已从泰州搬迁至扬州，棉垦局也搬回到扬州。

1950 年春，我和同学施启泰、蒋鼎生到大中集棉垦区为建上海劳教农场围垦测量，查勘沿海棉垦区水利，后从上海市劳教人员中要来三人协助我们测量和自办膳食。因长期在棉垦区棉农家睡地铺，我患了风湿，腿痛，行走困难。测量任务完成后，我住医院接受治疗。1950 年夏，高铿科长和我查勘棉垦区回来的第二天，反革命分子又在农水处食堂饮水缸中投放砒霜，多人和我中毒，我呕吐至胃出血，入院接受治疗。

1949 年，沂河、沭河暴发大洪水，年冬苏北行署救济农民，以工代征，由农水处负责建设导沂水利工程，人工开挖新沂河，漫滩行洪经灌河下游排水入海。1950 年，农水处钱龙章负责修复被日军炸毁的运河淮阴船闸。

第二节　苏北治淮总指挥部计划处

1951 年 6 月，在扬州成立苏北治淮总指挥部，导沂水利工程技术人员调入该部，农水处副处长熊梯云兼任副总指挥，高铿调任政治部主任。棉垦训练班同学除施启泰留在棉垦局、我调往水利局外，其余同学都调到苏北治淮总指挥部计划处。不久，水利局并入苏北治淮总指挥部，我也因此调入该部计划处，其主要负责水利规划和工程设计。刚调来计划处的胡同生给我看入海废黄河在淮阴的 Q=500m^3/s 杨庄闸设计总图，与我讨论计算底板。该闸是 1934 年由治淮工程师设计的，1936 年建成，日军侵占时被炸毁。该闸的特点是闸墩简支两端部分外伸钢平板闸门传来的水压力，闸基土质差，木桩基，计算木桩承担部分闸身水推力，连接土堤的岸墙原为钢板桩，闸身边孔不承受土压力，节省闸身工程量。1951 年，苏北治淮总指挥部钱龙章开始主持修建，将连接土堤的岸墙改为与苏北灌溉总渠设计的水闸一样使用钢筋混凝土空箱。

当时淮河水利委员会规划计算淮河泄洪不需要政务院已定于 1951 年开工的 4500m^3/s 入海水道，洪泽湖蓄水位由原定的 ∇13.50m 改为 ∇12.50 m。1951 年，苏北行署将入海水道改为以工代征开挖行水 800m^3/s 的苏北灌溉总渠，实可行洪 1000m^3/s 入海。配套设计、施工有高良涧进水闸、运东闸、六垛南闸、六垛北闸、二罾闸、夸套闸，还有配套中运河洪水入长江的运南闸，经新沂河入海的皂河节制闸、皂河船闸、洋河滩闸等。计划处设计各水闸身结构都沿袭杨庄闸设计，闸身边孔不承受土压力，连接土堤的岸墙为钢筋混凝土空箱，都用天然地基，采用 ⊓ 型弧形闸门。1954 年行洪，运东闸下到六垛南闸入海水面比降过大，河床严重冲刷，随后配套增建阜宁腰闸，东沙港闸，阜坎南、北船闸等。1951 年，我开始参加设计皂河节制闸，同设计的总工程师孙幹堂曾要我到上海讨教圆形空箱翼墙钢筋混凝土面板能否做直板计算。导沂工程的方福均设计洋河滩闸，他取⊓型弧形闸门，和我向陈之定处长请示，处长的意见是⊓型弧形闸门使闸墩和支座受力复杂，采用⊓型弧形闸门，由闸底板上做与闸墩分开的门墩，支承闸门水压力经门墩传到由地基土抗滑剪切强度承担，闸身结构受力似同杨庄闸，开启闸门力比杨庄闸的平板门小很多。我的设计工作过半，计划处要我将设计资料交给刚来的彭士彰，我被调去配合老工程师胡宏尧设计皂河水利枢纽中10m×100m皂河船闸。

皂河船闸位于多次冲毁的中运河骆马湖南堤，该堤身土结构多次倒塌，故采用桩基。胡宏尧与我讲，闸首结构人字门水压力集中作用在闸首两侧有输水孔的墩墙上，计算安全没有把握，按德文书上的图片，设计卧倒门，开关卧倒门为闸室输、泄水，不设输水洞，土建简单。为减轻门重，胡宏尧在卧倒门门顶上加用滑动平板钢门，挡高洪水位，卧倒门与平板门滑动连接，建门库，闸首形成复杂结构。我不知道华东建筑工程公司同意接受绘制节制闸钢闸门施工图、监造闸门和配套启闭机，不接受绘制船闸卧倒门的施工图等工作；也不知道20世纪30年代建的运河淮阴船闸等人字钢闸门的施工图绘制、制造，启闭机配套来自英国。设计完成后，计划处要我到上海驻厂监制船闸卧倒门、配套启闭机和监督工地安装。节制闸闸门设计和启闭机配套由华东建筑工程公司完成，在华东建筑工程公司总工和厂技术工人协助下，我克服困难，绘制完成船闸卧倒钢闸门和平板门，以及两门滑动连接的机械部件施工图，配套启闭机，完成监制施工图，并顺利完成工地安装。

闸门钢结构在厂制作完成运输到工地安装时，我想学习江阴船闸设计，便来到江阴县江阴船闸建设工地。江阴船闸是双向水级，三角门设计，工地在挖河道土方。

皂河船闸建成试运行时，由于当时的运河航船习惯，晚上不行驶，船闸上、下游停了几十条船，第二天要花费较长时间才能全部过闸，且人力开闸门费时费力，群众有意见。我赶到工地修改设计，随卧倒门启门力变化装分块平衡重，减轻启门力，再利用水压力加快关门，实现人力快速开、关闸门。修改后深受称赞，这促使我在以后的工程设计中十分重视研究操作使用上的方便。船闸由江苏省交通部门管理，正常运行20年，20世纪60年代末中运河发洪水，可能由于滑动平板门关门不及时，洪水冲倒平板门，整座船闸被冲毁。因过去多次冲毁的中运河骆马湖南堤无土方加固，1957年江苏省水利厅决定废除皂河枢纽，1958年在它下游建宿迁枢纽。船闸被冲毁，骆马湖湖水淹了船闸下游农田1万多亩①，幸好由于无居民居住，未酿成大祸。但在黄墩湖地区排涝未解决前，要维持皂河闸下运河低水位通航，该枢纽不能废除。20世纪60年代初，由江苏省交通厅设计修建口宽15m人字门的皂河船闸弥补。该事故发生时可能因我在“靠边”审查，没有人告诉我。1973年冬，我查勘倒塌的皂河南堤，看到船闸冲毁后已打坝成航船货物人力驳运的地方。这是我设计的第二个工程，是在运河上自行设计建造的第一座船闸，此船闸安全运行了20年。

此时我已知道钢结构构件合拼节点整体受力无法人工计算，只能通过试验或凭借经验，构件制作要专门放样裁剪。挡水位差小的钢闸门设计都按平面结构计算，按经验合拼节点，因此，结构构件按平面放样制作，如有节点连接合拼要立体放样，不按投影几何计算，由工人按经验放样剪裁。因钢闸门结构施工图与机械部件、船闸钢闸门配合较多，所以需要设计机械部件。调我参加设计船闸可能因我曾是苏州工业专科学校机械科学生，原有志愿学机械之故。

副指挥熊梯云在苏北灌溉总渠添加12座引、排水涵洞，有人反映他违反基建程序，他因此被撤职，政治部主任高铿被降为科长，仍在指挥部工作。1952年，苏南、苏北行署合并，在南京成立江苏省水利厅，陈克天任厅长。与它合并的苏北治淮总指挥部暂留在扬

① 1亩≈666.7米^2。

州，原苏南水利局局长胡扬到指挥部当副指挥主持日常工作。1952年，设计三河闸、高良涧船闸、淮安船闸、泰州船闸、仙女庙船闸等。

我在设计单向水级高良涧船闸和泰州船闸时采用人字门，设计双向水级淮安船闸和仙女庙船闸时采用横拉门，人字门和横拉门设计参考射阳县西潮河咸水洞涵洞的设计经验，安装蝴蝶门输水。闸首土建不设输水涵洞，人字闸门闸首采用坞式土建结构，两侧空箱墙挡土，土建结构简单。横拉门闸首构造基本类似于皂河船闸卧倒门设计。我按照一本介绍美国新建船闸的英文小册子，设计采用压弯梁人字钢闸门和泰州船闸人字木闸门，开、关门时门轴转动，与闸侧墙间有止水条防漏水，关门时靠闸首墙侧的闸门水推力传到侧墙，开门时门轴与底枢轴承中心转移滑开2cm，保持门辆线垂直，底枢仅受门重压力。邀请同济大学李国豪教授讲解闸门面板与横梁上翼缘应力合成的知识，首次要求人字门同步开关设计，交通大学运输机械教研组的苏联专家协助试验左、右人字门的启闭机电机同

1952年，设计高良涧船闸，首次建人字门同步开关运行

步运行。与我同来的棉垦训练班同学在参加总渠配套水闸设计后参加施工，交通大学和同济大学多人前后离开苏北，下放地区水利局。

沈衍基副处长带领胡同生、宋乃聪、王鸿信等和刚分来的浙江大学、交通大学的几个毕业生，参加设计三河闸。闸身结构仍用⊓型弧形闸门，利用土样室内试验，按库伦公式确定地基土抗滑动承载能力的凝聚力，直接作为剪切强度，加上上游护坦拖重作为抵抗闸身抗水压推力，减少闸身钢筋混凝土用重量，作为设计成就。

同年，我与王鸿信和刚分来的圣约翰大学①的学生王应翔、谈文雄、唐其中，大同大学②学生邵汉耀、金忠杰，到上海驻厂监制闸门和工地安装。我负责船闸闸门制造，并请华东建筑工程公司协助我绘制钢闸门机械零件图，王鸿信负责三河闸闸门制造。施工顺利，安装、运行正常。因我对机械专业有兴趣，驻厂时参与了为工程设计启闭机械的工作，对水闸使用的10t和15t启闭机用苏联设计方法核算，主动设计大浦闸5t电动配减速箱的启闭机。

此时，船闸闸首门上装蝴蝶门输、泄水，门有振动，不能加大输水量，我认为闸首坞式结构，两侧空箱墙挡土，空箱底部设短廊道为闸室输、泄水，水流可以对冲消能，缩短输水时间，底板结构和边侧墙受力复杂，闸首设计合理。我已体会到土建是水闸等工程的结构主体，便将自己的设计工作重点和业务学习转到土建设计上，学习苏联书本中已有的介绍闸首坞式结构的计算方法，学习南京水利科学研究院做闸首短廊道输水模型试验等。后有沟通盐河的盐河船闸、沟通废黄河的杨庄船闸、沟通六圩河的朱码船闸，以及阜坎南船闸等，都是按闸首短廊道输水对冲消能设计。曾发生杨庄船闸安装时人字门门背十字架节板没有焊接就吊装，门扭曲变形很大，焊接节板后吊装无法完全消去变形，此船闸运行时在水压力下闸门

① 圣约翰大学诞生于1879年，是当时上海乃至全中国最优秀的大学之一。1952年院系调整，圣约翰大学停办。

② 大同大学是民国时期上海一所著名的综合性私立大学，1952年在院系调整中被撤销。

扭曲变形完全消去，门缝不漏水、蓄水等状况。我进一步认识到人字门结构受力变形特性，闸门的结构重心、门体的几何中心、水压力在门上作用的中心、闸门开关的使用力矩和门体的支承力矩，可能每扇门都稍有不同，如扭曲变形较小，在一定水压力作用下可以消除变形。

1953 年，我被评为一级技术员。因为计划处已公认钢闸门设计要与机械零部件配合，与电动设计配合，所以我被委任为处内金属结构设计组组长，彭士彰任副组长。除闸门设计外，我还承担驻厂监制、启闭机配套和配合工地安装等工作，成为处内有职称的两人中的一个，忙于为各土建建筑物设计配套。

1954 年淮河发生大洪水，洪泽湖最高洪水位达 ∇15.4m，处内大部分人参加了抗洪工作，我因在扬州做设计而未能参加。1953 年建成灌溉引水 $800m^3/s$ 的高良涧进水闸，发生抗洪的水位差比原设计大，滑动不安全，临时搬运钢轨压重闸身。后该闸在 1955 年和 1958 年两次加固底板，都未能完成加固，称因灌溉用水紧迫。淮河水利委员会重新规划洪泽湖洪水位原设计 ∇16m 不变，三河闸泄洪水 $8000m^3/s$ 改为原设计 $12\ 000m^3/s$，洪泽湖泄淮河洪水提高到 $16\ 600m^3/s$，下游入江水道水位仍由高邮湖 ∇8.5m 控制，可以减少三河闸泄洪水位差。洪泽湖冬春季蓄水位由 ∇12.5m 提高到原定的 ∇13.5m。苏联专家布可夫认为，挡洪水位稳定计算采用的地基土滑动摩擦系数 0.33 太大，如此重要的工程只能用 0.20。因三河闸闸身采用⊓型弧形闸门，闸底板上由与闸墩分开的门墩支承闸门水压力，要直接在闸底板上加重量才能增加挡洪水位稳定。计划处研究：闸身加固要建施工围埝和增加闸地板承受闸门水压拉力的钢筋都很困难。1925 年，苏联布孜列夫斯基从库伦公式导出黏性土极限滑动剪切系数公式 $\tan\psi_{\max}^{H} = \tan\varphi_{\max}^{H} + \dfrac{c_{\max}^{H}}{\sigma_{\max}}$，黏性土样凝聚力为在压应力下的部分极限滑动剪切系数。1927 年，德国的摩尔（Mohr）首次在水闸地基基坑采用小型压板滑动摩擦剪切试验，此时都未被工程学术界认可①。期望研究地基土基坑小型压板滑动试验，利用凝聚力加大地基土滑动摩擦系数，实现闸身挡水压力的安全程度。对外称建三河越闸，代替三河闸排洪水后，打围埝加固三河闸。我认定这是决定设计水工建筑物工程成败的关键技术，因此也成为我业务学习和研究的一个主要课题。

1955 年 5 月，胡同生、宋乃聪和我组成设计泄洪 3360 m^3/s 入海的射阳河挡潮闸设计组，前往蚌埠，由淮河水利委员会设计院水工结构室谈松曦主任指导设计，主要研究地基土摩擦系数和建闸位置。研究设计如下。①取用地基粉砂土摩擦系数 $\tan\varphi_{max}^{H}$=0.40，相当于小型压板极限滑动试验取安全系数 k=1.25 的摩擦系数；②采用 ⊓ 型弧形闸门，闸墩兼为门墩，底板受力明确，可以减少门墩阻水，水流顺畅，加大泄洪流量；③要计算门墩支承闸门水压力的偏心作用，请江苏省设计院沈潜民和华东水利学院傅作新教授研究受力计算和配钢筋；④由我计算 ⊓ 型弧形门门腿受力变形及对支座轴承磨损情况；⑤有 35 孔×10m 闸孔挡潮汐，同时开关多闸孔，采用电力集中启闭闸门等。设计后，我和唐其中到上海驻厂监制闸门，上海矿山机械厂负责制造启闭机，上海开关厂负责制造电气控制设备，我和电工王春保合作组成电动开关闸门的指示设备，请新成电器厂制造闸门开关位置仪表。时任江苏省委书记柯庆施写信给时任中共中央华东局工业部部长马天水请他协助，马天水请该部办公室主任协助。由于启闭机采用按照苏联标准图加工的单头蜗轮减速箱，带负荷启动开始时运转速度慢，摩阻系数大而达不到设计起重吨位，因此将电机连接减速箱的联轴节改为活动式，不带负荷快速启动，以降低单头蜗轮摩阻系数来解决问题。因闸用变电所供电机容量小，在集中开启闸门时电压降大，所以不能集中开动闸门。后在多方技

① 1976 年苏联的建筑法规《水工建筑物地基设计规范》仅承认作为与室内试验比较的一种方法，但在用 $\tan\psi_{max}^{H}$=0.45 时有限制条件，实对两者试验在工程应用方面不考虑。

1956 年设计淮河入海射阳河挡潮闸，为国内首座电动启闭∏型弧形门闸

术协助下该问题顺利解决，同时拓宽了我的技术知识面。1956年射阳河挡潮闸建成，其是国内首座采用∏型弧形闸门和集中电动启闭闸门的挡潮大闸。挡潮闸建成后发生闸下引河很快由拦门将涨潮水带来的泥沙淤浅狭窄，阻挡射阳河排淮河洪水，很难令人满意。当时研究认为，建闸挡高潮保护上游土地不受潮淹是必要的，闸上河水可以灌溉和饮用，建挡潮闸期望不减少河道排水入海能力，要多来淮水冲淤，是挡潮闸工程首要处理好的关键技术。这成为我当时业务学习和研究的第二个主要课题。

第三节　江苏省水利厅水利勘测设计院水工结构室

1956 年 1 月，指挥部内设立江苏省水利厅水利勘测设计院，为厅内处级部门，工程概预算编制及审批仍由计划财务处负责。在设计院内成立水工结构室，苏南设计人员并入后共有 95 人。方福均为室主任，胡同生、宋乃聪、彭士彰与我为副主任，我为八级工程师，和彭士彰分工同负责闸门金属结构设计，我还负责船闸设计和启闭机配套工作。当时我的分工还包括沟通长江南官河船闸、闸首宽15m的宿迁船闸等。当时室内设计工作分土建、金属结构和抽水排灌站三块，土建又分节制闸、船闸和泵站三块，设计计算采用英、美方法，同时兴起学习苏联科技热潮。厅内成立的总工程师室有8位总工，分管审查规划、设计、施工等工作。与审查不同建筑物设计的总工不同，室内人员调动困难，工作不协调。设计院成立后，设计院院长陶哲夫和方福均即调往淮阴地区，室内多人也很快调往各地、县，人数减少。为此，我提出将室内人员按建筑物设计临时分小组，仅将房屋设计和描图固定成小组，这有助于设计力量壮大，该提议得到厅领导的支持和事业心强的同事的赞同。但因有人要拓宽设计工作面，工作压力加大，所以落实提议时遇到阻力；也有人因设计小组组长不算职别，有矛盾；还有人说我是为了扩大权力。我自调到苏北治淮总指挥部计划处后，多年在外工作，要拓宽室内技术工作知识面的压力更大，所以我需要努力学习，提高业务能力。

1956年，苏北大涝，旱作物无法抗涝，决定旱改水。因水源不足，设计院设计开挖淮沭河，北调淮水到淮北和连云港，补充灌溉用水，同时按照水利部意见，分洪泽湖淮河洪水设计3000m³/s，校核4000m³/s经新沂河入海。设计院副院长孙斡堂认为该河土质太差不能分洪，该意见被否定。1957年建洪泽湖沟通淮沭河的二河闸，淮沭河漫滩行洪入新沂河。因骆马湖南堤过去发生过多次倒塌，加固无土方，安全防渗困难，所以计划废除皂河枢纽，建宿迁大控制枢纽，控制山东来水经新沂河入海，保持洪泽湖的淮河洪水经长江入海12 000m³/s和经新沂河入海3000m³/s，加上灌溉总渠等实现洪泽湖泄洪16 600m³/s的入海标准。建运河入海支河的朱码船闸、盐河船闸、杨庄船闸等和运河15m口宽宿迁船闸。1958年开始挖淮沭河，建淮阴闸、沭阳闸、柴米河地涵、钱集闸、六圹河地涵等，后又为沟通洪泽湖与中运河和淮沭新河等航运，建张福河船闸、淮沭船闸、六塘河船闸等。

1957年12月，苏北治淮总指挥部并入江苏省水利厅。勘测设计院多人已调往地、县，我担任勘测设计院水工结构室主任，同时是八级工程师，副主任为胡同生。宋乃聪调任江苏省水利厅办公室副主任，彭士彰不再任副主任。水工结构室兼管审核省管地、县设计的水利工程建筑物结构设计，水利厅计划财务处负责审批。1957年在泰州引江河工程中，我在分管的长江粉砂土地基上建南官河船闸，挖基坑时发生沙沸，当时采用挖槽排水降低地下水位，闸首坞式整体结构底板发生较大的三条裂缝。我分析后认为，由于在基坑局部开挖过程中发生基坑上层土承受地下承压水扰动，含水量增大，抗滑强度降低，在闸首两侧输水洞和挡土空箱墙浇筑时，闸首底板两侧土重压降为$\sigma_i \approx 0\text{t/m}^2$，地基土凝聚力也降为$c_{i\,\max} \approx 0\text{t/m}^2$，底板承受抛物线形地基反力，使跨中负力矩大于坞式结构整体计算，加上赶工期，此时混凝土强度较低，发生了裂缝。为总结事故原因，请该闸设计小组长谈文雄在1959年11月写成论文《松砂地基土弹性底板发生裂缝实例及今后处理意见》，年底各省设计院在水利部开会时宣读交流。闸室墙分20m一节，L形钢筋混凝土结构，立墙发生竖向断裂缝，缝间距约为3m，后在类似结构上此情况也多次发生，我分析认为是养护水很快淌淖，混凝土龄期短时强度低，构件尺度长，钢筋含量较大，干缩变形造成。我深感工程结构设计、计算必须统一研究施工过程要求。业务压力迫使我整天学习、研究和总结水工建筑物设计经验。

1957年，应徐州地区副专员梁公甫委托，我设计改建新沭河山丘区漫滩排洪6000m^3/s的蒋庄漫水闸，现有闸孔38孔，总宽242.2m。1957年建成时，山洪来水快，去水也快，人工无法及时开门泄水、关门蓄水。我研究后，采用水力翻倒闸门，洪水来时水位稍升便自动开门泄水，洪水过时水位稍降便自动关门蓄水。因各闸门的结构重心、门体的几何中心、水压力在门上作用的中心和使闸门开关的力矩可能每扇门都稍有不同，闸上、下游水位差可能稍有差别，不能同时开、关，影响闸下消能，以简单办法用橡胶弹性带将各闸门连在一起，形成各闸门缓慢同步开、关，改善下游水力消能和保护下游护坦冲刷。随后 10 年，赣榆县建了 10 座漫水闸，技术逐步改进，已成为新的闸型。

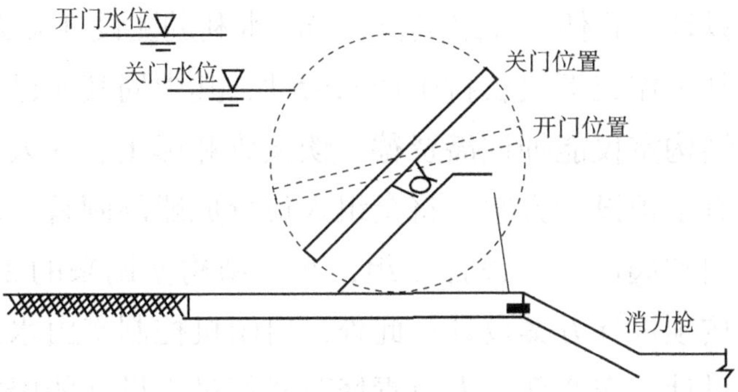

水力自动开关闸门设计示意图

1958 年年初，江苏省成立京杭大运河工程指挥部，确定江苏省水利厅分工设计船闸、节制闸、航道。在水工结构室内，我分工负责该运河系列 11 座船闸的设计工作。根据有关文件、交通部意见以及自己的建议，交通部有人口头提出 2×3000t 顶推船队牵引过闸，我提出采用无极钢丝绳岸边牵引过船，牵引角小，牵引拉力小，与船闸结构装配简单来拟定船闸布置、运行控制和信号设备的预设计方案报交通部。交通部根据《江苏省大运河船闸设计暂行规定》于 1958 年 4 月批准，批文中提出航船 2×3000t 拖拉船队牵引运煤，船宽可能为 17m，闸首口宽未定，并附有 2×2000t 顶推船队无牵引布置引航道图，闸室 230m×20m×5m 已定，可以开始设计。我计划由三个小组设计，因闸首通航宽未定，仅请周其明担任淮阴船闸设计小组长，组员有朱明炎和京杭大运河工程指挥部来设计院实习的安宝璜、林黛妍 2 人。4 个月做完淮阴船闸预设计和关键计算方法等方案。1958 年 9 月，交通部部长王守道来南京，提出船闸闸首口宽 20m，2×3000t 顶推船队运煤，江苏省省内运河的 11 座船闸年内开工。抽调交通部丁行蕊、涂启明、杨自熏、高国藩、裘鼎福、续庆琪、邹觉新等 10 人，南京航运学校应届毕业生杨祝生等 10 人和京杭大运河工程指挥部安宝璜、林黛妍 2 人在 10 月初到南京做支援设计，我任设计组组长。当时水利勘测设计院大批技术人员调往地、县工作或下放农村生产队劳动，其中周其明已调往城建部门，水工结构室仅能抽调潘贤德、谈文雄和彭士彰 3 人参加该设计组。因我有了预设计方案，将全组人员分成船闸闸首、闸室和导航结构、闸门和阀门三个设计小组，水工结构室调来的 3 人各负责一个小组，按预设计方案设计。此外，启闭机控制室由水工结构室房屋组负责设计，交通部一人负责修改我们过去设计的船闸启闭机，使之适用于这些船闸。确定每座船闸各有一人将各小组设计的成果拼绘成每座船闸总布置图。12 月完成多座船闸的设计任务。我编写了设计文件，图纸由我签名盖章后请水利勘测设计院胡宏尧副总工审查后，提交水利勘测设计院上报。

因为预设计方案准备充分，1958 年 11 月苏联专家罗卡乔夫来组审查设计时，赞扬道："见到中国材料缺乏……现在你们用石头很好""你们做了许多船闸的设计，和你们在一起工作，我感到很高兴……你们深入研究问题的精神很好。"陈克天副省长在回忆录中也赞扬道："设计组长为省水利勘测设计院设计室主任周君亮，此时也才是 30 岁刚刚出头的年轻人……"我自己的体会是，第一，要总结已建工程经验，做好预设计方案，保证工程质量；第二，要有预设计方案，可以实行"条、块"分工，减少研究工作量，实现按时完成多座船闸同时设计的任务。

1959 年压缩基建，保留苏北段施桥、邵伯、淮安、淮阴、泗阳、刘山、解台 7 座船闸施工，于 1961 年完工，航运顺利，工程安全。

在当时的条件下，有些设计不得不勉为其难，例如，没有轴承钢，被迫以低碳钢表面渗碳、淬火代用，造成横拉门在使用三五年后滚轮轴承疲劳压碎，需要更换；人字门底枢和门轴头间隙的填料软铜材质较硬，关门时门上水压推力传到底枢，底枢定位螺钉剪断，靠安装位置维持多年运行，需要维修；为减少三大材用量，在闸首两侧输水洞上部做浆砌墙和回填土，加重底板负荷，结构不尽合理；等等。总的来说，较好地完成了任务，技术取得了进步。工程建成运行后，交通部对外作了宣传，20世纪80年代编制了《船闸设计规范（试行）》（JTJ 287-266-87），后来不少地方采用了这些经验。

1959年1月，水利勘测设计院安排我在工地劳动一个月，因水工结构室有人反映我“违抗交通部副部长兼总工程师的命令”，不设计过船牵引设备，劳动一星期后被叫回水利勘测设计院参加反右倾学习。事实是，在小组预设计淮阴船闸时，我们发现浆砌闸室墙强度不能牵引2×3000t顶推船队，要改用钢筋混凝土结构，这一改动要几倍增加钢筋、木材。苏联专家罗卡乔夫在指导设计时不同意交通部运河工程局高原局长提出的牵引设备“先留余地，后安装”的意见，提出：“我的国家仅有一座卡姆船闸使用拖拉机车牵引过木排，为五级连续船闸，闸室总长约1250m，每级水级3m多，船员认为不好，设计人认为好，向国内了解后告诉高原局长。”我考虑到江苏京杭大运河双向运输量很大，航船船型多样，使用设备牵引整座闸室的多型航船，牵引力更大，在过闸前组成船队，过船闸调整航向错过待航进闸船队后，再分开自航，过闸时间要增长。发展顶推、牵引船队和机动航船、人力航船4种方式调配牵引运行矛盾多，不仅是增设牵引设备改为钢筋混凝土闸室墙，而且材料供应困难，无法按时完成建设任务，希望交通部明文确认。交通部决定不行驶2×3000t船队，改行驶2×2000t船队。因在1958年4月《江苏省大运河船闸设计暂行规定》批文中，2×2000t拖航船队行驶双向过闸，没有装牵引设备，牵引设备只明确用于2×3000t船队运煤。向水利勘测设计院说清楚，我未再去工地劳动。

1959年2～7月，我到北京煤炭部、石油部、水电部合办的工程师哲学进修班学习马克思主义哲学，各省来的学习者选我为该班学生党支部书记。在半年的学生生活中，我的学习兴趣很高，受益匪浅。

1959年8月，我回到水利勘测设计院工作。当时运河船闸设计组的潘贤德已下放农村劳动，彭士彰也于1960年调离江苏省水利厅去了工厂，谈文雄忙于其他工程设计，指挥部参加设计的两人下放农村劳动，只有我一人为7座船闸设计配合水利厅工程队施工。接着水利勘测设计院要下放工程队，我未被明确下放，也未被明确离开设计院，又要为将成立的基建局检查和审批省管水利工程建筑物技术设计。当时交通很不方便，施工中发生问题，水利厅工程局与我联系和研究，主要由他们与工地处理解决。

当时欧洲设计船闸运行都采用对称引航道，航船停在曲线岸侧。交通部按照苏联规定采用右行反对称引航道，进闸航船停在引航道直线侧。在船闸设计中实现了多项技术创新。①静水中顶推船队采用后倒缆抛船首调顺航向，对准船闸闸首口宽航向调顺中线，船闸闸首口宽大于船宽加航向调顺侧移宽加船与岸墙航行空隙，如航船停直线侧调侧移很小，过闸首调顺航向可不占用船长调顺曲线行程计入闸室长度。②顶推船队过闸首时闸室内可以满停航船，增加过闸运输量。③研究多型内河航船或仅顶推运煤船队牵引，使牵引力更大，或航船排队过闸时间增长，造成混乱，不适合运河船闸运行使用。④闸室的浆砌块石墙身不能承担2×3000t顶推船队运行牵引力，要改用钢筋混凝土结构，为省用木材、钢筋，交通部改为2×2000t顶推船队，不用牵引设备过闸运行。⑤因运河船运繁忙，船闸上行、下行航船数量需要平衡，每次过船按双向运行，过闸运输量可比单向过闸增加一倍或一倍以上。⑥ 1960年淮阴船闸基坑开挖沙性地基土发生直径达2～3m的沙沸，认定局部基坑开挖过程中沙性土发生承压水扰动，出现沙沸，沙沸的承载力几近为零。将基坑边坡底脚渗流经反滤排出，再将基坑土面排水沟水位降低，使地下水分二级降低高程排出，保持基坑边坡稳定和基坑底土面不发生沙沸，保持基坑底土有一定极限滑动剪切强度。施工时采用水力挖土，运土保持基坑土面有一定水深压力。⑦上述措施在沙性地基土开挖过程中基坑地面排水沟水位逐步降低，基坑地面土体不受地基土有地下水压力扰动。⑧闸首在两侧输水洞结构和洞上挡土墙浇筑时，地基土沉降强迫底板结构变形增加。闸首坞式整体结构按苏联弹性地基梁强度计算时，无法测定地基土变形模量值改变数值。根据 1957 年南官河船闸施工实践，以地基上承载力 $\sigma\approx0$ 和 $c_{i\max}=0$，即底板两端地基反力为零，承受抛物线形地基反力，计算在未填土前的底板负力矩大于填土后按整体坞式结构计算值，按此值增加钢筋配置，保证设计安全。⑨当时苏联规范允许水下水工钢筋混凝土有微小裂缝。在沙土、沙壤地基淮阴、施桥船闸闸首底板面层发生较多微小裂缝，说明钢筋配置已够，是在施工早期混凝土强度过低时造成裂缝的。⑩在长江岸沙土地基施桥船闸下游翼墙较高，墙身施工完，未回填土，稍有位移，分析认定是由岸侧地下水渗入增加了地基土含水量，滑动剪切强度降低所致，抽降渗入地基土水量，增加滑动剪切强度，保持墙身稳定。⑪在黏性土地基，闸首在未填土前保持地基土回弹后极限滑动剪切强度的凝聚力 $c_{i\max}$，计算未填土前底板负力矩与整体坞式结构计算值比较，按大的负力矩配置钢筋。⑫采用闸首的短廊道输水阀门变速开门，实现输水变速对冲，缩短航船过闸时间。⑬采用上、下游闸及阀门电气连锁，同一闸首左、右人字门开关电轴同步，避免误操作。⑭船闸运行电力集中控制和分散操作并用，适应航船设备不同水平。⑮依据地基土承载强度，省用钢筋、木材，闸室分别采用重力式或衡重式浆砌块石墙，墙身密实或挖圆穹空洞，节省钢筋、木材，符合当时国情。⑯采用高标号混凝土预制块护砌闸室墙面，保持美观。⑰由于采用右行反对称引航道，进闸航船停在引航道直线侧，采用后倒缆抛过闸首时不占用船长调顺航向曲线行程，航船过 3m 水级或 3m 以上水级的船闸过闸每次双向运行时间比单向过闸少一半或一半以上，双向过闸运输量比单向过闸增加一倍或一倍以上，闸室航运用水量也减少一半或一半以上。京杭运河江苏省段上行、下行航船运行繁忙，早年要抽水机站北调长江水补充。应采用双向过闸运行等。

1959 年苏北因农业旱改水缺水，抬高洪泽湖蓄水位到 ∇13.5m，蓄水 3 个多月，因安徽省反对，被迫放低蓄水位。当年苏北大旱受灾，水利部允许江苏省水利厅建江都抽水站抽长江水弥补里下河地区用水。

1960 年，江都抽水站一站由水工结构室沈日迈等参照美国设计规范河床式水电站附图设计，投产后沈日迈等留站管理，又设计二站。

1962 年 5 月，江苏省水利厅成立基建局，局长为高铿。我担任该局规划设计组组长，八级工程师，负责审批省管水利工程建设。当时已建在宿迁废黄河排水入中运河涵洞的施工围埝被废黄河来水冲开，造成泥沙淤垫中运河，但泥沙很快被运河水冲走，没有造成多大损害。在我任组长前，涵洞已开工，工程涉及跨流域排水，因我没有做过规划，局里要求将我改任为副组长。

1962 年 10 月，江苏省京杭大运河工程指挥部出版《京杭运河北段工程技术总结》，内容是将各人意见汇总在一起，出版后给我，我才知道。

第四节　江苏省水利厅恢复水利勘测设计院设计室

1963 年，江苏省水利厅撤销基建局，恢复水利勘测设计院，改为厅下属单位，院长为高铿，院内规划室分出驻地区的徐淮规划室和里下河规划室，水工结构室改为设计室，负责省管水利工程项目的建筑物设计和省内重要工程结构审查，包括河、堤、土方和农田水利工程。工程概预算编制和审批文件仍由水利厅计划财务处负责。我任水利勘测设计院设计室主任，七级工程师，胡同生和从地区调来的邵学海任副主任。我要求设计室的工作首先是要掌握影响工程成败的关键技术，多年来的业务压力迫使我整天学习和研究水工建筑物设计，设计技术水平有了提高，逐步适应了室内负责的较宽工作面的工程设计。室内编制 30 人，按建筑物设计任务临时分成设计小组，室内设计任务重，时间紧。由于几年内设计机构变动和人员下放，分组配备人员适应工作的困难增加，工作安排不但要有创新，更要具体，室内工作人员对室主任和总工程师技术指导及支持的要求增加，工作中的矛盾也随之增多。

1963 年恢复水利勘测设计院后，设计室先有江都东闸、芒稻闸、芒稻船闸，后有江都西闸等设计任务，保证发挥抽、引江水。抽、排里运河涝水有邵仙闸、运盐闸、宜陵闸、宜陵船闸、五里窖船闸等设计，扩大了里下河地方排涝、送水和航运范围。

1963 年，为控制农田水利每座小型水闸修建经费在万元以内，我与洪泽县水利局合作试验，发现基坑挖深浅差别很大时，有的土体试验极限滑动剪切强度差别不大。例如，天然的黏性土在形成过程中有超压密性能，取压板试验数据与室内黏性地基土滑动承载能力试验成果比较相差 1/3，认为是基坑开挖后，地基土回弹再压缩时滑动剪切强度降低，导致凝聚力降低。故采用土样室内快剪试验 1/3 凝聚力，增大习惯使用的地基土滑动剪切强度设计小型水闸。

1963 年，盐城水利局设计大丰县黄港调节闸，建在含水量为 46.3%、贯入击数 $N<1$ 的土上，完建时底板压应力为 6.0～6.8t/m^2，采用抗渗流透水性小的重粉质壤土做人工垫层，完工后实测沉降量为 83～108mm，包括做垫层时沉降 42mm，建闸成功。总结建闸经验，我认为，工程设计首先是应用的各项学科技术都要满足该工程必要的关键技术要求，如软土地基建闸工程的必要关键技术是如何控制

地基土沉降和不等沉降。

1964年，为规范省内水闸设计技术，我请室内罗人纲编写《水闸设计准则》，因室内试验黏性土样的滑动承载能力与其压应力大小有关，凝聚力随土工试验方法不同而有变化，按照我的意见，将凝聚力作为部分剪切强度计入地基土的滑动强度中，与摩擦强度合写成一个计算公式。1966年室内印出第一册，写成似岩基抗剪断公式，因“文化大革命”期间没有完成研究，最终没有付诸使用。后来引入《水闸设计规范》（SDJ 133–84）成为它的公式（6.2.3–2）。

1964年5月，我和谈文雄、严庭云三人去灌云、沭阳查勘农田水利，奔波四天，其间我的胃病发作，第五天上午在沭阳县汽车站候车去连云港时突发胃大出血，医院抢救时发出病危通知，我顽强渡过了死神关。

休养期间应《水利学报》的约稿，总结江苏省在软弱地基土上建水工建筑物的经验，对涉及多种技术学科的工程，提出以下观点。①改进结构，减轻自重，增大刚度，降低对地基承载力的要求；②工程各相邻部分对地基的压力强度不宜相差过大，合理处理结构对地基土的压力梯度；③结构的地下构造要简单，便于施工；④协调施工程序，减少人工扰动天然地基土；⑤减少地基土承压水对承压土层的扰动，充分利用地基土层天然强度；⑥辅以人工地基土垫层处理方法；⑦关键在应对地基土沉降和不等沉降时要求处理好多种技术学科与相关工程技术应用。以上内容以论文《软黏土地基上的水闸建筑》在《水利学报》1966年第2期上刊载。对比1957年江苏省水利厅水利勘测设计院沈潜民在设计修建阜宁腰闸时，位于含水量41.5%、贯入击数$N<1$的淤泥质流塑粉质黏土地基上，首次采用人工沙垫层，“上闸下涵”刚性较大的双层结构闸身，适应很大沉降，设计成功。实测闸身沉降两端比中部相差多倍，闸身总长172m，2011年左岸未做沙土垫层的空箱岸墙实测沉降943mm，闸身中部65mm，成了“挑扁担”。对比1963年设计修建王港调节闸

时，人工壤土垫层，垫层渗透量小，分块呈U形闸身结构，闸身沉降和不等沉降量少，获得更好效果。总结经验，我的体会是，软土地基工程建设成功的关键是地基土沉降和不等沉降，但从单一工程技术研究很难成功，必须伴随其他技术学科的发展融入，必须是在多种学科技术的开拓发展下才能完备，这是工程技术与学科技术的区别，在工程建设中必须要将关键技术与相关的多学科技术综合处理好。

1966年2月，我和罗人纲查询1960～1961年徐州水利局设计、修建的石梁河水库的泄洪4000m^3/s挡洪闸实物，该闸施工时水泥短缺，工人连续日夜苦干，施工完成时一场大火将技术资料全部烧毁。因该闸泄洪如失事将涉及连云港区安全，因而很担心实物是否与图纸符合，是否存在设计问题，去现场检查实际上是要我负责。挡洪闸闸型美观，条石修砌的岸、翼墙整齐，但底板滚水堰内部混凝土未成整体，两侧翼墙底为混凝土输水涵洞，洞身接头伸缩缝大，漏水严重，原因是修建时缺少止水片。经审查，我们认为该闸没有按设计完成，必须要继续完成设计，不能以1～2人审查实物是否与图纸符合代替工程试运行安全验收。回厅后，我们提出设计一定要参加试运行安全和竣工验收。3月29日现场检查时，遇8级大风，9级阵风，迎面对着狂风无法呼吸，看到大坝护坡整齐的干砌大块石呈波浪起伏状浮动似“跳舞”，我认识到土堤抗风浪冲击一定要浆砌块石护面。

1966年设计高良涧越闸，按洞顶预制半圆拱涵洞式结构，直升门，拱上填土加重，提高抗滑稳定，唐其中为设计小组长，我要按国内习惯采用的滑动摩擦系数0.33设计。计划建成后由它向总渠和二河放灌溉水，可以有时间加固高良涧进水闸。

1966年5月，洪泽湖干枯，无水可供灌溉，江苏省水利厅要求加固高良涧进水闸，经室内讨论后，我决定将原开敞式一个闸孔改为涵洞式两个闸孔，洞顶上填土3m多加闸重，拆去门墩，改一孔

Π 型闸门的钢结构弧形板为二孔直升弧形板闸门，由工地改制，木止水。按习惯做法，地基摩擦系数计算按滑动摩擦系数 0.33 设计加固，提高抗滑稳定能力，在抗洪泽湖洪水推力时不再加固底板，缩短加固时间。我不同意室内成立二级小组，提室内金福海为设计小组长，期望按时完成加固改造送灌溉水，加固按时完成。1976 年验收时，止水木泡水膨胀卡住，闸门打不开，闸管理处有人认为是我以加固为名改建错误，与我辩论，这造成闸门改建设计人朱明炎不愿再参加设计工作。后来，归档文件按 1966 年小型压板试验资料 $\tan\varphi=18°$ 和 $c_{max}=26t/m^3$，以似岩基抗剪断公式计算，取 1/2 凝聚力为似岩基抗剪力强度，地基土安全系数 $k_c=[\tan 18°\sum W+(c_{max}/2)\times A]/\sum H=1.76$，大于原定习惯法计算成果 $k_c=\tan\psi\sum W/\sum H=0.33\times\frac{6262.9}{1561}\approx 1.32$。按滑动摩擦系数 0.33 设计加固，实是在为三河闸设计归档的采用似岩基抗剪断公式计算方法辩护，反映设计技术争议。

1966 年 6 月“文化大革命”开始时，江苏省水利厅水利勘测设计院院长高锃和设计室副主任胡同生受到冲击，工作“靠边”，但设计室的工作还基本正常进行。1960 年江苏省水利厅水利勘测设计院设计的南京市秦淮河武定门闸已建成，秦淮河洪水可不经市区自排入长江。为解决南京市区下大雨被水淹的问题，设计室开始设计南京市武定门抽水站。该站位于南京市区，在武定门闸现场设计。当时我忙着与设计小组长祝庭华共同研究，如果按常规布置要拆迁大半条七里街，实际情况是不可能实现，为少占市区用地，我们从一种老式潮汐电站得到启发，每台直径 2.0m 轴流泵的水力装置取双层双向 × 流道，我提出在双层双向流道进、出口设计用快速断流直升门，集抽灌、抽排、自引、自排的功能于同一站房，并可避免流道水流换向闸门误操作时发生事故。后因已有武定门闸可以自引、自排，又因流道出水口扬程较高，快速断流直升门有设计难度，便改用拍门断流。1969 年建成南京市武定门双向 × 流道抽水站。

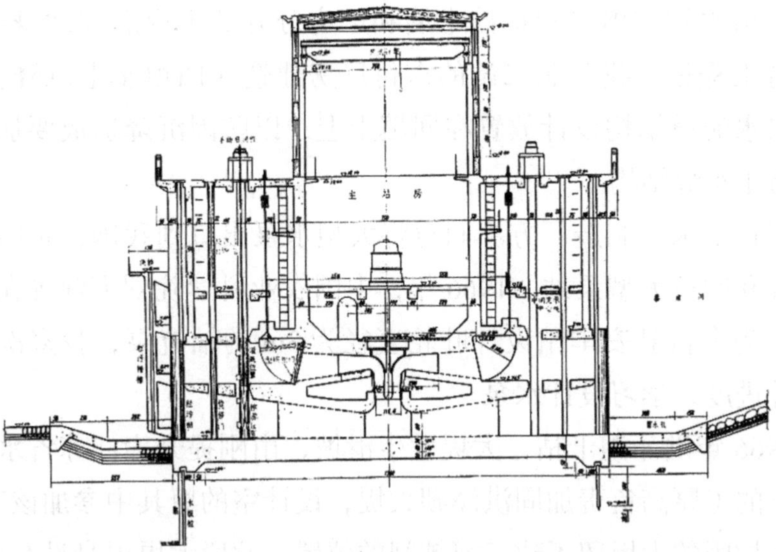

南京市武定门双向 × 流道抽水站设计图

施工开始时在下卧土中发现有岩基山峰，峰顶已接近基坑底面，当时已无时间加固地基，由于原站身软土地基下有不平岩基采用整体结构，只能加强站身结构刚度和强度计算过关。试运行时，发现流道内有振动和噪声的脱流汽蚀，经华东水利学院老师通过水泵模型再次试验，在流道内加装十字板纠正水流流态，攻克了难题，使设计获得成功。泵站双层双向 × 流道的水力效率低于单向流道约 1.0%，仍有可能提高。武定门泵站按双层双向 × 流道泵站建设，减少占地拆迁，投资仅为按常规建设原估算的 1/5，节约了 1000 多万元。双层双向 × 流道泵站设计是创新。1974 年镇江谏壁站采用双层双向 × 流道设计，采用平水开机，流道进出水口都用直升门，快速关门断流，实现了双向自排、自引和双向抽灌、抽排。该泵站于 1984 年获国家优质工程银质奖（集体奖）。

1966 年江都三站原由管理处组织开始设计，三站改用抽水蓄能机组，泵叶轮 Ø2.0m，单机抽水 $13.5m^3/s$，装机 10 台，抽水时电功率高于一站。年底，水利厅总工陈之定、谈文雄和我审查设计，厅长指定设计室负责三站设计，要设计室增派设计人员。经研究，泵房改为出水管与出水管口挡水墙和厂房分开的半堤后式站身结构，以节省工程量。我参照二站的东付厂房建造在回填土上沉降很少，也将出水流道结构设计放置在回填土上，以防因沉降造成要加固出水流道止水缝结构。

因日本水泵制造厂方不同意将大型水泵出口到我国，希望为我方设计和制造大型泵站。1966 年，中国农业科学院刘大铮等在无锡水泵厂为东台县安丰站设计叶轮直径为 3m 的轴流泵，我多次去了解设计进度，学习设计水泵。

1966 年洪泽湖干枯，大堤发生滑坡，由刚提升为江苏省水利厅副厅长的王厚高负责加固洪泽湖大堤，设计室的唐其中参加该工作。他们在加固的大堤留了建三河越闸的位置，此段大堤堤身没有加固，仅用三角锥体加强坡面抗浪，称在建成三河越闸后替代排洪，打坝加固三河闸。其实建三河越闸必须满足洪泽湖排洪流量，此时三河闸实成废闸，更由于入江水道行洪水位反推到三河闸下，该闸将承受更大水位差的水压力，所以一定要将加固三河闸时的施工围埝先建成洪泽湖大堤，否则不可能实现。

1966 年 10 月，盐城地区废黄河出海口段海岸崩塌严重。淮河当年无水排入海，要趁机退建海堤，南京军区来人要我、江苏省水利厅水利勘测设计院和南京水利科学院派人共同实地查勘。振东闸位已紧靠出海口，出海口外为沙滩，沙滩平整，我们从海口向外走 4h，涨潮回来，看到挡潮闸下几乎已无引河，也没有河口区细颗粒泥沙在遇盐水而絮凝沉降形成拦门沙。二罾闸下出海口外为硬黏土滩面，滩面平整，滩面受冲刷，从海口向外走 4h，涨潮回来。灌溉总渠排洪入海 1000m^3/s，六垛南闸下游引河长 13km，因无排水被潮水泥沙淤平，出海口外为硬黏土滩面，滩面平整无冲刷。从海口向外走 3h 多到小岛，涨潮回来，第二年涨潮泥沙淤平的入海口引河辅以人工扰动泄水冲开入海引河。这证实如果入海河道建挡潮闸，入海冲淤水量减少，入海引河淤浅加快，闸位越近海口，闸下引河淤浅越快，但淤积量越小，需要冲淤水量越少，需要经常冲淤。

因此，认定淮河下游保持有一定冲淤水量入海的河道口建挡潮闸是正确的。如入海冲淤水量减少，入海引河淤浅加快，闸位越近海口，淤浅越快，但淤积量越小，需要经常有水冲淤，冲淤水量可减少。淮河下游保持有一定冲淤水量入海的河道口建挡潮闸，闸位紧靠入海河口，可以减少年入海冲淤水量，如不建闸控制，则需要很大的平均年入海水量，才能保住入海口感潮河段冲淤平衡，否则将被淤浅、淤平。在当前上游来水减少的情况下，江苏淮河治理洪泽湖淮水调蓄，大洪水入江、入海，小洪水入海，海口建闸防潮，维持河口通畅，河口成淡水库是正确的，这样可以抬高水位，增大来水冲淤能力。缺点是有的闸位离入海口太远，闸下入海引河太长。

1967 年 5 月洪泽湖继续干枯，江苏省水利厅领导要设计室设计加固三河闸，根据水利电力部当时的规定，按原设计洪泽湖洪水位 ∇16.0m，下游入江水道行洪改为 Q=12 000m^3/s，下游入江水道仍以高邮湖行洪水位 ∇8.5m 控制。因事关重大，我直接设计，请谈文雄协助计算。因原设计有较大水位差控制运行，我仍用原设计 Q=8000m^3/s 加固，不用《水闸设计准则》提出的似岩基抗剪断公式。

1967 年三河闸加固计算时，我根据以下两种方法进行。① 1925 年苏联布孜列夫斯基从库伦公式导出黏性土样在压应力下的极限滑动剪切系数 $\tan\psi_{\max}^{H}=\tan\varphi_{\max}^{H}+\dfrac{c_{\max}^{H}}{\sigma_{\max}}$。② 1927 年德国人摩尔提出在建筑物基坑用小型混凝土压板做滑动剪切试验，在不同压应力所得各点剪切强度 $\sigma_{i\max}$ 和 $\tau_{i\max}$～τ_0 中，计入基坑开挖回弹再压缩减少压应力后的滑动剪切强度，计入基坑土体开挖压应力降低，地基土极限滑动剪切强度降低成摩尔曲线。两者均未被工程学术界承认。到 1976 年苏联 *Hydraulic Structures Foundation Design Specification* 才承认小型压板滑动试验作为比较试验方法，但对凝聚力 c_{max}=0.45 的地基土有特殊要求。

（1）根据原位钻探土样的室内快剪试验。试验土样在最大压应力 σ_{max} 预压，在该压应力下剪切。①按 σ_{max} 预压，使土样孔隙比不变，处在固结状态，所得剪切强度 τ_{max}^{H} 为固结强度；②在不同压应力 $\sigma_i < \sigma_{max}$ 下工作，试验成果土样处在超固结状态，所得各点压应力 σ_i 的剪切强度 $\tau_{i\max}^{H} \sim \tau_0^{H}$ 都处在超固结强度，包含有超固结强度峰值；③按库伦公式 $\tau_{max}^{H}=\sigma_{max}\tan\varphi_{i\max}^{H}+c_{max}^{H}$ 表示压力 σ_{max} 的固结土样极限滑动剪切强度；④库伦公式不表示在土样不同压应力 $\sigma_{i\max}$ 作用下的滑动承载能力，不表示地基土基坑开挖土体压应力减少回弹而在试验再压缩的影响，是土力学学科技术。

（2）建筑物基坑地基土小型压板剪切试验。压应力减、增有过程，在基坑开挖减压应力所得各点剪切强度 $\tau_{i\max} \sim \tau_0$ 中计入地基土回弹：①土体凝聚力减少 $c_{i\max}^{H}=c_{max}^{H}\times\dfrac{\sigma_i}{\sigma_{max}}$，内摩擦角稍增大 $\varphi_{i\max}^{H}=\varphi_{max}^{H}\dfrac{\sigma_i}{\sigma_{max}}$。②因基坑土体开挖减压回弹再压缩试验，库伦公式中在 σ_i 所得凝聚力 $c_{i\max}=\dfrac{c_{i\max}^{H}}{k_c}$，内摩擦力 $\varphi_{i\max}=\dfrac{\varphi_{i\max}^{H}}{k_{\varphi}}$。③凝聚力利用系数 $k_c=c_{i\max}^{H}/c_{i\max}>1$ 很大减小。内摩擦利用 $\tan\varphi_{i\max}^{H}$ 数值随压应力减小微有增大，内摩擦利用系数 $k_{\varphi}=\tan\varphi_{i\max}^{H}/\tan\varphi_{i\max}<1$ 有很少增大。④在 σ_i=0 时，$c_{i\max}$=0，$\tau_{i\max}$=0。⑤试验计入基坑土体开挖，k_c 减和 k_{φ} 增，地基土极限滑动剪切强度降低形成摩尔（Mohr）的极限滑动曲线 $\tau_{i\max}=\sigma_i\tan\varphi_{i\max}^{H}/k_{\varphi}+c_{i\max}^{H}/k_c$。⑥三河闸加固设计地基土含水量比例约在 0.4～0.7，土体极限剪切滑动强度与它承受的压应力可简化假设 k_{φ}=1，将地基土滑动承载能力摩尔曲线简化成直线，为滑动承载能力包线，由地基土极限滑动摩擦系数 $\tan\psi_{max}=\tan\varphi_{max}^{H}+\dfrac{c_{max}^{H}}{k_c\sigma_{max}}=$

$\frac{\sum h}{\sum W}$用于加固设计。⑦底板为刚性结构，地基土为细部结构很复杂，从力学特性简化，土体 σ_i 趋向 0，含水量约在≦0.7 时，地基土强度承载能力 $\tau_{i\max}^{H}$ 趋向 0。⑧含水量约在≦0.4 时承载能力为 τ_{np}。底板在 i 点外荷载压应力的水平横向力 h_i 和压应力 σ_i 之比称为地基土滑动指数 $\frac{h_i}{\sigma_i}$，如小于地基土剪切试验的总外荷载水平推力 $\sum h$ 与总压力 $\sum W$ 的比例，即地基土 i 点极限滑动摩擦系数 $\frac{\sum h}{\sum W} < \frac{h_i}{\sigma_i} = \tan\psi_{\max}$，地基土从该过点 i 开始滑动。⑨如果地基土有承压水作用，使土体压应力减小，含水量增加，$\tau_{\max}$ 降低，地基土可能滑动或滑动增大。

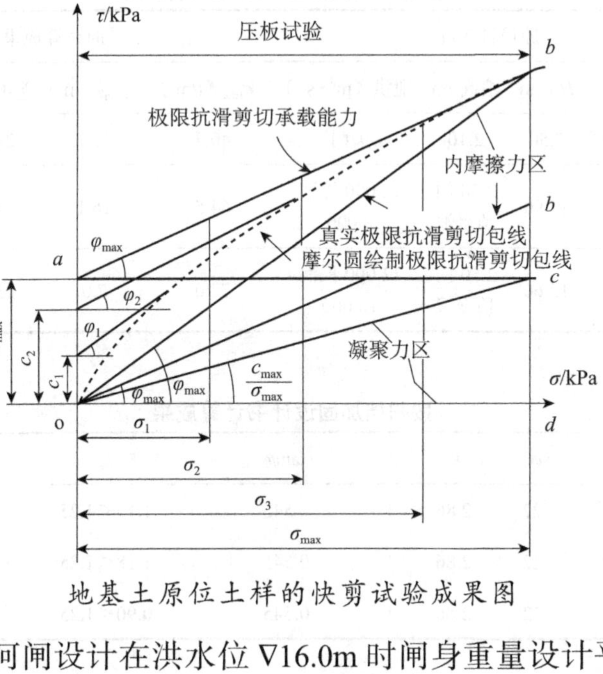

地基土原位土样的快剪试验成果图

（3）三河闸设计在洪水位 ∇16.0m 时闸身重量设计平均压应力为 39.4t/m^2，设计仅用 3 1/4 地基土凝聚力。

（4）因 1958 年下半年三河闸在原定洪泽湖蓄水 ∇13.5m 运行三个多月，多年实测闸底渗压异常，决定根据原设计上游护坦无防渗作用，取三河闸洪水位滑动安全系数要求比蓄水 ∇13.5m 大，确保抗洪安全。

经三河闸地基土小型压板试验的凝聚力只有土样室内剪切试验的 1/2.86，即 $k_c=\tau^H_{max}/\tau_{max}=2.86$，$\sigma_{np}=\tau^H_{max}/\tan\psi^H_{max}=156\text{kPa}$，$k_\varphi\approx1$。计算得出极限滑动剪切系数 $\tan\psi_{max}=0.539$。相当于当时习惯使用的设计滑动摩擦系数 $\tan\psi=0.33$ 加大 1.63 倍。将计算成果在洪泽湖洪水位 ∇16.0m 滑动安全系数 $k_c=1.18<1.25$，小于习惯使用的系数，但比蓄水位 ∇13.5m 的 $k_c=1.14$ 大，可认为安全。洪水位 ∇17.0m 滑动安全系数 $k_c<1$，认定不安全，原三河闸胸墙顶高 ∇17.1m，不再加高。按原设计 ∇16.0m 抗洪完成三河闸加固设计。归档的三河闸加固设计书计算成果见下表。

归档的三河闸加固设计书计算成果

工况	原设计工况				原计算成果			
	$H_{上}$/m	$H_{下}$/m	浪高 /m	泄洪 /($m^3\cdot s^{-1}$)	σ_{imax}/(t/m^2)	σ_{imin}/(t/m^2)	$\sum W$/(t/m^2)	$\sum h$/(t/m^2)
1	13.50+ 涌高	7.50	2.10	关门	40.7	39.1	24 020	11 391
2	16.00	12.90	2.50 门顶漫浪	12 000 控泄 8 000	64.5	16.1	24 080	11 080
3	17.00	13.60	2.50 门顶漫浪	12 000 控泄 10 000	72.0	7.0	23 605	14 290

按归档加固设计书计算成果

工况	c^H_{max}	$\varphi°$	k_c	k_φ	$\tan\psi$	k_c	k'_s
1	63	22	2.86	1	0.545	1.15<1.25	1.15<1.25
2	63	22	2.86	1	0.545	1.18<1.25	1.18<1.25
3	63	22	2.86	1	0.545	0.90<1.25	0.90<1.25

同谈文雄向管理处交代后交付施工。1981 年 10 月 22 日，已经接近该加固设计水位考验。

第五节　江苏省“五七干校”劳动

1968 年下半年，有人审查我于 1944 年 11 月从复旦大学英语专修班到印度在美军的中国高级汽车驾驶学校训练中国士兵驾驶汽车时当三级翻译官的身份，我被“靠边”审查，因我个人当译员时的情况早已在入党时及几次学习运动中全部交代清楚，所以只能等候审查。此时又获悉原在我手下工作的、因右派罪名已下放闸站的圣约翰大学学生王应翔自杀，我十分痛心，发生第二次胃大出血，住医院治疗。

1969 年 4 月设计院撤销，所有人都到省“五七干校”割草、采茶叶劳动。我“靠边”审查近一年。1969 年 9 月底最后一天晚上，开会审查我要我交代，第二天宣布恢复我的共产党员身份，参加国庆活动。“靠边”审查近一年，后将我在中华人民共和国初期思想改造运动中写的个人历史材料和审查写的材料都还给我。表明我入党时历史清楚、审查清楚。过后知道有人来了解情况，说我是去印度的 8 人中的组长，是蒋经国派去印度做美国军人反中共工作的，经查组员名字不是与我同去汽车驾驶学校的 8 人，确为伪造陷害。

第六节　江苏省治淮总指挥部

1969 年 10 月初，我与部分未下放农村的原水利厅勘测设计院技术人员离开“五七干校”，寄住在金湖入江水道指挥部宿舍。担任入江水道指挥部指挥的省委原常务副书记许家屯要我同到大汕子格堤工地，处理三处大堤的 18 万 m^3 土方滑塌事故。格堤是在淤土上用湖底淤土筑的挡水大堤。在南京水利科学研究院多人的协助下，我用十字板剪切试验协助测定地基土层破坏滑动面强度比堤身土体强度低。我与尤其任、唐开骊设计大堤断面，设计边坡平均为 1∶9，投产运行成功，但断面沉降变形很大。我认为是为减轻堤身压重减少土量，分级局部边坡过陡，分级局部坡脚土体滑动剪切强度低而滑动，要减小局部边坡变形，就要加长堤平均边坡，增加大堤断面土方，使大堤成为发生沉降变形后的堤身。只有提高堤身土体滑动剪切强度或地基土滑动剪切强度，才能避免淤土土堤蠕变变位。这件事加深了我的认识，我写了论文，因为没有南京水利科学研究院同工作人员合署签名，最终没有发表。

1969 年 11 月，原来在“五七干校”劳动的水利勘测设计院技术人员成立治淮工作组。治淮工作组组长高铿分配我和尤其任、叶顺华协助淮阴地区治淮总指挥部设计排洪 3000m^3/s、校核 4000m^3/s 的淮沭河续建工程。1957 年开始施工，已经几次续建的淮沭河堤塌、河淤严重，堤、河不成形，群众称“一年挖、二年淤、三年平”。淮沭河全长 66.10km，其中 55.00km 经过黄泛区，黄河冲积层土质 80% 左右是粉土，颗粒不均匀系数为 2～4。估计在 3m 的水深中含沙量 4kg/m^3 时的不冲流速约为 0.50m/s，工程是在粉砂土上挖粉砂土河，筑粉砂土堤，它抗衡水冲、浪刷、渗蚀的侵蚀能力极差。工程实施后，几次续建，已完成土方约 44%，仅在雨水和送灌溉水的作用下，就已发生严重淤塌，河、堤不成形，预计今后防汛安保困难很大。当时治淮工作组组长高铿明确已施工的漫滩行洪工程设计方案要改为深河，水利部已同意不再改变。我们到淮沭河全线调查，研究河床堤淤塌情况，实地调研省内沙土河道淤塌现状后，开始进行深河行洪设计。

在地区向沿河三县农村生产大队干部以上的干部介绍设计和征求意见时，我们补做了漫滩行洪方案设计，邀请中国科学院地理研究所和中国科学院植物研究所三位专家同行，共同研究续建工程的植物防护设计。

在向农村生产大队干部以上干部介绍时，我谈了两个方案设计内容，不提优缺点和选用意见。方案引起地区水利局和地区指挥部干部之间很大的争议。定方案时我被邀请参加地委会议，参会时不谈选用意见，最后地委决定仍按漫滩行洪方案实施。

在编写上报文件时，我们对河坡、堤坡的防护做了六个方案，最后由地区治淮总指挥部指挥陶哲夫从大堤防洪安全出发，选择一个方案上报。设计要求如下：①续建工程设计调水、航运为地下河；②河坡在风浪和船浪冲刷部位采用1∶7缓坡，冲刷部位以下采用1∶3坡；③采用黄泛土以下原始壤土为河坡护面，黄泛土淤垫较厚的29km河坡深挖后以原始壤土护坡面；④大堤背水坡和迎水坡用植物护坡；⑤利用沭阳闸控制抬高河水位，防止输水流速冲刷河床；⑥续建工程设计分洪水为地上河，分洪时河槽水量达9亿m^3，河堤长达110km，保护两岸7690km^2土地的防汛安全；⑦利用沭阳闸控制抬高行洪水位，防止洪水流速冲刷大堤和河床；⑧大堤迎水面青坎做防浪林，浆砌块石护迎水坡面，防止大风浪冲刷；⑨两个方案中大堤防渗要求相同，找不到可用于防渗的植物，石子级配反滤安全质量做不到，定在背水坡脚做土工布包级配石子的反滤；⑩当时急于送水，淮沭河先送水、航运，土工布在试制，石料要水运，在大堤迎水坡面浆砌块石防浪和坡脚土工布、石子级配反滤完成后分洪。

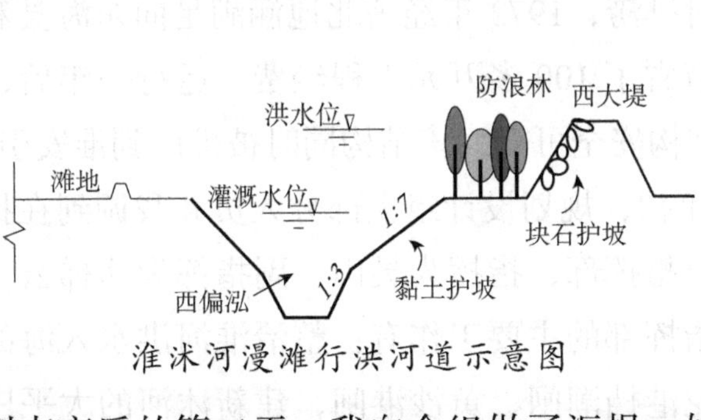

淮沭河漫滩行洪河道示意图

我们回到南京后的第二天，我向全组做了汇报，如实谈了设计方案和工作，会上没有提出不同意见。我们回厅后的第二天，淮阴县水利局到南京上诉反对意见，设计小组很快解散。

1970年汛期，淮沭河已能送水、通航到新沂河，指挥部要我负责做好相关设计，将水送到连云港，满足地方用水和供应海轮淡水。原设计淮水到新沂河再经过沂北闸与苏鲁干渠北送，1963年建成的沂北闸 Q=50m^3/s，水经苏鲁干渠送不到蔷薇河蔷北地涵再北送。我与沭阳县水利局卞理西、吴光国和治淮工作组尤其任、叶顺华组成现场设计组，确定将很少被利用于河水灌溉为地方排洪水的部分分水沙河河道开挖成沭新河，建沭新闸将新沂河的淮河水北送到蔷北地涵。当时三大材供应十分困难，闸址不通水运。我在设计沭新闸时，采用了以下方案：①采用闸结构为反拱底板和正拱桥、桥上填土的闸身；②由几排预制混凝土管椿，管间填混凝土，管内填土作为岸墙；③沙土地基先降地下水位后，反拱闸底板与闸墩和岸墙先分开浇筑，在岸墙后和正拱桥上填土基本沉降稳定时联成整体，再允许地下水位升高，减少地基土沉降增加反拱底板担负的强迫变形；④利用土重代替部分块石和三大材，极大节省工程用材，减少用材供应难度；⑤闸门为双曲扁壳钢筋网水泥结构；⑥每孔用双点活塞杆顶升式油压启闭机驱动。1971年汛前该闸建成。因浆砌块石蔷北地涵洞身被输水压力胀裂，指挥部指挥吴山说服地、县工程负责人，按我的意见采用水泥浆砌钢筋网衬托加固，缩短了施工时间，不影响蔷薇河及时排涝，1972年经蔷北地涵满足向东海县和连云港区送水的需求，节省了100多万元工程经费。运行一年后，抽干河水检查，证实该结构安全可靠。该结构同时被推广到淮安引江闸。

1971年年初，规划设计组大部分人员和我调到在扬州新成立的江苏省治淮总指挥部，指挥为吴山，副指挥为熊梯云。当时江苏省苏北治淮总指挥部的主要工作有：整治淮河洪水入海的斗龙港、黄沙港，建斗龙港挡潮闸、黄沙港闸，建新沭河的大平庄挡潮闸，建入江水道的大平闸、金湾闸，建分淮入沂的六塘河船闸、沭新南船闸、沭新北船闸，建江水北调的江都四站、淮安一站、淮安二站，建在古运河入长江口的瓜洲船闸结合瓜洲抽水站，建沟通里下河地区航运的运东船闸、阜宁船闸等。

1971 年汛前，将沭新闸结构推广用于排洪水入长江的太平闸、金湾闸，入海排洪的黄沙港闸采用闸身结构为反拱底板和正拱桥、桥上填土，在岸墙后和正拱桥上填土基本沉降稳定时连成整体，再允许地下水位升高。太平闸、金湾闸施工完成并已安全运行 50 余年。黄沙港闸在沙土地基施工未按先降地下水位后浇反拱底板的要求，造成完建后到 2008 年进行了 4 次加固。后来，将反拱底板、正拱桥加土重的水闸结构推广到安徽、山东、河北等省。在地基土沉降稳定时，底板、闸墩、挡土岸墩合成整体，减少底板强迫变形的设计和施工方法被推广用于船闸坞式结构。

1972 年，苏北治淮总指挥部内成立设计组，全组共 5 人，我任组长，谈文雄任副组长，组员有潘贤德、郑祖德、施琦瑾。当时大部分设计人员被下放到农村，设计组需要协助地方组织建筑物设计小组，确定工程规划数据、结构型式、审批设计和预算，指导施工技术和工程验收，但不担任具体设计工作。

我自“五七干校”回来后听到对加固三闸河设计方法有多种不同意见，大都说是太保守。因三河闸加固设计中选用的地基极限滑动剪切系数比过去用的大很多，当时没有条件推广压板试验，我怕发生事故，于 1971 年按三河闸等地基土室内试验数据改写为地基土滑动摩擦系数，作为习惯滑动经验数据，坚硬黏土由三河闸基坑地基土小型压板快剪试验数据，设计安全系数 k_c=1.35，取地基土 φ_1=22°，c_1=22t/m^2，σ_{max}=156t/m^2，$\tan\psi_{max}=(\tan\varphi_{max}+\dfrac{c_{max}}{\sigma_{max}})/k_c=(\tan22°+\dfrac{22}{156})/1.25\approx0.45$，坚硬壤土由 1955 年高良涧进水闸地基土小型压板试验数据 φ_1=18°，c_1=26t/m^2，σ_{max}=181.3t/m^2，$\tan\psi_{max}=(\tan18°+\dfrac{26}{181.3})/1.35=0.443\approx0.44$，向地、县治淮水利技术人员推广。1984 年此数据被引入《水闸设计规范》(SDJ 133-84)。

1972年4月，我应交通部邀请参加葛洲坝船闸设计会议，会上任命我担任闸门组召集人。船闸人字门，门高37m，单扇门宽25m，重约500t。华中工学院（今华中科技大学）的老师用有限元方法计算得出门体扭曲变形和倾斜变位结合的复杂变形，要求会上对人字门设计、制作、安装、变形等问题提出解决途径和措施。我提出门体结构的几何中心与重心不在同一位置，门轴支点又偏在门体一侧，自重作用下会发生复杂变形，因钢结构各节点扭曲、剪切强度无法精确计算，精确计算船闸人字门门体变形很困难，只有通过试验或借助经验，才能在安装就位承受侧向水压力时门体扭曲变形可以暂时消除，不会漏水。我建议采用原位设计方法处理，将闸门在门槽内拼装，底梁下布置千斤顶，安装就位后，放松千斤顶，使闸门装在顶枢和底枢上，测定闸门垂直变位，如变位超过预定值，再用千斤顶顶起，将门背十字架松开，使结构承受反向预变位应力，再次将门背十字架固定，放松千斤顶，测定闸门垂直变位到预定值为止。在纠正闸门垂直变位时，可以同时减少扭曲变形，也可以获得整体结构安全，小组讨论后同意该方案。交通部同志告诉我，因调研的南斯拉夫铁门船闸闸高和水位差与拟建设的葛洲坝船闸相同，有人介绍铁门船闸时说因门高设计困难，拟采用两级船闸将门高降低一半。当时江苏省交通厅有人在工地参加交通部设计，此情况在会上没有讲，但要我们向总指挥张体学汇报两级船闸设计方案。结论明确，没有必要为降低一半门高而采用两级船闸。两级船闸只能单向过闸，葛洲坝船闸每次运行闸室输、泄水时间长，采用单级船闸双向过闸时间比单向过闸时间少一半以上，年运输量比单向过闸大一倍以上，会上没有讨论。在晚上的会议上，我介绍了江苏船闸人字闸门的设计情况，江苏省扬州交通局的杨祝生介绍了江苏船闸人字门的使用和检修情况。会上国家计划委员会副主任顾明听取了汇报，仅询问了采用何种启闭机开关闸门，我回答用液压油缸启闭，加工精度要高，但构件简单。葛洲坝船闸最后按单级船闸双向过闸建设。

1972 年年初，江都四站抽水 210m³/s，我根据治淮工程总指挥部设计室工作规定，接着要求上海水泵厂研制轴流泵单机 30m³/s，泵叶轮直径 3.1m，装机 7 台，模型泵站效率达 82%，少占用地，降低造价，其成为当时国内装机流量最大的泵站。控制室靠近主厂房，便于管理。采用半堤后式站房，出水流道结构搁放在厂房和出口挡水墙上，完善泵站半堤后式结构。为降低造价，要将虹吸断流改为拍门断流装置，治淮工程总指挥部吴山同意上海水泵厂反对用拍门断流意见，四站仍用虹吸断流，拍门断流用于淮安一站。我负责具体设计，每星期去设计组一次，协助江都四站设计工作。该站每流量造价仅为河床式一站的 55%，二站的 59%。1974 年，江都抽水站四站半堤后式站身建成。

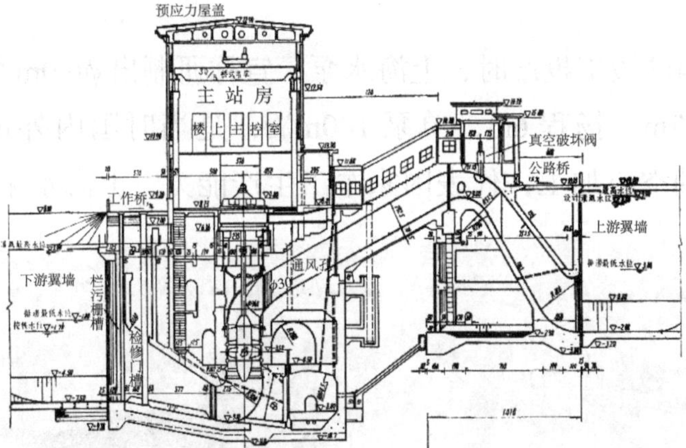

江都抽水站四站半堤后式站身设计图

1973 年冬，骆马湖南堤在风平浪静下因堤身渗流失事，倒堤 200 余 m。南堤外侧是中运河，运河河底比湖底低很多，湖水高易使运河侧渗流不稳定，修复后计划放干骆马湖水，从湖中取土加固，这就要求山东在南四湖代骆马湖蓄灌溉用水 4 亿 m³，未达成共识，最终湖中取土未能实现。

1974年1月我出差查勘骆马湖南堤，接着又去检查三河船闸闸室墙地基深层滑动，时值严寒，胃病复发。我刚回指挥部，就胃大出血，在扬州人民医院手术切除3/4的胃，后回南京家中休养。因有切口疝，体质很差。当时，我未查计算书，误认为主要是由于闸室墙后采用块石排水暗沟，排水能力低于排水管很多，所以决定抽干闸室水详细检查地基深层滑动。

1974年8月，我回到设计室工作。1975年，施工开挖淮安二站基坑时，220m外淮安一站检修厂房窗玻璃破裂，查实是由于厂房柱底下夹有一层30cm沙层与一站进水池翼墙地基回填沙相通，又与二站基坑相通，大口井群抽降地下水位挖基坑时，抽水使沙层土流失所致。我提出对沙层流失空隙灌水泥浆，经灌百余包水泥浆才停止了沉降。这让我对复杂地基枢纽布局中建筑物地下水防渗安全拓宽了认识。

江都四站竣工投产时，上海水泵厂宣称研制出$\phi 6.0$m的斜流泵，实际是$\phi 5.7$m，扬程6m，单泵100m^3/s，是当时国内外最大的泵。因为水泵轴空心加工，代表国家军工生产能力，上海水泵厂开始设

1975年上海水泵厂研制的斜流泵

计。1976年年初，江苏省应上海市要求使用该泵，上海市优先提供该站使用的机电设备国家指标和生产的配件。大水泵可以减少建站用配套电力和泵站占地。当时徐州地区已批准连云港区建立一泵站，我研究该站扬程很低，不能选用斜流泵，只能在江水北调送水工程皂河站使用。建皂河站后，为放干骆马湖湖水，取湖内土加固南堤后抽补湖水。1952年建皂河水利枢纽控制沂、沭、泗洪水南下，因历史上骆马湖南堤曾多次倒堤，蓄水后加固无土方，1957年改由建宿迁水利枢纽控制，而黄墩湖地区内涝要排入洪泽湖，涉及地方矛盾，无法解决，皂河水利枢纽不能废除。因20世纪70年代水利部的南水北调规划皂河水利枢纽建抽水站抽水600m^3/s，1975年计划骆马湖南堤放湖水挖土加固，建皂河第一抽水站，抽水200m^3/s，为加固后补水。采用单机抽水100m^3/s的ϕ5.7m斜流泵，该泵抽水能力与当时其他泵型相比可节省30%的电力配套功率。

当时处于“文化大革命”时期，工程设计院被撤销，设计人员下放地、县或农村劳动，淮阴地区治淮工程指挥部因技术困难不能承担设计。1976年年初，江苏省治淮工程指挥部指挥熊梯云要求部内设计组设计，指定我任该站设计组组长，设计的图纸由我签名交付施工。

我在组织扩大设计组期间做了以下工作。

第一，中运河行洪时，黄墩湖地区745km^{2}土地失去排水出路，形成洪、涝矛盾。中运河不行洪时，徐州高地621km^2，淮阴低地124km^2，排水入中运河，形

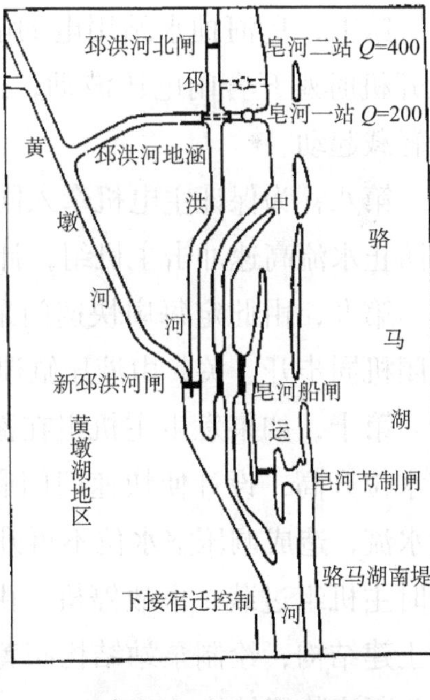

黄墩湖地区排水图

成高低地排水矛盾。与淮阴和徐州地区讨论枢纽布置，解决地方洪、涝排水矛盾和高、低地排涝矛盾。

第二，拟定泵站控制运行条件，提出书面设计要求，向华东水利学院水动专业的老师和学生介绍，协议请胡沛成老师在校内设计辅机系统图，同意他不设计辅机土建安装，请吴庭树、黄宝南老师在校内设计电气原理图，到上海开关厂绘制盘接线图和引线图。

第三，研究常用的虹吸真空断流装置不能适用该泵站。

第四，拍门断流为减少拍力，装置只能在大门上装多扇小拍门，开、停机时小拍门先动作，开、停机后大门再动作，造成机组效率降低，故障增多。

第五，按照主机组开机和停机时由快速门自重关闭断流过程来设计快速门断流装置，根据快速门在自重关门和与主机组停机同时开始，使停机后水泵叶轮反转转速小，反转延时短。

第六，采用水泵叶片在 −18° 运行停机，计算决定快速门关门时间为 20s。

第七，皂河抽水站用电的电网容量小，为泵机组 7000kW 主电机开机时避开合闸电压波动，按在水泵正常停机的叶片 −18° 开机，为轻载起动。

第八，为保证主电机牵入同步后才开门，避免调压室水位溢流，并防止水流高速冲击主机组，计算延时 7s 开启快速门。

第九，由此定每扇快速门采用 2 只单作用伸缩式两级套筒液压启闭机同步开、关，由液压缸泄油保证关门门速。

第十，如果发生主机组在额定工况开机或停机，快速门前调压室水位升高，设计使快速门门底浮力升高，快速门上下跳动，门底泄水流，造成调压室水位不再升高，保证调压室和快速门结构安全，同时主机组过载，事故停机。由此决定泵站采用水平出水管的半堤后土建结构，绘制泵站结构布置图，1987 年建成皂河第一抽水站快速门断流装置结构。

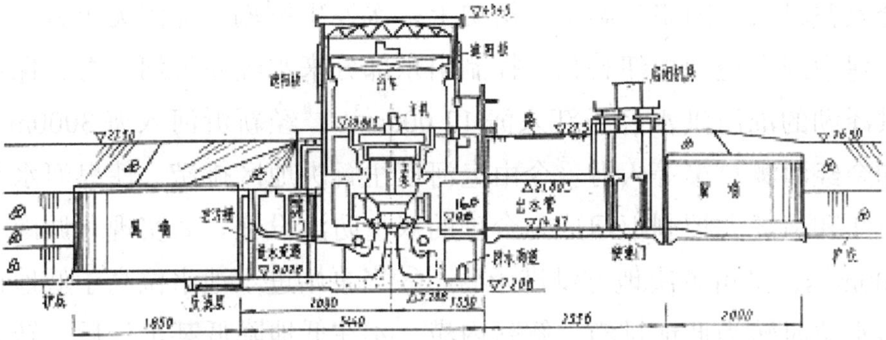

皂河第一抽水站快速门断流装置结构示意图

第十一，委托河海大学做泵站水力模型试验，开始结构设计。

1976年秋，组织扩大设计组人员工作不成功，只能由指挥部设计室4人，借规划室4人，抽调宿迁县下放在基层的技术人员1人成立设计组，到淮安二站工地做现场设计，请下放在农村的淮安二站设计负责人罗人纲参加。为弥补设计人员施工经验不足，改善设计细部图纸施工质量，又请木工、钢筋工、电工3个工人参加。工作刚开始，罗人纲被调回水电局到上海协助水工设计，罗人纲分担的泵站流道土建设计只好由我带着杜选震、祈继贤完成。后有河海大学应届毕业生5人参加，分在淮安、南京、上海三地参加设计，因准备充分，工作进展顺利。设计期间唐山发生大地震，皂河站处在郯庐9°～10°地震烈度区断裂带地基土上，设计两个方案，建活动厂房，遇0.8g地震烈度两过关，因站址风、雨、雪多，经指挥部讨论，设备养护、检修困难，只能加强厂房结构整体性能，因0.8g地震烈度建筑物省内无权设计，按地震烈度加速度0.5g设计。带着毛桂囡修改挡土翼墙抗震，带着吴军进行“大型抽水机站液压快速闸门关门时间和缓冲压力的计算探讨”，设计泵站断流装置快速闸门两级套筒油缸400kN液压启闭机和修改快速门过程控制设计。1977年11月底完成皂河第一抽水站工程技术设计，交付施工。

皂河第一抽水站设计实现了以下几点。①工程枢纽布局合理，综合效益显著。因骆马湖南堤历史上多次发生倒塌，加固无土方，下游建宿迁大控制枢纽替代，控制山东部分来水经新沂河入海，保持洪泽湖的淮河洪水经长江入海 12 000m^3/s，经新沂河入海 3000m^3/s 和余经灌溉总渠等入海。今由皂河枢纽解决地区排涝，使皂河水利枢纽和宿迁大控制枢纽成为合理的双重防洪设施。②实现北调南水 200m^3/s，又可解决地方洪涝矛盾。③当泵站进水池水位高于低地排涝水位时转为低地排涝，解除内涝。④在低地降低某水位后，转为高地排涝，解决高、低地排涝矛盾。排涝运行时仍要先排低地，否则反而会加剧高、低地排涝矛盾。⑤在中运河行洪时结合抽排黄墩湖地区的涝水，可以解决洪、涝矛盾。⑥皂河第一抽水站进水池水位的调度仅要增加一座在洞上带调度闸的邳洪河地涵，投资不多，两项矛盾得到解决。⑦泵水力装置效率为 85.0%，高于同类设计。⑧泵叶轮抗汽蚀性能优良，运行期间未发生汽蚀。⑨高比转速泵叶轮直径 5.7m、设计流量 Q=97.5m^3/s 的斜流水泵站采用的快速门断流装置是原创，在验收时曾误操作，证实设备或系统运行失灵或误操作都能保证安全。⑩在 9°～10° 郯庐地震断裂岩基的覆盖地基土上，以地震加速度 0.5g 核算。⑪采用柱强增大站身结构刚度，加气混凝土轻板墙，钢行车梁，远离厂房的独立技术供水塔。⑫钢筋混凝土变截面涡壳流道内设置钢丝网水泥空管，成为类似等截面结构，避免发生裂缝，满足负压要求，不用钢板结构保护。⑬根据泵叶片操作转叶式油缸漏油量，开关快速门门速储能器由原定的 3m^3 改为适用的 9m^3。⑭转叶式油缸调节水泵叶片，油缸漏油量符合国家规范标准，调节水泵叶片降速稍快，油管内发生不完全液压振动，确认对机组运行无害。因当时无条件加大输油管，用减慢泵叶片降角速度来避免。⑮厂房采取遮阳、通风和噪声控制，工作环境优良。⑯主机、辅机运行采用机旁操作、弱电选线和程序集中控制并用，灵活可靠。⑰单位流量造价合理，流量单价与淮安 ϕ4.5m 轴流泵二站相同。

1977 年年底完成皂河第一抽水站工程技术设计时，江苏省水利厅在扬州成立厅属设计院，治淮总指挥部并入水利厅，从江苏省水利厅来治淮总指挥部的人都回厅。因盐城水利局在淮安总渠建运东船闸，船闸引航道占用部分里运河，造成1977年从洪泽湖调水入里运河时水流过急，发生沉船死人事故，这给指挥部造成很大压力。我担心1978年再发生事故，便在淮安二站工地和祈继贤、经纬良及扬州水利学校刚分来的学生十几人，在一个月时间里突击完成淮安运西水电站兼运西分水闸设计。运西分水闸设计可从灌溉渠引水入里运河300m^3/s，使洪泽湖调水入里运河与船闸引航道分开。我赶回水利厅在计划财务处审批后自己设计，及时交淮阴地区治淮工程指挥部施工，该工程于1978年汛期完工，实现了里运河安全调水和水力发电。

淮安运西水电站兼运西分水闸

皂河第一抽水站于1979年开始施工，我虽已离开设计院回水利厅，但仍在为该站施工处理设计问题。1981年机组开始安装时，工程停缓建，仅用维护设备的少量经费安装。安装时发生两次部件返厂修理的情况，试机发生主泵转叶式油缸内泄漏，泄漏量虽小于SDJ91-76规范要求，但在调节水泵叶片降角、减少泵出流时，储能器至配压阀输油管内发生液压振动，我查明不是由于汽蚀，而是由于转叶式油缸内泄漏油量太大造成输油管油速不完全液压冲击。水泵厂拟将进油管口径减小，减慢泄漏油速，我核算的结果是不能加大主泵出流，造成调勿动叶片升角，决定将原定 $3m^3$ 的储能器改为 $9m^3$，满足转叶式油缸内泄漏油量要求。如果加大油管直径减小管内流速，或放慢调节叶片降角速度都可以不发生液压冲击，由于发生液压冲击与机组安全运行无关，所以暂不修改。试车发现第一台转叶式油缸内泄漏油量大，回厂返修。后使用京杭大运河徐扬段续建工程的补水经费，完成引河土方开挖后试运行一年，到 1986 年 3 月验收投产，前后长达十年。

第七节　江苏省水利厅计划财务处

1978 年 3～10 月，我在江苏省水利厅计划财务处任七级工程师。连云港港区西海堤由华东水利学院负责设计，水利厅负责施工，我到华东水利学院参与设计。水利厅韩兆轩负责施工，要我同去福建沿海地区学习群众抛石筑围垦海堤，又到山东学习日照港海堤修筑抗海浪护坡，并在连云港港区实地研究西海堤定线位置和施工布局，随后陪同严恺院长实地研究定堤线及两端开山取筑堤石料。

1978 年，经江苏省水利厅熊梯云厅长等推荐，我在江苏省科学大会上获在“省科学技术工作中作出显著贡献的先进工作者”称号，并获发奖状、证书，全省水利工程建设系统仅我一人获此奖。

1978 年 9 月，水利部来查勘南水北调工程线路，我被调到设计院准备设计抽水站。1978 年 10 月，我到位于扬州的江苏省水利勘测设计院工作，当时我是七级工程师。我在宿舍突然跌倒，经诊断发现患有心肌微血管严重缺血症，体质很差，需要休养。1979 年 3 月，我从江苏省水利勘测设计院回到水利厅计划财务处工作，1980

年因工作关系调回水利厅。

1980年10月至1984年3月，我在江苏省水利厅计划财务处工作，为六级工程师。我是省级机关行政级技术人员，按规定要写技术论文，我写了《平原地区大型水泵站设计》书稿二章，经河海大学刘大恺教授审查合格后升为高级工程师，按规定，省级机关行政级技术人员不能升教授级即正级。1982年12月，江苏省职称工作领导小组评定我可聘任教授级高级工程师。水利电力部在1983～1984年曾多次邀请我参加《水闸设计规范》（SDJ 133-84）讨论和审查。1986年，又邀请我参加《水利水电枢纽工程等级划分及设计标准（平原、滨海部分）》和《泵站技术规范（设计分册）》（SD 204-86）审查。1986年和1988年，江苏省建设委员会聘任我为省级优秀设计评委会副主任，负责评审全省省级优秀设计工程。

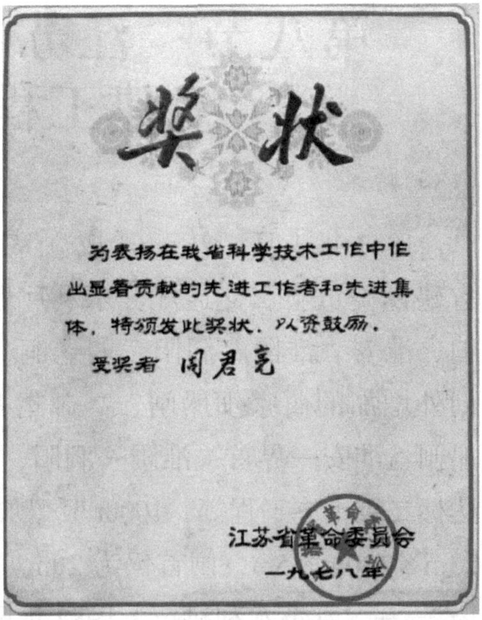

获奖奖状

1980年1月，因江都抽水站设计效益显著，江苏省水利勘测设计院获“国家70年代优秀设计奖”。我主持该站三、四站设计，因1960年上半年扬州水利局坚决反对江都抽水站将站址定在万福闸边，故放弃已挖的30余万站址土方，改在江都后，效益显著，熊梯云厅长以集体奖上报水利部参加国家优秀设计工程评审。

第八节 江苏省京杭大运河续建工程指挥部

1981年1月，江苏省成立京杭大运河续建工程指挥部，由省建设委员会、交通厅、水利厅联合编制总体设计。有施桥、邵伯、淮安、淮阴、泗阳、刘老涧、宿迁和皂河8座二线船闸和计划外增加的蔺家坝船闸，高邮运西、高邮运东、井儿头3座支线船闸，淮安—界首、淮阴—泗阳、大王庙—蔺家坝3段航道从三级达标二级土方工程等，1000t驳船加宽，交通部将二线船闸闸室改为23m×230m×5m，闸首仍为20m。我写了《京杭大运河的整治和展望》，在《江苏水利科技》1982年第2期发表。

1984年4月，陈克天担任江苏省京杭大运河续建工程指挥部指挥，省委同意将指挥部改为实体，工程经费包干。指挥部委托省内1家交通设计院和5家水利设计院设计工程，我和胡同生从水利厅计划财务处，许道化从交通厅借调到指挥部任总工程师。工程开始设计时，按照陈克天“坚持创全优”和“1988年竣工”的意见，组织6家设计院的主要设计人员召开会议，并请精于水工结构计算的河海大学傅作新老师参加，敞开讨论和研究设计。陈克天参加会议并答应将100万元作为科研项目投资，用于淮阴船闸闸底板原型观测、施桥船闸基坑开挖土层实测分层回弹量等。由于陈克天参加，解决了原来总体设计中的问题，并进一步提高了技术水平，为形成每座船闸优化预设计方案取得一致意见。此时，我以论文《京杭运河苏北段船闸引航道布置的讨论》研究每级双线船闸各自采用引航道双向过闸运行，组织参加江苏段船闸续建设计人员讨论执行。论文后被1989年中国水力发电工程学会通航专业委员会第一、第二次会议论文集《通航文集》转载。

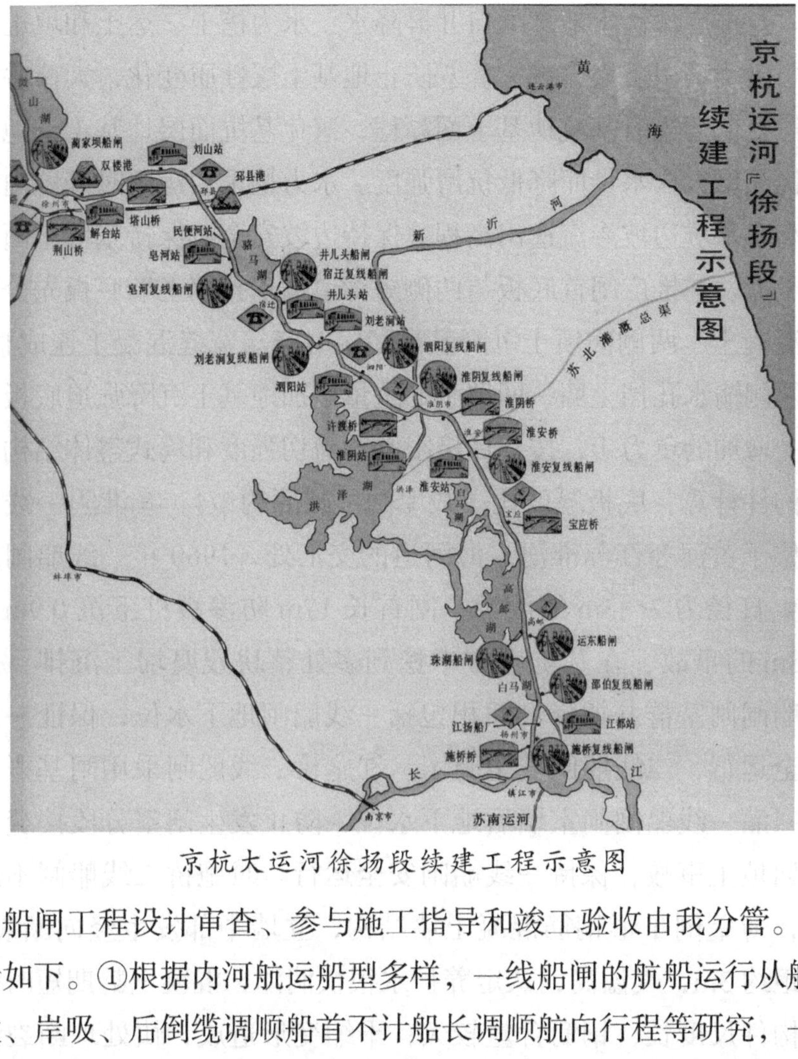

京杭大运河徐扬段续建工程示意图

船闸工程设计审查、参与施工指导和竣工验收由我分管。船闸设计如下。①根据内河航运船型多样，一线船闸的航船运行从航速、舵效、岸吸、后倒缆调顺船首不计船长调顺航向行程等研究，一线、二线船闸分开各自采用不对称引航道，航船靠直线岸侧进闸。②因出船闸航船的调顺航向侧移 c=4.5m，开始运行只有航向角角移行距，斜向过船闸闸首，运行到船尾时航船顺直，可以少计次航船调顺航向运行行距，为安全计仍取用 $l_1 \approx$210m。闸室长 230m，留有 20m 作为船行舵效纵距和停船惯性冲程行距，闸首口宽相等船宽、侧移和再加船行与闸墙间隙，可不计入调顺航向行程航距，航船安全出闸首。③船闸运行实行各自双向过闸，过船闸运输量比各自单向过闸增加一倍或以上。④推广黏性土基坑地基机械挖土、运土和填土。⑤推广沙性土地基大口井群降水、水力挖土、运土和填土，基坑表层已扰动土层人力挖去。⑥防止地基土层性质变化，大口井群降水水位要低于当时基坑地基土面高程，避免基坑面层地基土受地下水压力扰动增大含水量而降低抗滑强度。水力挖土、运土时基坑内水面又要高于基坑边坡渗流逸出高程，保持边坡安全，保持基坑土面有一定水压力。⑦推广闸首底板与两侧短廊道输水孔挡土墙底板先分宽缝浇筑混凝土，两侧回填土沉降基本稳定时浇筑宽缝混凝土连成整体，避免两侧输水孔挡土墙、回填土的重量增加地基土沉降强迫底板变形而承受增加的负力矩，按土体极限滑动剪切强度和坞式整体结构压弯地板构件计算，底板厚度比一线船闸可减薄约 1/4。⑧淮阴一线、二线闸位于黄河夺江苏淮河入海河道的交汇处，1960 年一线船闸施工时发生直径为 2～3m 的沙沸，闸首长 17m 防渗板桩下沉 0.9m、位移 0.8m 的事故，在基坑土方中挖到多处整块残腐埽工沉排。采用二线船闸闸基群井抽降大面积包括一线船闸地下水位，保证一线船闸安全运行，二线船闸安全施工。⑨施桥二线船闸采用闸基群井降水，回灌一线船闸闸室墙后地下水位，防止发生闸室分段接缝漏水冲刷回填土事故，保持一线船闸安全运行。⑩施桥二线船闸不透水闸室，薄壁倒 T 形钢筋混凝土墙结构，立墙中部发生竖向断裂缝，缝间距约 3m，气温高，认定养护水很快淌淖，混凝土龄期短时强度低，构件尺度长，钢筋含量较大，干缩变形造成，快处理断裂缝后回填土解决。⑪施桥二线船闸施工先利用上、下游引河位置作为工人住地和工场，避免过河建桥扩大工地，优化施工方案。⑫运东船闸下游航道北澄子河顺直宽大通盐城市。闸首口宽规定 10m，改用反不对称广厢闸室，闸室宽 16m，两闸首口宽轴线相距 6m，两闸首相距 160m，允许航船排 3 行或 2 艘 1000t 自航船一次过船闸，进闸室船队先侧移出闸位置停泊，反对称引航道底宽 40m，使上游澄子湖边通运河的航道过船闸闸室侧移 36m 与下游航线顺直连接。⑬泗阳船闸上闸首底板输水消能室为桁架空箱，结构新颖、创新，请指挥部计划处陈佩佩编制有限元结构程序，完成二次修正计算，增加40多t钢筋，保证安全。后按此有限元结构程序核算其他闸首结构。⑭坚持人字门门底枢在关门时要求水压和门重推力全部传到岸墙等。

运东船闸闸室采用反不对称广厢闸室

泗阳船闸上闸首底板输水消能室为桁架空箱

施工设计采用不同方法处理不同复杂地基地下水防渗。

群井抽降大面积地下水，保证淮阴一线船闸运行，二线船闸施工。两闸位于黄河水经泗水在江苏夺淮河入海河道的交汇处，土层相同，持力层为沙壤土，渗透系数为 1.21×10^{-4}cm/s，∇-4.0m 以下是颗粒不均匀、系数为 4 的粉砂夹粉土或沙壤土，以下为渗透系数是 2.04×10^{-2}cm/s 的中沙夹小砾或夹粗沙、极细沙，第一层中沙有∇10.50m 承压水，天然的粗、中、细沙级配可构成反滤。1960 年一线船闸施工时发生直径为 2～3m 的沙沸，闸首长 17m 的防渗板桩下沉 0.9m、位移 0.8m 的事故，在基坑土方中挖到多处整块已腐埽工。为此，我提出为防止一线船闸入地基土下粉砂层颗粒经粗沙或埽工被大口井抽出，采取以下方法。①二线船闸在基坑四周设单层大口井群降水、水力挖土和水力填土，少用民力。②大口井群从中沙抽水。③大口井的反滤要保护可能经粗沙或埽工来的粉砂不被抽走，保护粉砂从中沙和反滤两道过滤不流失。④要求降低一线船闸处地下水位，使从该处渗入大口井的地下水降低水头，提高该处来的渗水中粉砂颗粒逸出稳定性。⑤地基基坑大口井群降水，要求不能发生地下土体受承压水侵扰，降低其极限抗剪切强度。⑥挖基坑时水力冲泥工作水位要高于大口井抽水后基坑坡脚地下水的安全逸出坡降，防止边坡粉砂经渗流逸出事故，基坑内挖土、运土水位为地面上压力水。⑦基坑底面水力冲泥扰动的土体人工挖除。⑧经试验控制大口井内、外水差分裂量不大于 2m，单井抽水量为 10～20m^3/h，实测含沙量超过 1/25 000 为废井。⑨分两次布井，共布

淮阴一线和复线船闸底层地基土层存有承压水和多处整块已腐埽工

井 54 口，井间距实为 5～30m，证实有大口井从粗沙中抽水。后来于闸室和下闸首在底高程附近中沙层内均发现有整块成形抽干的残腐埽工。⑩下闸首再加用 170 眼针井深降水位。⑪施工期要求船闸管理处严密监测一线船闸高程变化。⑫淮阴二线船闸大面积地下水位由大口井群抽降，保护粉砂颗粒渗流不逸出历时 2 年多，确保一线船闸运行，二线船闸施工安全。

施工中靠二线船闸基坑侧的一线船闸处一段 30m 闸室墙突然沉降 3mm，船闸管理处发急电告知。我约许道化总工同去工地。分析此时该处地下水位降到 ∇2.50m，二线船闸基坑面 ∇0.77m，大口井水位 ∇1.70m，一线与二线船闸中心线相距 160m，一线船闸处地下水位与基坑水位差已减小很多。水位差减小越多，安全性越大，应不是该处地基土中粉砂颗粒流失所致。但担心闸位土中是否有无法测清楚的其他残留物会形成粉砂颗粒流失通道，我便让人严密观察，这成为我最担心的工程设计，并将此事上报陈克天，他特别指示要江苏省水利勘测设计院土工试验室也进行研究，在该船闸已放水验收后要我再去验收。

设计和建成京杭大运河 9 座复线船闸，图为淮阴复线船闸

施桥二线船闸闸基群井降水，水力挖土和回填施工，回灌保持一线船闸地下水位安全运行。闸位东、西两边通长江高水，地基土为全新统（Q_4）长江冲积层。持力层为有互层或夹层薄层壤土的极细沙，渗透系数都在 1×10^{-3}cm/s 左右。我提出如下意见。①施工用单层大口井群地基基坑局部降水，控制大口井内、外水位分裂量不大于 2m，经试验单井抽水量为 18～20m^3/h，实测抽水含沙量为 1/50 000～1/75 000，有大口井 45 口，间距约为 15m。②地基基坑大口井群降水、水力挖土和水力填土。③施桥一线船闸闸室未完全按预设计要求改为坞式混凝土结构，分段接缝无止水片，结构长度干缩，接缝漏水，闸室墙后地下水位如低于墙后排水暗管水位，发生过墙后回填土被漏水冲刷、崩塌的停航事故。为此将抽出的地下水回灌一线船闸闸室墙后土中，维持墙后地下水位在排水暗管高程，保证一线船闸正常运行。④下闸首基坑挖得较深，靠一线船闸侧坡脚再打板椿，使地下水安全逸出。

高邮临城段运河东堤是淮河历史行洪水的险工，历史上有多次倒塌。1986 年春节前水利部来查看拆迁东堤、筑新堤工程，我和交通部的来人一起调查高邮临城段的筑新堤工程质量、运河河段拓宽建靠船码头使用和居民拆迁情况。得出的结论是，工程质量好，船员、搬运工人没有不满意见，按拆迁房屋数退赔居民和按迁移人口数补偿市内建房土地，拆迁居民满意。

1987 年，交通部特邀我担任《船闸设计规范（试行）》（JTJ 287-266-87）中“输水系统”和“水工建筑物”两章的部审小组成员和输水专业执行组组长，会后南京水利科学院聘我为输水设计总校。我在指挥部工作后期还参与指挥部借用日本日立基金贷款为里下河地区航运、排涝、灌溉的通榆运河工程定线和中段施工工作，按我提的工程标准建三级航道等。

1988 年 4 月，经江苏省水利厅提名、厅技术人员讨论通过，我被推荐至全国设计大师评审委员会，经评选，建设部授予我“中国工程设计大师”称号。当年是第一届，全国水利系统获得此荣誉者有三人。

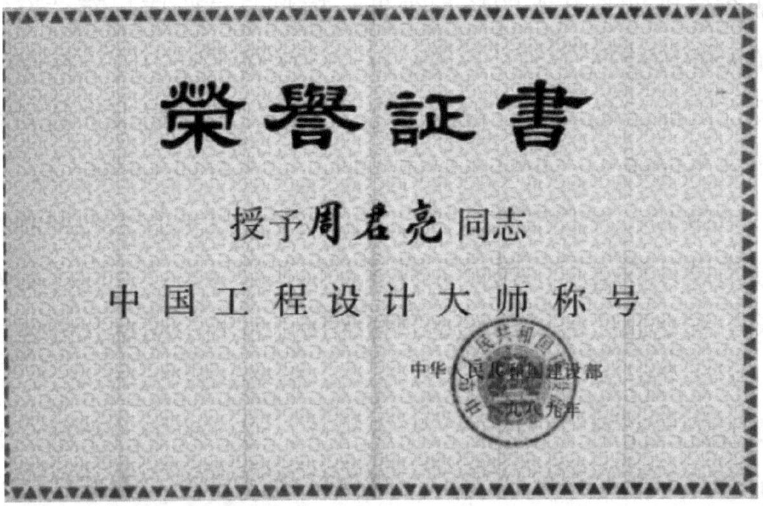

荣获“中国工程设计大师”称号

1988年12月，国家验收京杭大运河续建工程，验收总评为：“技术上有一定的革新和创造，工程质量总评优良。”其中8座船闸由各设计单位上报获得1989年和1992年江苏省级优秀设计奖，1座船闸获得国家优质工程银质奖。

1988年年底，京杭大运河续建工程指挥部撤销，通榆运河工程移交江苏省水利厅水利重点工程指挥部建设，改名通榆河工程。

1988年12月，我回到江苏省水利厅计划财务处，回厅后厅长指定我参加的工程如下。①通榆河过灌溉总渠的立交工程，要求通榆河与灌溉总渠立交河段加宽，防止航船行驶靠岸发生岸吸。②为淮阴地区灌溉总渠的渠北排水渠部分渠段的小涝水自排入里下河，大涝水集中抽排入废黄河入海。③在渠北排水渠临入海口处加建新六垛北闸，减少六垛北闸入海引河海淤，形成入海大套闸，引蓄高潮水冲淤保港，使盐城渠北排水渠地区的涝水能自排入海等。回厅后我参加的厅管工程技术讨论如下。①高港枢纽和望虞河枢纽的布局及其节制闸、船闸、抽水站结构设计方案。高港枢纽节制闸岸墙底板地基土受地下压力水扰动，抗滑强度降低，岸墙底板发生滑动顶裂闸身边墩，不是由沉降引起的。②望虞河抽水站和高港枢纽的抽水站在冬季抽长江水的扬程很低，模型泵试验成果有“有害”汽蚀，尚无办法处理，冬季不宜运行。③无锡市犊山防洪控制工程布局和设计因航运规模和工程占地，与交通厅和无锡市水利局意见两年时间内不能统一。我年届离休，似已无法看到工程完成，工作有难度。1989 年，厅长熊梯云指定由刚成立的江苏省水利勘测设计院苏南分院设计该工程，我负责制订方案和指导设计，同计划处房玲娣处长与省交通厅商议，交通部和无锡市水利局同意我的建议，设计得以顺利进行。

犊山防洪控制工程位于太湖风景区，必须要少占水域；通太湖的主航道，不能妨碍航运发展；要保证太湖排洪；不准城市污水进入太湖等。1990 年由新成立的江苏省水利勘测设计院苏南分院和无锡市水利设计院设计，厅长熊梯云要我制订方案并指导设计。

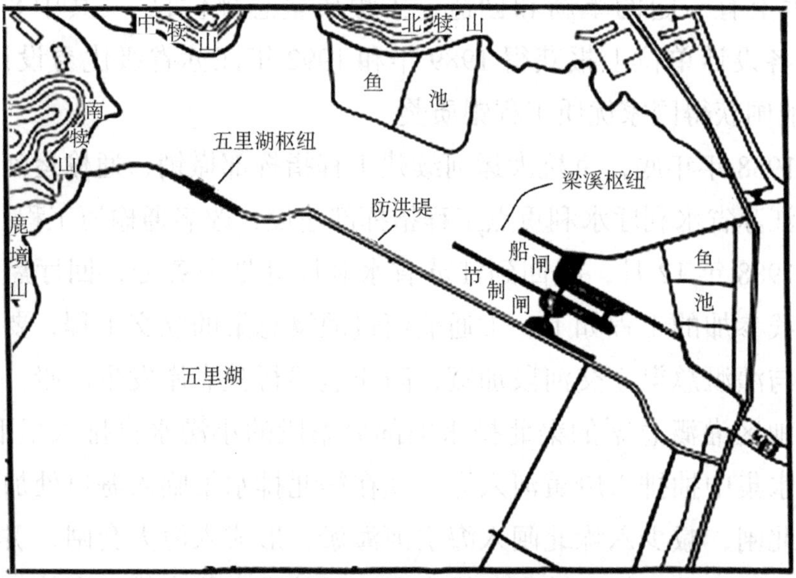

位于太湖风景区的犊山防洪控制工程

（1）由于工程位于太湖风景区，要求工程建设少占用湖区水域，建筑物结构造型要与环境景观融为一体；无锡市与太湖之间的航道年运输量当时已达2000万t，且有大量旅游船来往，如果太湖航运安全避风设施得到解决，它将发展成为一条十分重要的航道。因此，枢纽设置不能影响自然景观和航运发展。根据控制运行要求，梁溪枢纽由净宽20m节制闸和净宽16m船闸组成，每年除汛期太湖高水位时要控制水位，由船闸维持通航外，大部分时间敞开通航，成上行、下行两条航线。枢纽位置民居密集，我提出梁溪枢纽由单孔20m节制闸和16m×135m船闸组成，闸位并列紧靠，利用市区运河水下土方在湖内筑围堰施工，施工期维持太湖航运，少占水域。平时敞开成上、下行航线，满足航运发展要求，洪水期由节制闸控制水位，船闸维持通航，利用犊山口内湖面为引航道多停航船。

（2）首次设计采用下沉式圆弧升降的拱板门，门底输水。闸门开时都下沉放在闸底板的门槽中，不妨碍航船快速通过。门槽挖深小，输水时淤积泥沙可冲走，不影响航船。闸门启闭设备分设并隐蔽在闸墩上的控制室内。上层结构与亭、廊结合，建筑群景观与湖光水色融为一体。节制闸门由带均衡机的等速启闭电轴同步拖动；船闸闸门由带变频机和双馈机变速3∶1电轴同步拖动；门底输水慢速，开关门快速；采用开关门时电轴相位整步，使闸门开关时不倾斜，变位不积累，不影响航船快速过闸。

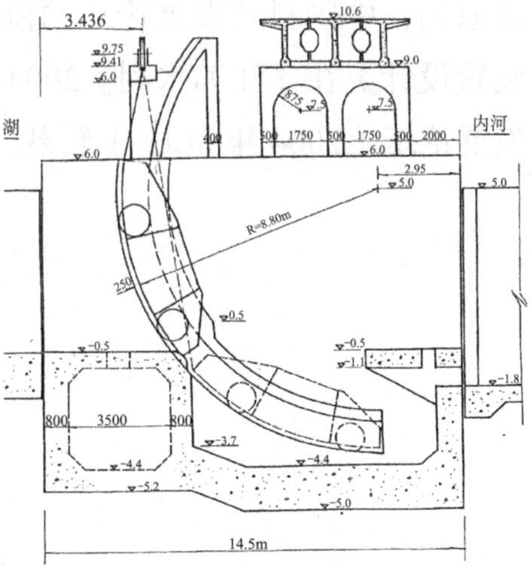

下沉式圆弧升降拱板门结构和运行示意图

（3）五里湖枢纽水位受湖面风扬影响，逆风顺水，将枢纽建成单宽16m的双孔节制闸，也采用下沉式圆弧升降拱板门，平时敞开，分别用于上行、下行航线，避免过闸船只相撞。该工程于1991年建成，投产后运行良好。

（4）枢纽布置、建筑物运行、闸门型式及其启闭系统，形成不碍航枢纽，这是首次设计。

1989年，江苏省建设委员会聘任我为江苏省工程优秀设计评审委员会副主任，主持全省该期评审工作。1992年，我继续担任该期江苏省工程优秀设计评审委员会副主任，主持全省该期评审工作。

1989年，江苏省水利勘测设计院皂河第一抽水站设计获国家优质工程金质奖，主要设计成员排名为周君亮、潘贤德、谈文雄、郑祖德、杜选震、华宇昌、祈继贤、诸惠源、吴庭树、黄宝南、梁修宝、吴军、孙福林、戴敬秋、毛桂囡等，从而使我摆脱了该设计“选用大泵错误”带来的压力。此时我已写成5篇论文《皂河第一抽水站枢纽布置和泵房设计》（发表于《江苏水利科技》1992年第1期）、《皂河第一抽水站装置性能和主机结构》（发表于《江苏水利科技》1992年第2期）、《皂河第一抽水站的断流技术》（发表于《江苏水利科技》1992年第3期）、《皂河第一抽水站辅机辅助设备和控制方式》（发表于《江苏水利科技》1992年第4期）、《低扬程泵站快速门断流装置设计》（发表于《江苏水利》2004年第4期）。因设计原创，中国科技发展论坛约稿，我写了《低扬程泵站快速门断流装置设计》在《江苏水利》2004年第4期上发表，并在《中国科技发展论坛（2004年卷）》上转载。

第三章

江苏省水利厅计划财务处离休后工作

第一节　江苏省水利厅任专家委员会顾问

1990 年 12 月，我从江苏省水利厅计划财务处按原职务厅局级待遇离休。

离休后，厅长委任我为江苏省水利厅专家委员会顾问。第一件事是计划处毛桂囡处长要我以个人名义协助赣榆县水利局设计横穿过排洪入海龙河几百米长的地下涵洞，从连云港将淮水送去灌溉。省里不保证有水，工程经费由群众自筹，每位县水利干部出资 50 元，这令我深感地方迫切要水的心情。

1991 年 5 月，无锡市水利局邀请我讲解“平原地区船闸布置”和“平原地区船闸输水结构设计”，详细讨论内河船闸布置和航运双向过闸运行，提出航船停在引航道曲线侧，调顺航向进船闸，航运发展建平行船闸，各自双向过船闸。

1992 年，我开始享受国务院政府特殊津贴（100 元档）。

1994 年，因犊山防洪控制工程设计，江苏省水利勘测设计院苏南分院和无锡市水利勘测设计院获国家优质工程银质奖，因按我提的方案修建，又做了不少设计、计算，两设计院推举主要设计成员时坚持将我排在第一位。主要设计成员排名为周君亮、管毓质、陈立、尤德康、王春保、陆泽群、施琦瑾、徐道青、覃勉光、李士茂等。因需要介绍，我写成论文《犊山防洪控制工程设计创新》在河海大学《水利水电科技进展》2001 年第 3 期上刊登。

1995 年，由江苏省水利厅提名、厅技术人员讨论通过，经江苏省人民政府评审推荐，我以水工建筑物工程设计专业参加了中国工程院院士评选，当选为中国工程院院士。

1995 年当选为中国工程院院士

当选为中国工程院院士后，受江苏省水利厅厅长委派，我参加了 1995 年水利部南水北调规划会议，发表淮河下游水资源现状评价。淮河下游主要水资源工程有洪泽湖蓄水、骆马湖蓄水、分淮入沂、江水北调、泰州引江河、石梁河水库等。具体情况如下。①洪泽湖成为淮河下游唯一的调蓄、调洪水库。汛期蓄水位 ∇12.5m，库容 20.0 亿 m^3（据中国科学院南京地理与湖泊研究所 1990 年调查为 30.4 亿 m^3）。冬、春季蓄水位 ∇13.5m，库容 31.5 亿 m^3。今后蓄水位 ∇13.5m，库容 44 亿 m^3。汛期防洪水位 ∇16.0m，库容在百亿 m^3 以上。② 1956 年江苏淮北大涝，为提高农作物抗涝能力，推行旱改水，北调洪泽湖水补充水源。③ 1959 年旱年，安徽在淮河蚌埠打坝拦水，淮河断流 107 天，江苏农田大面积受旱失收。④ 1960 年建江都抽水站，开始江水北调，抽长江水补淮水不足，补偿原由淮河供水灌溉的里下河及其沿海垦区水源。⑤淮河在蚌埠建闸，中游用水紧张时关闸拦水。1959～1980 年断流有 15 年，累计 930 天，淮河只有洪水或弃水排入洪泽湖，淮河来水已不可靠。⑥江水北调工程逐年向北延伸，江水北调工程的运行经验是，在水稻大用水前，补足或保持洪泽湖和骆马湖处在最高蓄水位。根据水情，水稻用水开始时先抽用江水，或先用洪泽湖汛期控制水位以上蓄水，腾出库容，接受下泄淮水。但由于淮河水资源是洪水资源，水情上、中、下游丰枯几乎同步，如果淮水不来，仅依靠抽江水补充，现有抽江水能力不足，不能满足农业用水需要，只有动用洪泽湖库容，期望能多次拦蓄多用淮水。⑦自 1974 年江水北调工程江都站抽江水能力达 400m^3/s 以来，洪泽湖蓄水量用到干枯的年份占 54%，骆马湖占 67%，此时大面积农作物受旱，说明现有抽江水能力尚不足应对较大旱情。20 世纪 70 年代以来就一直计划扩大江水北调工程的抽江水能力到 600m^3/s。⑧江水北调工程主要是为农业补充水源：开机抽水时间年均 2000 多 h，但遇到旱年，则需长时间开机，如 1978 年江都站连续开机 222 天，1998 年开机 130 余天，1999 年开机达 286 天。近十年江水北调工程年均抽江水约 37 亿 m^3，旱年 60 亿～70 亿 m^3 以上。⑨由于淮河工况变化，沿海地区供水严重不足，又在垦区沿海潮上带有 200 多万亩土地可开垦。1990 年建设泰州引江河工程规模为 600m^3/s。先按 300 m^3/s 自流或提抽江水实施，为沿海垦区和滩涂开发补充水资源，已完工投产。20 世纪 80 年代建设通榆河工程，长 415km，中段自海安到灌河长 245km，按河底宽 50m 开挖，平底河，可向北送水 100m^3/s，已完工，可为沿海地区补充水源。⑩江苏淮河下游东临黄海，废黄河口局部海岸崩塌后退外，其余均在淤胀外延。环境生态用水中除一般需要外，主要有：沿海地区地面高程低于高潮水位，为中等潮差河口，入海河口区淤积严重，为维持入海河道畅通，要保持一定入海流量及其冲淤能力，经常冲刷河口，勿减小原有河道的排水能力或被淤塞；要经常调换沿海垦区的河、沟水体，维持农作物能够生长，人、畜饮用不会致病；里下河地区排水入

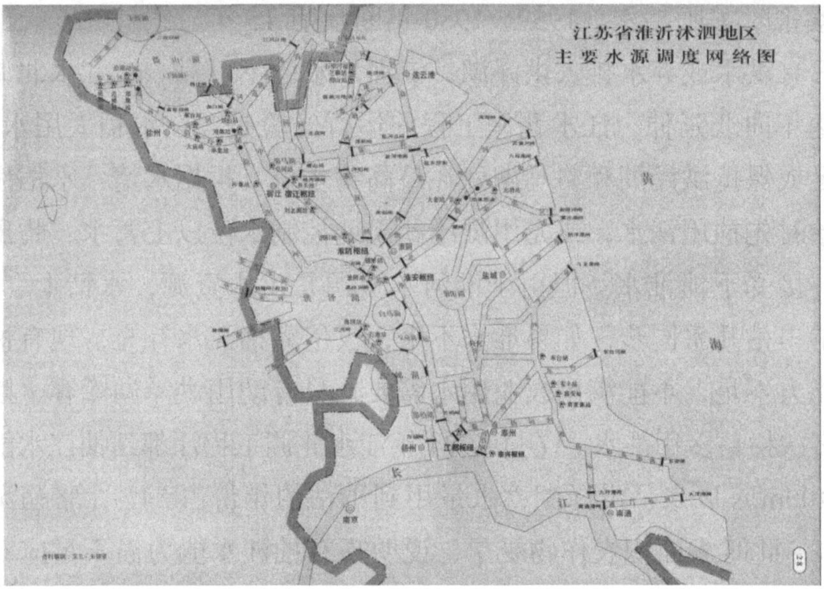

江苏省淮、沂、沭、泗地区主要水资源调度网络图

海的射阳河、斗龙港、新洋港、黄沙港称四港，1991 年大水，区内滞水 55 天，经济损失 68 亿元，自 1991 年汛后到 2003 年汛前累计淤积 1132.4 万 m^3，总过水断面减少 32.9%。原因是入海下泄冲淤水量不够，根据 1969～2004 年的实测资料，按概率统计时间序列分析方法建立数学模型，计算在 2030 年如能恢复到 1991 年的排水能力，需要相当年冲淤需水量 43.16 亿 m^3，相当需要水流量 136.89 m^3/s。

根据上述分析，我赞成北调长江水补充淮河下游水资源，以弥补淮水不足。根据江苏苏北地区水资源现状，1995 年水利部的南水北调东线工程规划会议提出对东线工程讨论的意见如下。①对江苏水资源做加法，不做减法；②在江苏农业大用水时期，保持洪泽湖一定蓄水位的水量留给江苏；③调入区多建蓄水库，在江苏不缺水期调入补充。我认为，2001 年东线工程规划对江苏水资源做了很大减法，这将严重影响江苏地方经济发展和农业粮食生产。1998 年，我在中国工程院第四次院士大会上发言，之后写成论文《关于南水北调东线工程的建议》，并刊载于《中国工程院第四次院士大会学术报告论文集》(1998年)上。2001年8月19～20日，我应邀参加水利部南水北调东线工程规划(修订)水量调配专题评审会，后发表论文《关于南水北调东线工程规划(修订)水量调配的几点意见》，并被《江苏水利》2001年第9期转载。2001年12月，在上海东方科技论坛第十八次学术研讨会上，我宣读论文《南水北调规划布局商榷》。该论文后被华东师范大学出版社2003年出版的《南水北调(东线)对长江口生态环境影响及其对策》一书收录。2002年，我在中国科学技术协会年会上宣读论文《南水北调工程与规划布局商榷》。

受江苏省水利厅厅长委派，我参加了1998年水利部长江口通航规划会议，后参与交通部有关该工程的会议，讨论治理方案。长江口为中等潮汐3级分汊、4支分流河口，涨潮流挟沙进入河口，在滞流点沉降形成拦门沙，长期只有平均6m水深自然通海。长江口到南京航道水深小于12.5m不足30km，建12.5m水深深水航道对上海和江苏发展海运是十分有利和必要的。水利部与上海市、江苏省意见最后达成一致，开挖、维持拦门沙水深12.5m，增大海轮吨位航行航道。我参与交通部审查上海市航务局设计、施工的深水航道一、二、三期工程技术研究，深感入海河口泥沙沉积复杂，认定设计正确。三期工程仅挖浚航道，如果不分三期工程，与二期工程合在一起，可稍增大入海航道河口分流比。

1997年，因江苏水利建筑物钢筋混凝土碳化侵蚀十分严重，当时在推行泵送混凝土施工，混凝土含水量很难控制。我和刘农、许冠绍组成小组，研究混凝土结构的强度和耐久性两个指标，确定指标与结构安全使用年数直接相关，提出混凝土碳化侵蚀快速测定法，配合施工在工地现场测定。在《江苏水利》2000年第3期上发表研究成果《混凝土抗碳化侵蚀安全使用年数快速测定法》，获江苏省水利厅试用。2002年10月，在Proceedings of the 54th International Symposium以论文*An Accelerated Method to Predicate Safe Serviced Years* *of Concrete Constructions under Corrosion of Carbonate* 向外介绍。

1997 年 6 月，我参加中国国际工程咨询公司对淮河入海水道工程可行性报告审查会，提出入海水道穿运河的两河水位配不平，运河不能断航，相交处运河航线顺直，当时年运输量已超过 6000 万 t。入海水道泄洪时流速很大，与运河水位配不平，工程必须立交。建议采用潜运沉管方法建设淮安枢纽。为保持施工期运河通航，提出潜运沉管等详细施工方法，一冬春建成立交运河的排洪 2270m^3/s、应急排洪 7000m^3/s 入海水道建筑物，获得水利部总工和中国国际工程咨询公司审查赞成。淮河下游入海水道泄洪总流量为 7000m^3/s，堤距约为 750m，与京杭大运河航道正相交。根据省内望虞河建浮运闸的经验，提出运河与入海水道用立交方式，入海水道泄洪期能够保持运河顺直航线，正常通航。为保证立交建筑物在一冬春时间施工完成和施工期运河能维持通航，提出潜运沉管闸设计和施工方法，在入海水道内建预制场，在预制场完成钢筋混凝土立交结构的闸体浇筑、预埋、闸门和启闭设备安装，调试后，对预制场灌水，闸体潜运到航道内定位、沉管后，底部工程和四端翼墙连接等工作，碍航时间不会很长。预制场内施工不受汛期限制，不开临时导航河，工程造价节省，并提出为防止快速运行航船岸吸，与岸墙摩擦或相撞，闸体的通航航道宽应按京杭大运河规定在最低通航水面之外，即最低通航水面宽 70m+2m×4m×4m=102m 之外。施工方法可适用于水运繁忙、航线顺直的航道上修建的相交的排洪建筑物，我提出的详细施工方法获得水利部和中国国际工程咨询公司审查赞成。我又详细做了预设计，画了淮安枢纽总图，为防止航船岸吸事故，建筑物航道口宽按京杭运河标准不小于 102m。在中国工程院第五次院士大会学部学术报告会上，我作了《潜运沉管建闸方法》的发言，后该发言以论文形式被《中国工程科学》2000 年第 2 卷第 11 期转载。

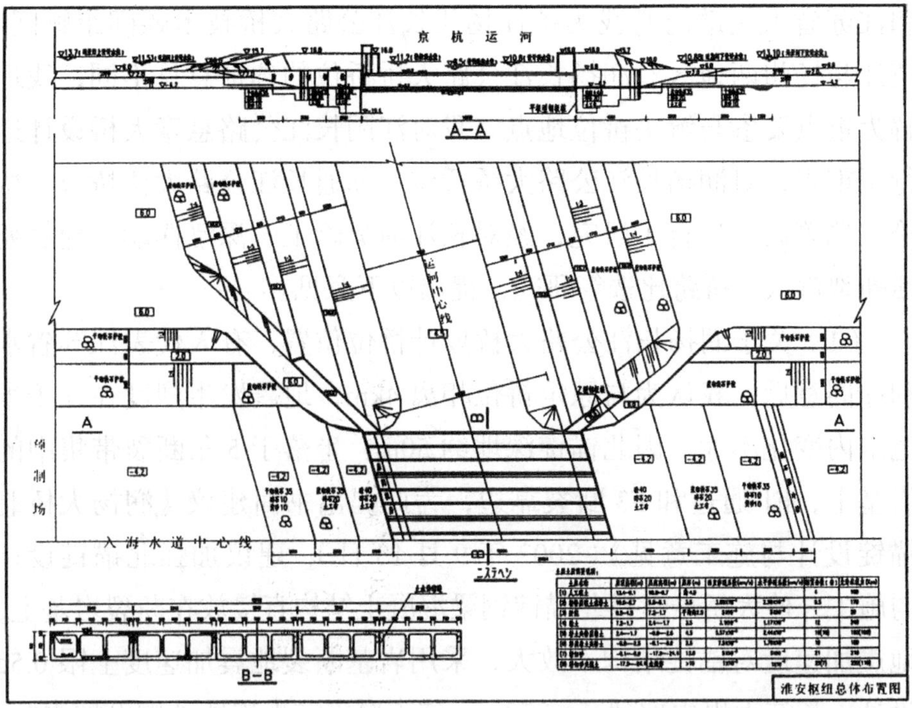

淮安枢纽总体布置图

中国国际工程咨询公司和水利部对该工程设计进行创新，增加了很多经费，仍由淮河委员会设计和施工。实际建筑物航道口宽84m，建议入海水道续建工程拓宽到102m，满足运河运行标准。

1998年，江苏省教育厅聘任我为建于扬州大学的江苏省水力动力工程重点实验室学术委员会主任。

1998年12月，中共江苏省委和江苏省人民政府颁发优待证，我自此在医疗保健、乘车（飞机、船）时享受副省级待遇。

运河航船驶入入汉水水道淮安枢纽

2000年，交通部

和江苏省人民政府聘我为镇江扬州长江公路大桥技术顾问组顾问。镇江与扬州两地区对润扬长江公路大桥桥位的选址意见不同，我理解为重点要参与解决桥位地点。我对江阴长江公路悬索大桥设计进行了审查，对润扬长江公路大桥桥位、苏通长江公路大桥桥位、桥跨比选等设计进行了研究，经对长江河势险工、深泓摆动、地震死活断裂辨认、桥跨比选等研究，提出以下意见。

（1）关于润扬长江公路大桥设计桥位位置，有人代表江苏省水利厅同意后，我认为与原定桥位相离 4km，地震发生烈度在几千米范围内变化不大。因北锚锭深埋约 50m，坐落于 5 条断裂带集中的岩基上，F1 通过和 F3 断裂靠边，为此提出书面建议《润扬大桥北锚锭设计与施工意见》（2002 年 9 月 13 日），建议加强北锚锭设计与施工，使大桥悬索桥北锚锭钢梁混凝土结构直接放在断裂岩基上，地震加速度对锚锭结构不放大，采用岩基断裂地震加速度上限 0.5g 设计。长江大堤内坡到基坑 70m，施工要求在地连墙外侧设抽水井，外侧再设垂直防渗墙，形成外侧地下水 4 级下降，基坑内建筑钢梁

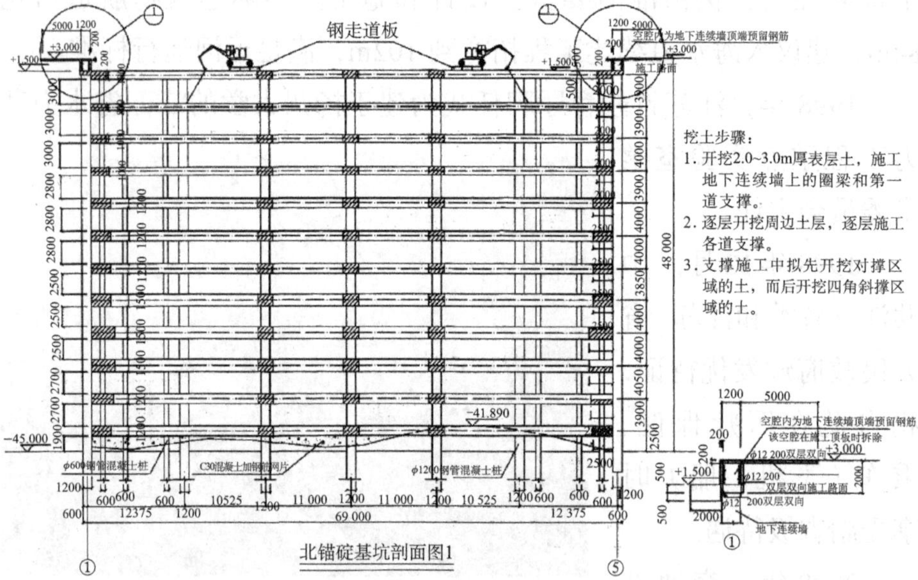

悬索桥北锚锭钢梁混凝土结构直接放在断裂岩基上

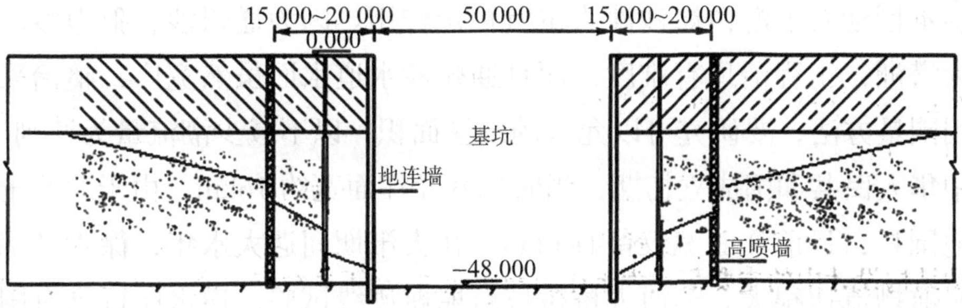

地连墙外侧设抽水井，再设垂直防渗墙，形成外侧地下水4级下降

混凝土结构时地下水抽降约50m，保证安全。经讨论同意按意见施工。

（2）为已建苏通大桥桥跨维持正常通航和保持河势稳定，在水利部科学技术委员会年会上（2007年1月25日）向水利部科学技术委员会和长江水利委员会提出《长江徐六泾节点整治研究》书面意见。长江下游的南京到河口长446km，其中在江苏境内南京到浏河口长320km。在江阴黄山以上190km属于近口段，河床演变主要受上游来水控制，江面宽1.1～3.0km，以分叉河型为主，全线有多处节点控制。在江阴黄山以下属于河口段，江面宽5～20km，河床演变受上游来水和潮流量共同控制，且越往下游越受潮流量控制。河口段河床演变比较复杂，河床中沙体较多，多为散乱沙群或潜洲，沙体冲、淤交替，造成汊道交替和河岸冲、淤变化频繁。长江南京以下河段经过几十年的护岸、围垦、节点控制等工程措施，河势目前基本稳定，是实施治理工程的较好时期，接通州沙水道，下接白峁沙水道，在建有苏通大桥，该节点深泓靠长江南岸，近百年来深泓位置南北摆动约300m，流向不变。徐六泾节点深泓与南岸之间有一条较深的退潮槽，与通州沙西水道和福山水道的退水有关。徐六泾深泓南北摆动是随着上游通州沙和狼山沙的南侧边界的冲、淤与通州沙东水道的消、长而摆动。因此，对狼山沙的南侧边界和通州沙东水道的治理，稳定徐六泾深泓摆动会有很好作用。徐六泾深泓不摆动对下游白茆沙沙头也有稳定作用。因为通州沙、狼山沙均为潜洲，工程治理有难度，而且通州沙水道水面虽然宽广，整治采用围垦方法，要研究可以允许的围垦面积，以不减少潮流量为原则。中华人民共和国成立初期，当时徐六泾江面宽约 16km，由于北侧土地围垦，目前江面宽仅留有 6km，在大汛期间遇大水年，徐六泾深泓航槽流速很大。苏通大桥桥位航船航迹线试验，逆水航行已有困难，说明徐六泾节点过水河断面并不富裕，计划中为整治南、北支入口河槽和白茆沙水道，有一种意见准备将徐六泾江面宽度由 6km 减为 3km，认为北部沙滩河面水深较浅，过水量不大。期望将水面缩窄后，稳定节点深泓不摆动。我认为，如果将节点河断面缩窄，将引起潮流量减少，引起河口段的河断面淤窄，影响航运和排水。而且一旦过水断面淤窄，将很难复原。节点深泓摆动不是河宽引起的，通州沙西水道、福山水道的退水量多，节点深泓向北摆动，退水量少向南摆动，节点南侧土质差，如果向南摆动多，将成险工。现从望虞河引长江水进太湖流域在增多，减少福山水道的退水量，增加节点深泓向南摆动，不宜采用，应慎重研究。

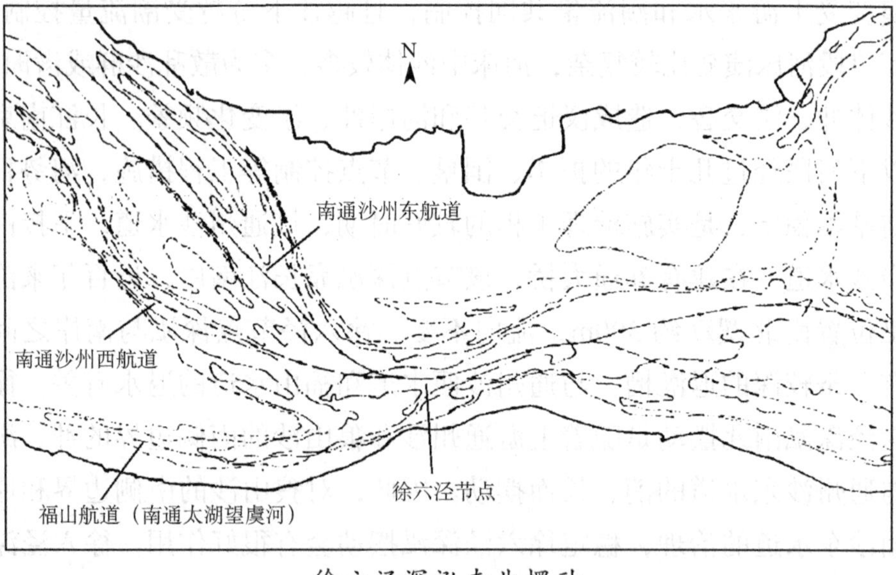

徐六泾深泓南北摆动

（3）通过参加交通运输部规划研究院查勘南京第三长江大桥桥位现场和桥型、桥跨讨论，南京市建设局桥位与桥型、桥跨讨论，提出原有长江险工已下移，桥位已处在险工上游，该桥位可用，航道在向弯道发展，赞成用大跨径桥型。实证建后运行良好。

2000年，应水利部“中国水利庆祝面向21世纪中国水利发展战略研讨会”约稿，我的论文《中国水利可持续发展探讨》在《中国水利》2000年第8期上发表。2005年6月，应江苏省水利厅和河海大学“洪泽湖资源利用与水环境保护学术研讨会”约稿，我发表论文《洪泽湖与淮河下游的关系》，《河海大学学报》2006年第34卷增2期转载该论文。2009年，“新中国治淮60周年”之际，在淮河水利委员会淮河研究会举办的洪泽湖资源利用与水环境保持学术研讨会期间，发表论文《再论洪泽湖与淮河下游的关系》。

2000年5月，我受聘为江苏理工大学（后改名为江苏大学）教授。

2001年5月，我受聘为河海大学教授、博士生导师，同朱岳明教授带博士生多人。

2001年8月，论文《在工程技术工作中的几点体会》收录在周济主编的《水利创新院士谈》（上册）中。

2001年，水利部聘任我为水利部科学技术委员会委员，陪同副部长索丽生到江苏苏州、浙江嘉兴两地区考察望虞河引长江水问题，在小结会上有人反映望虞河水位抬高造成无锡市区排水困难。

2002年11月，我以论文《混凝土裂缝成因和抗裂技术研究》作为项目，与朱岳明教授向河海大学申请院士学科发展基金。我认为，裂缝发生是温度变形和干缩变形两种体积变形，构件的钢筋和混凝土温度变形基本相同，混凝土干缩变形比钢筋大很多，加上混凝土结构与外荷载作用的徐变变形，大气、环境影响和施工技术共同作用的结果，是多学科相关内容的综合研究，研究重点应放在具体工程建筑。朱岳明教授在混凝土结构采用塑料管水冷却水泥水化热，以及调控气温变化，保持构件表面湿度，不使其发生裂缝，并在有的施工工地采用大面积遮阳和人工提高局部空气湿度等方面有所建树，在实际工程中取得很大成效。

2003 年 2 月，南京水利科学研究院聘我为荣誉教授。

2003 年 2 月，我参加华东水利勘测设计院审查曹娥江闸设计上报文件时，经研究向浙江省绍兴市政府提出书面建议——《曹娥江大闸可行性研究报告》（2003 年 2 月 26 日），提出曹娥江河口建闸的具体条件。曹娥江是受钱塘江潮汐的河道，在河口建闸后，要求排涝时开闸排水；不排涝时关闸，潮水不再进入上游河槽，上游河槽蓄贮淡水应用。我提出闸址应选在曹娥江河口钱塘江堤线上，曹娥江口年排水平均流量 24 万 t，年平均排泥沙量 82 万 t，流域平均仅 0.25kg/m^3，排沙量很小。考虑到曹娥江河口潮流量的最大垂线平均含沙量为 20.34kg/m^3，在河槽中可组成曹娥江为淡水库，关键是保持曹娥江河床不被潮汐泥淤浅减少蓄水量，以及阻止钱塘江海潮泥沙淤垫曹娥江河口和闸下引河拦门沙淤垫减少排水能力，闸位应选在钱塘江堤线上，在潮汐河口建闸。在曹娥江口排水流速小时允许船航通航，钱塘江的涨潮测得最大点流速为 5.03m/s，退潮为 4.93m/s。平均高、低潮差 5.49m，有双向水头，通航问题十分复杂，建议作专题研究，船闸选址应在不受钱塘江海潮泥沙淤垫的支河河口。改建在无海潮泥沙淤垫的另一支河河口。2005 年，我受聘为曹娥江大闸枢纽工程建设组专家。

2003 年，因为曾遇到望虞河抽水站和高港枢纽的抽水站冬季抽长江水的扬程很低，用轴流泵，扬程低于 2m，模型泵试验成果有“有害”汽蚀，冬季不宜运行，无法处理。2003 年 12 月，水利部批复同意江苏省水利厅的低扬程泵站原、模型水力特性换算研究项目立项。该项目由我负责，水利部请河海大学指定的李龙教授参加，我约请江苏大学袁寿其研究员等组成研究组。2004 年 4 月在淮河水利委员会淮河研究会第四届学术研讨会上发表论文《低扬程泵站水力特性参数原模型换算》。2005 年 11 月在“新世纪水利工程前沿（院士）论坛”上交流该论文。2008 年完成项目结题验收，因完全统一研究意见困难，我定可以各自发表论文。我的论文《原型及模型泵水力装置参数换算》在江苏大学《排灌机械工程学报》2009 年第 5 期上发表，在中国工程院学部、武汉大学水资源与可持续发展高层论坛上宣读。2008 年，水利部同意我的研究项目“低扬程泵站原、模型水力特性换算研究”完成，结题验收。经进一步研究，提出水泵叶轮有害汽蚀性能核算，因水泵叶轮有害汽蚀性能与江苏省沿海和沿长江下游建设泵站扬程很低有关，在望虞河引水泵站用轴流泵模型试验成果，扬程低于 2m，叶片发生“有害”汽蚀。研究附例为斜流泵模型试验，斜流泵装置必需静吸程 $H_{s\upsilon pi} < \sigma H_{pi}$ 时，叶片发生“有害”汽蚀，原型运行已证实。论文《低扬程泵装置原、模型和防止“有害”汽蚀参数换算》在江苏大学《排灌机械工程学报》2015 年第 3 期上刊载。

2003 年 12 月，我参加浙江省绍兴市研究在多泥沙潮汐的钱塘江支河曹娥江河口建闸选址、设计、运行研究，修建国内挡潮第一大闸。当时广有不宜在潮汐河口建闸之说，我认为可以建闸。因曹娥江年排水量平均为 40 多亿 m^3，浙东缺水灌溉，建闸成平原水库很有必要，免除钱塘江来潮的泥沙淤垫河槽而失去建平原水库机遇。

2004 年，水利厅因三河船闸闸室墙地基土失稳，要将闸室墙拆去重建，有人担心 1968 年三河闸加固有问题。当时找不到 1968 年三河闸加固计算书，我按设计三河闸地基土与 1971 年提出的坚硬黏土的滑动剪切强度 $\tan\varphi=0.45$ 比较，发表论文《地基土与现浇混凝土压板的抗滑特性》（刊载于《江苏水利》2004 年第 5～7 期上），得出加固计算三河闸滑动稳定方法是对的，胸墙不再加高，抗洪水 ∇16.0 是安全的。并在中国工程院学部与河海大学水利水电科技前沿研讨会期间宣读论文《地基土上水工建筑物抗滑动稳定》，在河海大学《水利水电科技进展》2008 年第 2 期上刊登。河海大学有人将该文送请《中国工程科学》发表。2007年9月我找到江苏省档案馆内归档的三河闸加固计算书，以似岩基抗剪断公式计算，取1/2凝聚力为似岩基抗剪断强度，$k_c=[\tan\varphi_{max}\sum W+(c_{max}/2)\times A]/\sum h$，$A$为底板面积。该计算书不是我1967年加固的计算书，只能利用原来设计数据，后将该文修改为《地基土上水工建筑物的抗滑动稳定研究》，在《中国工程科学》2010年第10期上发表。

2005年2月我年满80岁，获“中国工程院资深院士”称号，得到中国工程院祝贺。

徐匡迪院长致信祝贺周君亮院士八十华诞

尊敬的周君亮院士：

在您八十华诞，荣获“中国工程院资深院士”称号之际，我谨代表中国工程院并以我个人的名义向您表示衷心的祝贺和最诚挚的祝福。

您长期在工程技术第一线从事水工建筑物的设计与研究，曾多次获得国家优秀设计奖项，由您主持的重大工程皂河第一抽水站，江都抽水站中三、四站的设计获得国家优秀设计金质奖；您在河闸、船闸等水利工程上的设计方法分别写入《水闸设计规范》《船闸设计规范》，为我国水道和港口工程学科的发展及国家水工建筑工程结构设计技术标准的制定做出了重要贡献。

您严谨的科学态度和为我国水利事业的献身精神，是我国工程科技界学习的榜样。

衷心祝愿您健康长寿，并望为国珍摄！

全国政协副主席
中国工程院院长　徐匡迪

二〇〇五年二月二十二日

第二节 江苏省水利厅任科技委员会顾问

2005 年，我受聘为曹娥江大闸枢纽工程建设组专家。

2006 年，我在江苏省水利厅科技委员会成立大会上宣读了论文《当前江苏水利思考》，同时被聘为厅科技委员会顾问。

因在 1974 年检查中我误认为由于闸室墙后采用块石排水暗沟，排水能力低于排水管很多为该闸室墙地基深层滑动的原因，为此根据三河船闸闸室墙地基土发生深层滑动实测数据，按照 1967 年在加固三河闸定的计算方法，提出地基土失稳的计算方法，2006 年江苏省水利厅实测三河船闸闸室墙地基土失稳情况，将闸室墙拆去重建。

（1）地基土失稳的计算方法：底板直接浇筑在地基土上，竖向偏心外荷载在地基土 i 点极限滑动指标 $\dfrac{h_i}{\sigma_i}=\dfrac{\dfrac{\sum h_i}{bL}\times\dfrac{\sigma_i}{\sigma_{i\max}+\sigma_{i\min}}}{\sigma_i}$，

$\dfrac{h_i}{\sigma_i}=\dfrac{\sum h_i}{\sum W_i}$ 等于总外荷载水平推力 $\sum h_i$ 与总压应力 $\sum W_i$ 比例。

（2）在地基土上外荷载的极限滑动剪切系数 $\dfrac{h_i}{\sigma_i}>\tan\psi_{\max}=\dfrac{\sum h}{\sum W}$，地基土从大于该 i 点开始滑动，称临界滑动压应力 σ_{ci}。

首次压板地基土压应力点 $\sigma_{i\max}$ 超过临界滑动压应力（$\sigma_{i\max}-\sigma_{ci}$）时，超过该点地基土开始发生滑动，提出计算 $\sigma_{ci}=\dfrac{\sigma_{i\max}}{\tan\psi_{i\max}}\left(\dfrac{h_{i\max}}{\sigma_{i\max}}-\tan\psi_{\max}\right)$。

在 $\dfrac{h_{i\max}}{\sigma'_{i\max}}>\dfrac{\sum h_i}{\sum W_i}=\tan\psi_{\max}$，或 $k_c=k_s<1.0$，地基土位移和滑动。在 $\dfrac{h_{i\max}}{\sigma'_{i\max}}\leqslant\dfrac{\sum h}{\sum W}=\tan\psi_{\max}$，或 $k_c=k_s\geqslant1.0$，地基土位移和不滑动。

（3）底板为整体结构，底板滑动从前趾到后距安全系数为$k_s=\frac{1}{2}$

$$(k_{s\sigma_{\max}}+k_{s\sigma_{\min}})=\tan\psi_{\max}/\frac{1}{2}\left(\frac{1}{2}\left(\frac{\sum W_i}{\sum h_i}\pm\frac{\sigma_{ci}}{h_{ci}}\right)\right)。$$

（4）地基土为散体，地基土滑动从土体$\frac{\sigma_{i\max}}{h_{i\max}}$到$\sigma_{ci}/h_{ci}$的安全系数为$k_c=\tan\psi_{\max}/\frac{1}{2}\left(\frac{\sum W_i\mp\sigma_{ci}}{\sum h_i\mp h_{ci}}+\frac{\sigma_{i\min}}{h_{i\min}}\right)$。

（5）建筑物底板为整体结构，地基土为散体结构，两者发生位移型式相同，滑动型式不同，两者位移和滑动安全系数相同，$k_c=k_s$。

（6）地基土滑动轮廓区如下图。图中，$k_{cA}=k_{cB}=k_{cC}=1$以上为滑动区，点A：$\sigma_i=0$，大于A点开始滑动。点B：$\sigma_B=\sigma_{i\max}-\sigma_{ci}$，为主动滑动区。

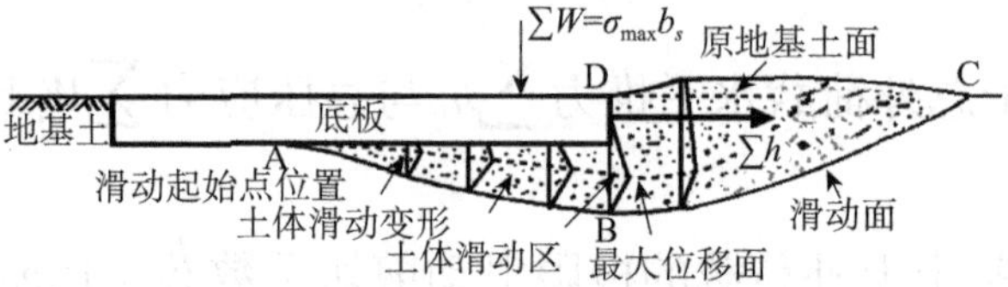

地基土滑动轮廓区

（7）基于地基土受拉强度为零，滑动剪应力不能传递，但剪应力造成土体挤压的压缩变形传递，形成土体滑动。由于底板与地基土接触面在$\frac{h_i}{\sigma'_i}>\tan\psi$时，地基土滑动，使最大位移面移入土体内，形成混合或深层滑动形式。①地基土滑动从开始点σ_{ci}到底板前趾最大压力$\sigma_{i\max}$点的距离为b'，$b'=\left(\frac{\sigma_{ci}}{\sigma_{i\max}-\sigma_{i\min}}\right)b$，$b$为底板宽。地基土滑动面占底板$(b'/b)\%$。②如地基土水浮重$\gamma=1.0\ t/m^3$，地基土

滑动推力深入地下 $h=\tau_{ci}/\gamma$ m。前趾地基土位移后部分滑动外推土体从 $\sigma_{ci}=0/h_{ci}=0$ 到 σ_{ci}/h_{ci} 为三角棱体。③总推力 $\sum\tau=[\tau_{ci}(b'/2)h]/3$kPa。④三角棱体总推力推动底板前趾以外土体宽 $L=\sum\tau_{ci}(h/2)$ /10m。⑤根据底板地基土内部某 i 点的 $k_{ci}=1.0$，压应力大于该点的地基土临界滑动压应力 σ_{ci} 的土体滑动，等于或小于该点土体不滑动，得到土体滑动区。⑥计算所得成果符合实际。从地基发生滑动证实三河闸加固方法准确。论文《地基土上水工建筑物的抗滑动稳定研究（续）》在《中国工程科学》2011 年第 9 期上发表。按《中国工程科学》编辑意见，将发表的两文合并改写成论文 *Slide Stability of Hydraulic Structures on Subbed Soils*，在 *Engineering Sciences*［《工程科学》（英文版）］2013 年第 5 期上发表。2006 年改以滑动压力指标表示地基土滑动安全系数。2012 年，论文《地基土上水工建筑物抗滑动稳定》在《交通科学与工程》2012 年第 28 卷第 2 期上发表。

2007 年 9 月，我找到在江苏省档案馆内归档的三河闸加固计算书，该计算是按 1964 年设计室自编的《水闸设计准则》被引入水闸设计规范 SDJ 133-84 的公式（6.2.3-2）计算，任意取用地基土 1/2 凝聚力，再加上游铺盖拖重，确定三河闸在洪水位 $H_{上}=\nabla 17.0$ 是"安全"的。计算方法与 1968 年加固用的方法不同，与三河船闸计算方法也不同，也不是加固三河闸设计原计算书。遵从江苏省水利厅吕振霖厅长意见，在水利厅的江苏、苏南、工程勘测三个设计院主要技术人员研讨会（2012 年 9 月）上以论文《地基土水工建筑物滑动计算三种方法比较》讲解，江苏省水利厅《江苏水利》2015 年第 2 期刊登该文。因关系江苏淮河洪水安全，为进一步证实地基土滑动计算方法是准确的，我发表论文《地基土水工建筑物滑动计算》，刊登在《江苏水利》2016 年第 10 期上。

2008 年 11 月 8 日，《中国水利报》的《中国南水北调周刊》刊载 1976 年参加皂河第一抽水站设计的戴敬秋撰写的《戴敬秋封笔之作》，其中称：“周君亮大师的言传身教和敬业精神，影响我30多年的水利人生。”这极大地鼓励我言行自勉。

2009年10月17日，我向江苏大学研究生和辅导员讲解“工程技术学习和工作方法体会”，主要谈了自己的学习和工作方法体会，以及在工程技术方面应用两类创新思维方式等，颇受师生欢迎。2012年，我获中共江苏大学委员会授予的“江苏大学关心下一代工作荣誉奖”。

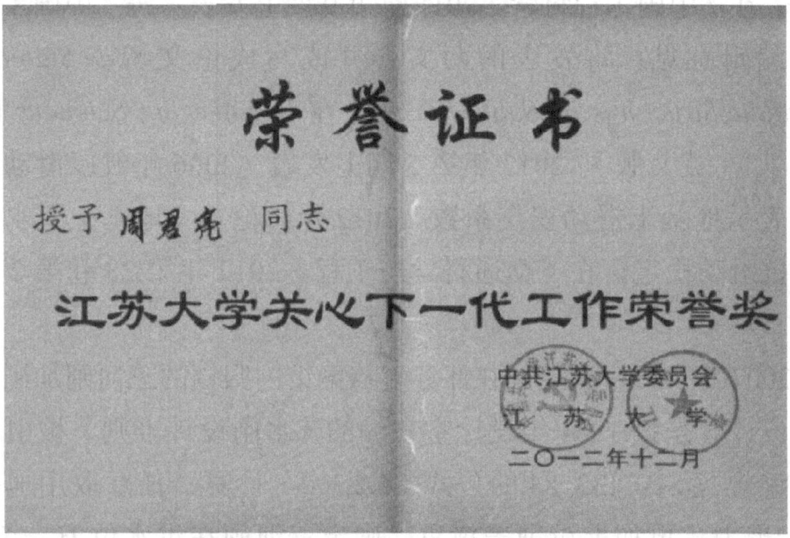

“江苏大学关心下一代工作荣誉奖”荣誉证书

2010年，南京水利科学院有同志向我提出，将三峡枢纽已建成双线并行五级连续船闸，连续船闸各自单向过闸运行，建议利用顶推船队直接进出船闸，缩短航船过闸时间，增加过闸运输量，增加年运输量，如果赞成在意见书上签名。我认为这样改造，减少了航船过三峡航运枢纽的时间，年运输量可能增加一些，仍是单向过闸运行，我没有参加过三峡船闸设计方案的讨论。我认为，三峡枢纽每级船闸与葛洲坝一、二号船闸闸室尺寸、水级、过闸航船相同，仅引航道和运行方式不同，航运技术改造要能增加达到葛洲坝船闸每次双向过闸运行的运输量，要克服年用30万辆次汽车驳运货物过三峡船闸的困难，只有在每级闸室一次灌、泄水，闸门一次开、关，与航船一次单向过闸的时间相比，等同葛洲坝船闸一次闸室输、泄水，闸门一次开、关，与航船一次双向过闸的时间减少一半，两种型式船闸运行航船运输量才会相等。我准备了论文《内河航运枢纽船闸双向过闸运行研讨》参加实地调研。但未受邀参加中国工程院学部活动，只能将文稿交学部参考。由于在静水中使用航船后倒缆抛船首对准航线离开停船位置，调整航船航向进、出船闸运行，不占用船长调顺航向曲线行程，航船可以双向或单向过闸运行。如船闸水级差很大，每次双向运行时间与单向过闸相同或比之较少，双向过闸运输量比单向过闸增加一倍或一倍以上。长江上行、下行货物运行繁忙，应采用双向过闸运行。在水利部科学技术委员会 2012 年年会上我提出建议：解决三峡航运不再增用汽车驳运，不再阻碍发展，只有拆除建成的双线五级连续三峡船闸，将其改建成分散船

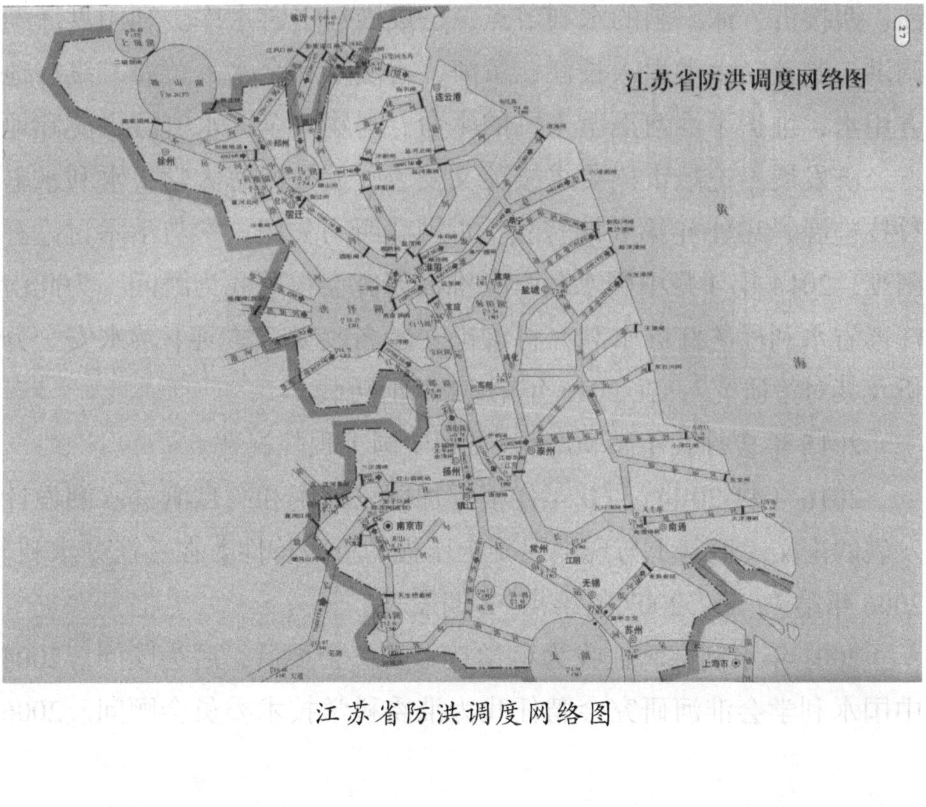

江苏省防洪调度网络图

闸双向过闸运行，提高运输量。后写成论文《内河航运船闸运行研究》，在江苏省水利厅《江苏水利》2014年第4期上发表。事实已证实，三峡船闸比葛洲坝船闸每次运行每一闸室的运输过船数量少一半以上。1958年，江苏省京杭大运河建设中船闸闸首与闸室口宽相同，闸首口宽与船宽相等、加调顺航向侧移和船行与闸墙必要间隙，闸室长度大于顶推船队船行舵效纵距和停船惯性冲程行距，在静水中使用顶推船队后倒缆调顺船首航向角解决双向过船闸成功，证实可以安全双向过闸运行。1984年，该方法在续建工程中推广应用。

2010年，应中国工程院学部与河海大学“流域水安全与重大工程安全高层论坛”邀请，我宣读了论文《淮河下游水安全及其对策》，提出淮河下游洪水、水资源、涝水、海潮、泥沙之间的关系、水安全及对策。

洪泽湖现已成为西承淮河中游来水，东泄淮水入黄海，南通长江，西接沂、沭、泗的水利节点，已成淮河下游水库。利用洪泽湖调洪、调蓄，大洪水入长江、黄海，小洪水和余水入黄海，维持地方用水，维护了淮河下游人民的生命、财物安全，水资源供应和地方经济发展。论坛审稿要求按英文发表，后被河海大学《水利水电科技进展》2011年第8期转载。近因我听力欠聪，参与学术讨论有困难，2014年4月中国水利学会淮河研究会再聘我为顾问，为此由江苏省水利厅《江苏水利》将该论文题名改为“淮河下游水安全分析及其对策研究”，在2015年第12期上转载。

2015年2月我年满90岁，受到中国工程院祝贺。

2016年将20世纪60年代根据加固三河闸和高良涧进水闸设计发表的论文《地基土与现浇混凝土压板的抗滑特性》在《江苏水利》2006年第12期、2007年第1～2期发表。

2001年水利部聘任我为科学技术委员会委员，后为顾问。2004中国水利学会淮河研究会聘任我为淮委科学技术委员会顾问。2006

年江苏省水利厅科学技术委员会聘任我为顾问。

2016 年我因听力欠聪，已在休养之年。

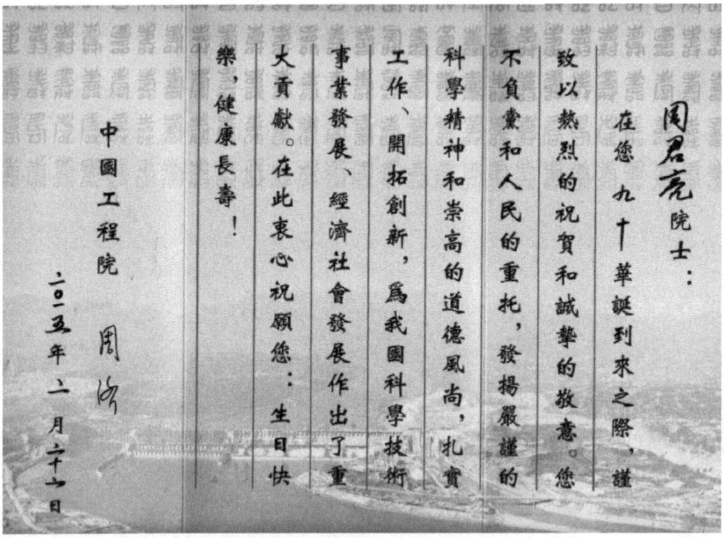
周君亮院士：
在您九十華誕到來之際，謹
致以熱烈的祝賀和誠摯的敬意。您
不負黨和人民的重托，發揚嚴謹的
科學精神和崇高的道德風尚，扎實
工作、開拓創新，爲我國科學技術
事業發展、經濟社會發展作出了重
大貢獻。在此衷心祝願您：生日快
樂，健康長壽！
中國工程院
周濟
二〇一五年二月二十七日

中国工程院祝寿贺词

第四章

工程技术重要原创论文选录

Slide Stability of Hydraulic Structures on Subbed Soils①

Abstract: The study on the slide stability of hydraulic structures on subbed soil was made. Using the slide test results of dragged concreting base plates on subbed soil pits, the decreased value of bearing capacity of slide after rebound and repression influence of subbed soil was determined, and the envelope of ultimate slide shear resistance was also quantitatively determined. It was suggested the slide stability of subbed soil to use the maximum compressive stress σ_{max} of external loads to predict about mechanism of slide stability of it. The different safety coefficients for the slide stability of subbed soil and base plate of hydraulic structures were adopted. It was suggested about structure to predict displacement and slide of base plate, to predict displacement and creepy slippage of subbed soil, to determine the sliding creepy contour and limit the maximum loading on subbed soil. Two hydraulic structures that had been put into operation were reviewed by this method, and the results accorded with the real conditions.

Key words: slide test of dragged concreting base plate; bearing capacity of slide; shear envelope; shear slide coefficient; creepy slippage of subbed soil; forms of displacement and slide; method of design

① 原载于 *Engineering Sciences*［《工程科学》(英文版)］2013 年第 11 卷第 5 期。The safety coefficients of displacement and slide of base plate and subbed soil of slide index of external pressure had refined in the article.

1 Six questions about slide stability from Coulomb formula in design of hydraulic structures

The parameters of bearing capacity of slide of subbed soil are gained from indoor quick shear test by the subbed soil samples which are drilled at of structure site. The envelope of slide bearing capacity $\tau^H_{\max}$ of subbed of clay soil samples by $\sigma_{\max}\tan\varphi^H_{\max}$ and $c^H_{\max}$ has be denoted as straight line by Coulomb formula, being compressed by $\sigma_{\max}$ at normal consolidated states as Eq.(1).

Clay soil: $\tau^H_{\max}=\sigma_{\max}\tan\varphi^H_{\max}+c^H_{\max}$ (1)

Sand soil: $\tau^H_{\max}=\sigma_{\max}\tan\varphi^H_{\max}$

(1)When the subbed soils are considered in normal consolidated state, and will be reduced with the underlying soil being rebounded and repressed under every pressure $\sigma_{i\max}$, the ultimate shear strength $\tau_{i\max}$ of clay soil for bearing capacity is gained by the ultimate shear tests from different compressive stresses $\sigma_{i\max}$, in which the ultimate cohesion $c_{i\max}$ and the internal frictional angle $\varphi_{i\max}$ can be how to gain except that from $\sigma_{\max}$ the ultimate cohesion $c_{\max}$ and internal frictional angle $\varphi_{\max}$ consider by indoor shear test. This envelope of bearing capacity of slide of subbed soil of $\tau^H_{i\max}=0$ to $\tau^H_{i\max}$ by Coulomb formula. There is how to define the mechanisms of cohesion $c^H_{i\max}$ and internal frictional angle $\varphi^H_{i\max}$ of clay soil.

(2) When the base pit is excavated, the bear capacity of slide of subbed soils will be much reduced with the underlying soil being rebounded and repressed. The reduced value of bear capacity of slide is hard to determine quantitatively by Coulomb formula, so it is represented by experience as a reduced envelope value in the parameters of bearing capacity for engineering design. There is how to determine them quantitatively.

(3) The shearing resistance of super-consolidated soil has a crest value to enlarge the shear resistance of normal consolidated soil. The envelope of slide bearing capacity of subbed soil is considered as a straight line at the compressive stresses from $0 \rightarrow \tau_{i\max}^{H}$ by Coulomb formula that is being no correct.

(4) The subbed soil is in loose state, and the base plate of structure is rocky integer. The mechanisms of their displacement and slide are not to same, there is same control on the safety of slide by the shearing slide coefficient and envelope of the subbed soil. There is how to distinguish the forms of displacement and slide of subbed soils to base plate according to the maximum pressure stress $\sigma_{i\max}$ from different external loads of $\sum W/\sum h$.

(5) There are some problems of slide stability of hydraulic structures on subbed soil in effective design specifications. (a) The shearing coefficient of rock-bed is the average value of different shearing coefficients within the area of base plate that has nothing to do with the external load, so it can,t be used for the base plate on subbed soil. (b) When the prominent pressure stress $\sigma_{\max}$ is larger than the critical pressure stress σ_{np}, the larger bearing capacity of slide on the subbed soil decreases rapidly, Coulomb formula is not properly used in case. (c) The inverted ratio of slide index σ_i/h_i according to the moment of external loads has the same ratio of $\sum h/\sum W$, there how is the specification to use them in engineering practice.

(6) The slide of subbed soil of hydraulic structure is creepy slippage. (a) According to the elastic theory, there is no plastic range at the surface layer of subbed soil under base plate. (b) The calculation of the slide range of the soil is based on the ultimate equilibrium theory, the slide of subbed soil covers the rear toe to front toc of base plate, the value of the

slide controls the base plate. (c) The calculable method was proposed in the Hydraulic Structures Foundation Design Specification(CHип Ⅱ-16-76) of the former Soviet Union in 1976. The slide of partial subbed soil under base plate may occur, but it is cannot to distinguish the different slide forms between base plate and subbed soils, it was stated repeatedly that other successful methods can be used。

2 Improve the design specifications in engineering practice

1) The rebound and repression effect of soil samples in slide test

(1) Measure the reduction of shearing stress of slide on subbed soil due to its rebound and repression of excavating structure pit in-situ by dragged concreting load plate in small scale to simulate the bearing capacity of soil, i.e. load plate test.

(2) The slide destruction of the subbed soil is shear failure. The shear stress of slide between the subbed soil and the load plate is tested as bearing capacity of slide of the subbed soil. The bearing capacity of slide of clay soil consists of ultimate cohesion $c_{i\max}$ and internal frictional force $\sigma_i \tan_{i\max}$. The bearing capacity of slide of sand soil only contains internal frictional force.

(3) The bearing capacity of slide of the clay soil are shown in Fig.1, at point b the sample of soil is being bounded and repressed, so the bearing capacity of sample must be great reduced as same as in load plate test.

In Fig.1, the σ_{np} is the critical pressure and $\sigma_{\max}$ is the prominent pressure on subbed soil, general $\sigma_{\max} \leqslant \sigma_{np}$, $c_{\max}$ is the ultimate cohesion and $\varphi_{\max}$ is the frictional angle of the subbed soil both from $\sigma_{\max}$ of being the least average value σ_{np} by load plate test.

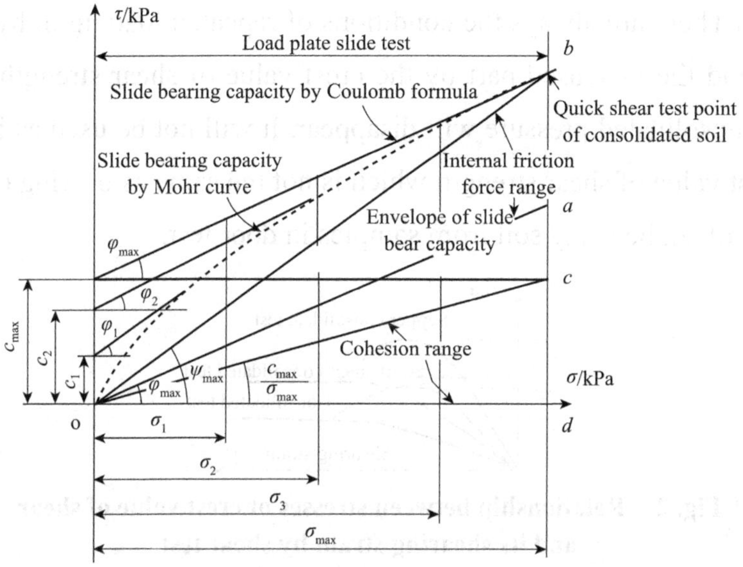

Fig. 1 The envelope of slide stresses $\tau_{\sigma=0}\sim\tau_{\sigma=\max}$ of clay soil

(4) In 1927, German professor Mohr used firstly the load plate test to determine the bearing capacity of slide of subbed soil. In 1976, this test method was written into the Hydraulic Structures Foundation Design Specification (СНиП Ⅱ-16-76) of the former Soviet Union, the load plate test was a method comparing with the indoor test to measure the bearing capacity of slide of subbed soil.

2) Another difficulty of applying Coulomb formula in engineering design

(1)When the external pressure σ_i is less than the $\sigma_{\max}$ of normal consolidated subbed soils, the part of decreased pressure is shared as negative pressure by the water content in void of soils due the supper-consolidation of it, the more pressure is caused at particle skeleton of soil, the bearing capacity of it is up to the crest value of strength, but the part negative pressure shared by water content of soils is being not a constant value, it will be reducely to zero after the condition of repeated external pressure in load plate test, the soil will be in normal consolidation.

(2) There are always the conditions of repeated loading in hydraulic work, and the increased part by the crest value of shear strength due to super-consolidated pressure will disappear. It will not be used as in Fig.2 the crest value of shear strength which is not the same as bearing capacity of slide of subbed clay soil from samples in door test.

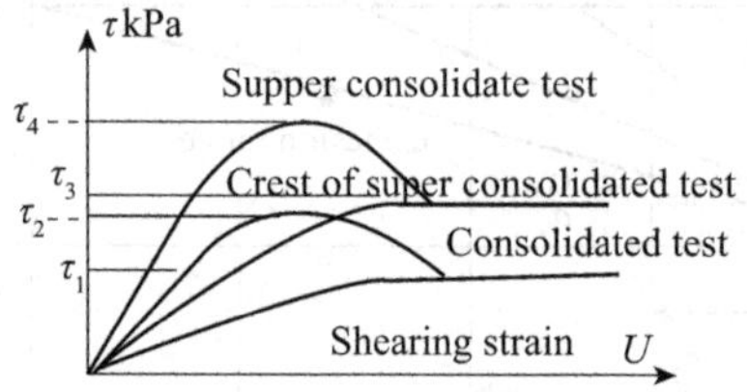

Fig. 2 Relationship between stresses of crest value of shear and its shearing strain by shear test

(3) In shear test, when the stress of loading pressure on the sample of dense sand is larger than the original consolidated pressure stress, the enlarged shear strength of it will disappear after swelling.

3) The impact on super-consolidated pressure stress

(1) In door shear test the soil samples consider being compressed all along by σ_{max} assumed at normal consolidated states by Coulomb formula, it is only by σ_{max} being at normal consolidated states. To compare with in load plate test the data of bearing envelope of slide of subbed soil are reduced in fact when the foundation pit is excavated, there is a great reduction for clay soils, it is all alone at normal consolidated states.

(2) The bearing capacity of slide of subbed soil at less than σ_{max} by Coulomb formula may be influenced by the super-consolidated pressure crest stress when indoor shearing test is being on super-consolidated soil. The values of shear strength of Coulomb formula from indoor shear test have artificially enhanced much. The ultimate cohesion c_{max} and internal frictional angle φ_{max} are gained as not same as load plate test.

4) Comparison of shear resistances between indoor shearing test

and in-situ load plate test

(1) The soil samples of indoor quick shear test are drilled at the structure site, these samples have been preloaded by the maximum pressure stress $\sigma_{\max}$ to anticipate the void rate of them being the same and eliminate the value of super-consolidated crest, then the shear tests at any compressed stress is made to gain the shearing resistance $\tau_{\max}$ of subbed soil in same void rate that equal under the maximum value of $\sigma_{\max}$. But by σ_i pleasures less than $\sigma_{\max}$ these samples are in supper-consolidated state.

(2) The research is engaged very rarely in mechanism for rebound and repression of underlying soil. The bearing slide capacity of subbed soil is reduced when the foundation pit is excavated. The data of soil being rebounded and repression under load plate tests in-situ pit are used to approach the real value.

(3) The load plate quick shear test in-situ pit is made when the underlying soils are loaded within 24h with graded compression being normal consolidated, it is to anticipate that the reduction value of shear with suited water void rate of underlying soil. (a) It is evidenced the points between $\sigma_{i=0}\rightarrow\sigma_{\max}$ to draw $\tau_{i=0}\rightarrow\tau_{\max}$ that the samples are being rebounded as same as the underlying soil in load plate test, $c_{i\max}^{H}=c_{\max}^{H}\times\dfrac{\sigma_{i\max}}{\sigma_{\max}}$ is the ultimate cohesion and $\varphi_{i\max}^{H}=\varphi_{\max}^{h}\dfrac{\sigma_{i\max}}{\sigma_{\max}}$ is the internal frication angle that the internal frication angle, the internal frictional force of the subbed soil is in the consolidated state. (b) The soil is in the consolidated state by σ_i pleasures of repression worked, the two angles between of internal frictional forces from $k_{\varphi}=\tan\varphi_{i\max}^{H}/\tan\varphi_{i\max}<1$ and the two cohesions $k_c=c_{\max}^{H}/c_{i\max}>1$ as curve line of clay soils. c, It is named Mohr Curve of bearing slide capacity of soil as Eq.(2) from in Fig.2.

Clay soil: $\tau^{H}_{i\max}=\sigma_i\tan\varphi^{H}_{i\max}/k_{\varphi}+c^{H}_{i\max}/k_c$ (2)

Sand soil: $\tau^{H}_{i\max}=\sigma_i\tan\varphi^{H}_{i\max}/k_{\varphi}$

5) Another difficulty of applying Coulomb formula in engineering design

(1) The properties of various kinds of clay soil are different because of the difference of composition of mineral, shape, size distribution, forming cause, structural differ and water content. When the external pressure stress increases, the void ratio decreases, then the soil bulk density increases, the gelatin is strengthened, then the cohesion is enhanced and frictional angle is little decreased, when the pressure stress decreases, the properties of them are charged in opposition. So the increase or decrease of the cohesion and frictional angle may be consider accorded only to the varying void ratio e_i of soil, there may be directly related to the varying pressure stress of $\sigma_{i\max}$.

(2) The test for ultimate shearing strength $\tau_{i\max}$ of clay soil can be determined the magnitude of ultimate cohesion $c_{i\max}$ and the frictional angle $\varphi_{i\max}$ which are related with the external loading $\sigma_{i\max}$, if the test is not for ultimate shear strength, the value of cohesion and frictional angle cannot be decided.

(3) The subbed soil has been displace and slide in engineering that there are required the ultimate shear strength $\tau_{i\max}$ under varying pressures $\sigma_{i\max}$ of soil with definite void ratios e_i, i.e. the test results of sand clay-soil are shown in Fig.3. The envelope of bearing capacity of slide of this soil is nearly straight when the void ratio is from 0.4 to 0.7. The test result has verified that the analysis mentioned is realizable.

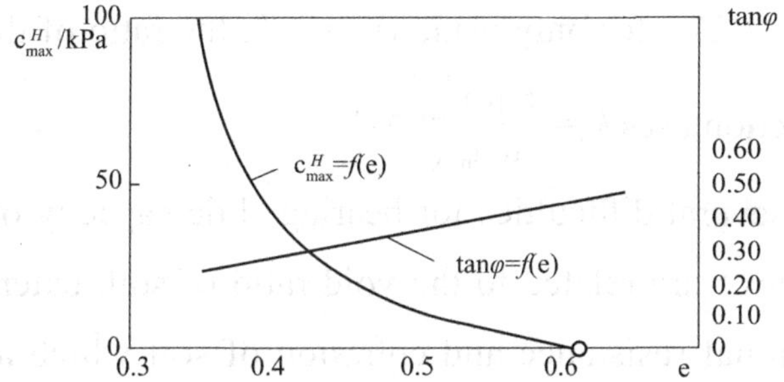

Fig. 3 The real bearing capacity r_0–$r_{i\,max}$ of slide sand-clay soil

(4) To improve the test accuracy, some different size 0.5～1.0m² plates are used in the shear test. The results of shear test under 3～4 compressed stress points between $\sigma_{i=0}\rightarrow\sigma_{max}$ are drawn $\tau_{i=0}\rightarrow\tau_{max}$ as Mohr curve line, this line represents the shearing envelope of slide of load plate test on subbed soil.

(5)The shear forces of bearing capacity of slide of subbed soil tested by two methods are compared as follows. (a) Sanhe floodgate: in 1967, silt clay of subbed soil, in-situ drilling samples quick shear test: c^H_{max}=63 kPa, φ^H_{max}=23°, e=0.63; load plate test at down apron at the same place: $c_{max}=c^H_{max}/k_c$=22 kPa, φ_{max}=22°, e=0.71. The ratio of the two cohesions states is 2.86 : 1, for real condition in water adopted $k_c=c^H_{i\,max}/c_{i\,max}$=2.86, $\sigma_{np}=\tau^H_{max}/\tan^H_{max}$≈156 kPa, the ratio of two angles of internal frictions states is 1.22 : 1, only for load plate test there takes $\varphi_{i\,max}=\dfrac{\varphi^H_{i\,max}}{k_\varphi}$, then $k_\varphi=\dfrac{\tan\varphi^H_{i\,max}}{\tan\varphi_{i\,max}}\approx 1$. (b) Gaoliangjian intake gate: light silty loam of subbed soil, in-situ drilling sampling fast-shear test c^H_{max}=72 kPa, φ^h_{max}=22°,e=0.67, load plate test c_{max}=26 kPa, φ_{max}=18°, σ_{np}≈150 kPa, e=0.76. The ratio of the two cohesions is 2.77 : 1, for under same press only useing φ=18°, the ratio of two angles of internal friction has smallest difference, it uses $k_\varphi=\dfrac{\tan\varphi_{i\,max}}{\tan\varphi^H_{i\,max}}\approx 1$. (c) Sheyang river gate: silt sand of subbed soil, in-situ drilling sampling fast-shear test : c^H_{max}=0, φ^H_{max}=27°, load plate test: c_{max}=0. For under same press only using φ_{max}=27°, for only using φ_{max}=27°, the ratio of the two angles of internal friction uses $k_{\varphi}=\dfrac{\tan\varphi^{H}_{max}}{\tan_{max}}\approx 1$.

(6) The several difficulties for bearing slide capacity of subbed soil mentioned above are related to the void ratio of soil, external pressure, internal frictional resistance and cohesion of soil which are related to rebound, recompression, and the super-consolidated pressure crest stress, the research of them are engaged rarely in mechanism of shear resistance with underlying subbed soil.

(7) Ultimate shear resistance τ_{max} of normal shear prominent pressure σ_{max} of Coulomb formula which is gained from the shear tests is the starting point of the envelope of shear strength.

(8) According to the mechanism of the creep slippage of soil, the terminate point of envelop of shear strength is at the origin of coordinate axis to be eliminated the crest value of super-consolidated pressure of soil, the values of $c_{i\max}$=0 and $\sigma_{i\max}\tan\varphi_{i\max}$=0 is a least value from the envelope.

(9) The strength of subbed soils in designing hydraulic structures is stated according to gross stresses under construction of them, the procedure is always quickened and put to use them the states of higher and lower stresses are interacted of subbed soils which are similarly to the normal consolidated state of shear quick test. The subbed soil is mostly layered by forming cause, so the results of load plate tests of soil are in the normal consolidated states.

6) The envelope as straight line of bearing slide capacity of soil

(1) When the bearing capacity of slide takes place to eliminate the shear strength of crest value and easy to design structures for the envelope of shear strength $\tau_{i\max}$ as straight line from that is calculated by $k_c=c^{H}_{i\max}/c_{i\max}$ as constant value and assumed $k_{\varphi}=\tan\varphi^{h}_{i\max}/\tan\varphi_{i\max}\approx 1$ from the void ratio of

samples in almost 0.4 to 0.7 in shear test. i.e. being straight line as Eq.(3)

$$\text{Clay soil:} \quad \tau_{i\max}=\sigma_i\tan\varphi^H_{i\max}+\frac{c^H_{i\max}}{k_c} \tag{3}$$

$$\text{Sand soil:} \quad \tau_{i\max}=\sigma_i\tan\varphi^H_{i\max}$$

(2) If the bearing capacity $\tau_{\max}$ of the void ratio ≦0.4 of samples are beyond τ_{np} where the displacement of the subbed soil will occur creep slippage along contact face under base plate. The void ratio ≦0.7 of the subbed soil during the press $\sigma_{i\max}\to 0$ will be approached as muddy soils with the bearing capacity $\tau_{i\max}\to 0$.

(3) k_φ and k_c are the vary factors that the internal frictional angle is enlarged little and the cohesion is reduced very much from the results of shear strength the rebounded and repressed of underlying soils and in load plate test compared with in door test.

(4) The envelope of shear stress from ultimate cohesion $c_{i\max}$ and internal frictional force $\sigma_i\tan\varphi_{\max}$ at $\sigma_{\max}$ to $\sigma_{\max}=0$ is joined a straight line as Δoab in Fig.1, transfer line oa around to pressure axis at lower part, there is formed a district of cohesions Δocd, the upper part formed a district of internal frictional force Δobc, the two districts are formed the real bearing capacity of slide Δobd.

7) The shear coefficient $\tan\psi_{\max}$ in design envelope for slide of subbed soil

The envelope of shear stress form is implied as striated line, it is adopted the shear coefficient of subbed soil and base plate from line envelope:

$$\tan\psi_{\max}=\frac{\tan\varphi^H_{\max}}{k_\varphi}+\frac{c^H_{\max}}{k_c\sigma_{\max}}=\tan\varphi_{\max}+\frac{c_{\max}}{\sigma_{\max}} \tag{4}$$

3 The design of slide on subbed soil for hydraulic structures

1) The mechanism of displacement and slide of base plate and

subbed soil.

(1) The shearing stress oaf slide of soils are affected only by the pressure stress. The slide index of external loads $(h_i/\sigma_i)<(\sum h/\sum W)$, the displacement of subbed soil occurred with no slide, if $(h_i/\sigma_i)>(\sum h/\sum W)$, the larger part of external force pushes the soil to creepy slide.

(2) Under the condition of transversal external forces, the soft layer in soil that is being pushed to slide will bring the upper soil to slide together, this is the extruded slide.

(3) The subbed soil is in a loose state. The shear stiffness of subbed soil is called shear stress for unit shear strain, and it cannot transfer the shear stress force to the soil of lower tensile strength of soil. The subbed soil is bored by the part of the shear stress force that pushes the soil to slide. This is creep slippage.

(4) The foundation concreting plates of hydraulic structures are integer because they must be safety for seepage prevention, and the contact between concreting plates and subbed soil is very rough face. In general, the slide frictional coefficient f is greater than the shear coefficient $\tan\psi_{max}$ of subbed soil, i.e. $f>\tan\psi_{max}$. The plate has been sliding along the contact inner surface upon the subbed soil. The maximum slide face is bounded by contact surface to transfer into the soil and makes the plate overturn in slide direction.

(5) The tensile strength of reinforced concreting plate is greater than the shear strength of subbed soil, and it can transfer the transverse external load along the contact face between concreting plate and subbed soil. The safety coefficient of slide of hydraulic structure is concerned with the ultimate shearing slide coefficient, the slide index of external loads and the various amount of external loads compare with the portion of bearing capacity of subbed soil. (a) If $f>\tan\psi_{max}$, $(\sum h/\sum W)<f$ and

$(\sum h/\sum W) \leqslant \tan\psi_{max}$, in the subbed soil along contact face between base plate and subbed soil, base plate shall occur displacement , and subbed soil will occur displacement together. (b) If $f > \tan\psi_{max}$, $(\sum h/\sum W) < f < f$ and $(\sum h/\sum W) > \tan\psi_{max}$, in the subbed soil along contact face between base plate and subbed soil, base plate will occur placement of plane slide, subbed soil will occur displacement, of creep slippage. (c) If $f < \tan\psi_{max}$, $(\sum h/\sum W) > f$ and $(\sum h/\sum W) < \tan\psi_{max}$, along the contact face between base plate and subbed soil, base plate will occur displacement of plan slide. (d) If $f > \tan\psi_{max}$, $(\sum h/\sum W) > f$ and $(\sum h/\sum W) \geqslant \tan\psi_{max}$, in the subbed soil along contact face between base plate and subbed soil, base plate will occur displacement and plan slide, subbed soil will occur creep displacement and creep slippage, by the magnitude of slide shear stress of external force, the creep slippage will be classified into part slide or deep slide.

2) At the state of no slide of the subbed soil

(1) When there is no slide of subbed soil, the displacement of subbed soil and foundation plate are concerned to shear coefficient. The magnitude of displacement is restrained by the gross external of vertical and transverse load. According to the bear capacity of subbed soil the shear envelop at $\sigma_{max} < \sigma_{np}$ is straight line in Fig.4.

(2) In structure design the cohesion c_{max} in shearing strength of soil is used $\dfrac{c_{max}}{k_c \sigma_{max}}$.

(3) When the value of shear envelope at $\sigma_{max} > \sigma_{np}$ that the subbed soils will be in slide.

(4) Based upon the external load of plate on subbed soil, the shear stress τ_i of unit plate that the value of σ_i increased by degrees is its gross vertical load $\sum_{\sigma_{i\min}}^{\sigma_{i\max}} \tau_i bL = \sum^{\max} W_i$.

$$\sum h_i = \sum_{\sigma_{i\min}}^{\sigma_{i\max}} h_i bL = \sum_{\sigma_{i\min}}^{\sigma_{i\max}} \sigma_i bL\tan\psi_{i\max} = \tan\psi_{i\max}\sum W_i \quad (5)$$

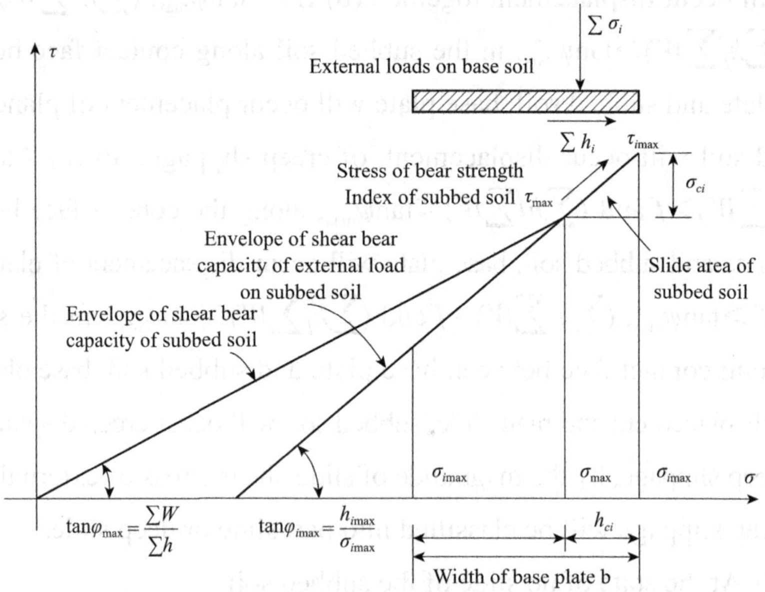

Fig. 4 Calculating chart for envelope of slide bearing capacity of subbed soil

Note: the sample of soil at point $\sigma_{\max}$ and σ_{np} have being rebounded and repression as same as in load plate test, i.e. $\sigma_{\max} \leqslant \sigma_{np}$

(5) The magnitude of displacement of foundation plate and subbed soil are concerned with the friction coefficient of subbed soil and the vertical and transversal external load. The slide safety coefficient of base plate and subbed soil can be calculated as Eq. (6):

Clay soil: $$k_s = k_c = \tan\psi_{\max}\frac{\sum W}{\sum h} \quad (6)$$

Sand soil: $$k_s = k_c = \tan\varphi_{\max}\frac{\sum W}{\sum h}$$

(6) The subbed soil is in loose state, the displacement and slide of subbed soil are concerned with the external loads ratio h_i/σ_i named

the index of slide strength of load at point i under load plate on them. The strength of traverse load h_i is with vertical load σ_i on subbed soil according to the ratio of pressures $\sigma_{i\max}$ to $\sigma_{i\min}$.

The slide state of base plate is integer, the safety coefficient of slide of base plate at whole external forces from the slide index of external loads at $\sigma_{i\max}$ and $\sigma_{i\min}$ is as same by Eq. (7), being calculated by Eq. (8):

$$\frac{\sigma_{i\max}}{\sigma_{i\min}}=\frac{\sum W}{bL}(1\pm\frac{6e}{b}) \text{ and } h_i/\sigma_i=\frac{\frac{\sum h_i \sum h_i}{bL \sum W_i}}{\sigma_i} \tag{7}$$

$$k_s=\frac{k_{\max}+k_{\min}}{2}=\tan\psi_{\max}/\tan\psi_{i\max}\frac{1}{2}\left[\frac{1}{2}\left(\frac{\sum W_i\pm\sigma_{ci}}{\sum h_i\pm h_{ci}}\right)+\frac{\sigma_{i\min}}{h_{i\min}}\right] \tag{8}$$

$\frac{\sigma_{i\max}}{h_{i\max}}$ or $\frac{\sigma_{i\min}}{h_{i\min}}$ value denote $\frac{\sigma_{ci}}{h_{ci}}$ that the base plate is to slide, add or not $\frac{\sigma_{ci}}{h_{ci}}$ value that the base plate is not to slide.

3) The point where the displacement of subbed soil becomes slide under base plate

(1) When the external loads ratio value $h_{i\max}/\sigma_{i\max}$ is large than the ratio value of $\sum h/\sum W$ by the shear coefficient $\tan\psi_{\max}$ in envelope for slide of subbed soil, i.e. $(\sum h_{i\max}/\sum W_{i\max})>\tan\psi_{\max}$. The pressure σ_{ci} at point i where the displacement of the subbed soil will occur creep slippage along contact face under base plate is calculated by Eq.(9):

$$\text{Clay soil:} \qquad \sigma_{ci}=\frac{\sigma_{i\max}}{\tan\psi_{i\max}}\left(\frac{h_{i\max}}{\sigma_{i\max}}-\tan\psi_{\max}\right) \tag{9}$$

$$\text{Sand soil:} \qquad \sigma_{ci}'=\frac{\sigma_{i\max}}{\tan\varphi_{i\max}}\left(\frac{h_{i\max}}{\sigma_{i\max}}-\tan\varphi_{\max}\right)$$

(2)At point i there slide is not occurred where the transversal slide force is σ_{ci}=($\tan\psi\sigma_{i\max}\geqslant\tan\psi\sigma_{\min}$). At point i there slide is occurred where the transversal slide force is σ_{ci}=($\tan\psi\sigma_{i\max}$<$\tan\psi\sigma_{\min}$).

(3)The distance from the start point σ_{ci} of subbed soil is slide to $\sigma_{i\max}$ is $b'=(\frac{\sigma_{ci}}{\sigma_{i\max}-\sigma_{i\max}})\,b$, in the formula b is the length of plate and b' is the slide length of subbed soil under base plate.

4) The external load on slide base plate and safety coefficient in the slide state

(1) The base plate is integer on slide state, the safety coefficient of slide of base plate at external forces is from the slide index of external loads at $\sigma_{i\max}$ and to $\sigma_{i\min}$, being calculated by Eq. (10)

$$k_s=\frac{1}{2}(k_{s\sigma_{\max}}+k_{s\sigma_{\min}})=\frac{1}{2}\tan\psi(\frac{\sigma_{i\max}}{h_{i\max}}+\frac{\sigma_{i\min}}{h_{i\min}}) \tag{10}$$

When the is (k_s=k_c)≥1, there is only the displacement of base plate or of subbed soil. When that is (k_s=k_c)<1, there are the displacement and slide of base plate and of subbed soil.

(2) On the slide state of subbed soil, because the subbed soil is in loose state, the slide of subbed soil is concerned with the transverse external load and the vertical external load which are both with the action of external moment of them. It makes that the safety coefficient of slide of subbed soil by whole volume from $\sigma_{i\max}/h_{i\max}$ large with by($\sigma_{i\max}-\sigma_{ci}$)/($h_{i\max}-h_{ci}$), being calculated by Eq.(11):

$$\begin{aligned}k_c&=\frac{1}{2}\left(k_{ci\max}+k_{ci\min}\right)=\tan\psi_{\max}/\frac{1}{2}\left(\frac{\sigma_{i\max}}{h_{i\max}}+\frac{\sigma_{i\min}}{h_{i\min}}\right)\\&=\tan\psi_{\max}/\frac{1}{2}\left[\left(\frac{\sum W_i+\sigma_i}{\sum h_i+h_{ci}}\right)+\frac{\sigma_{ci}}{h_{ci}}\right]>1.0\end{aligned} \tag{11}$$

There $\sigma_{i\max}/h_{i\max}$ is equal with $\sigma_{\max}/h_{\max}$ and $\sigma_{i\min}/h_{i\min}$=0, being calculated by Eq.(12);

$$k_c = \frac{1}{2}(k_{ci\max} + k_{ci\min}) = \tan\psi_{i\max} / \frac{1}{2}\left(\frac{\sigma_{i\max}}{h_{i\max}} + \frac{\sigma_{i\min}}{h_{i\min}}\right)$$

$$= \tan\psi_{\max} / \left(\frac{\sigma_{i\max}}{h} + \frac{\sum W_i}{\sum h_i}\right) = 1.0 \qquad (12)$$

There $\sigma_{i\max}/h_{i\max}$ is little with $(\sigma_{i\max}+\sigma_{ci})/(h_{i\max}+h_{ci})$, being calculated by Eq.(13), If $\sigma_{i\max}=b$ there all the soil under bed plate is slide and $\sigma_{i\min}/h_{i\min}=0$. $k_c=0$, being calculated by Eq.(13);

$$k_c = \frac{1}{2}(k_{ci\max} + k_{ci\min}) = \tan\psi_{\max} / \frac{1}{2}\left(\frac{\sigma_{i\max}}{h_{i\max}} + \frac{\sigma_{i\min}}{h_{i\min}}\right)$$

$$= \tan\psi_{\max} / \frac{1}{2}\left[\left(\frac{\sum W - \sigma_i}{\sum h_i - \sigma_{ci}}\right) + \frac{\sigma_{ci}}{h_{ci}}\right] < 1.0 \qquad (13)$$

5) Mechanism and contour calculation of creepy slippage of subbed soil

The mechanisms of base plate slide and creepy slippage of subbed soil are different, and the mechanisms of displacement and slide of them are also different. It is necessary to specify the calculation of creepy slippage of subbed soil considering the real situation.

(1) Mechanism of creepy slippage of subbed soil: If the safety coefficient $k_{ci}=1$ at the point $\sigma_{ci}=0$ under base plate in subbed soil, the mass of soil below this point is not slide. The soil could not transfer the shear stress from external load because the tensile strength of it is almost zero, but the shear stress can squeeze the soil to slide in the slide direction, the contour of creepy slippage of subbed soil can be gained. Due to $f > \tan\psi_{\max}$, base plate has been sliding along the contacted inner surface in the subbed soil, and the maximum slide face is bound by contacted surface to transfer into the soil. In Fig.5, the area of partial or deep creepy slippage above the line $k_{cA}=k_{cB}=k_{cC}=1$ is shown.

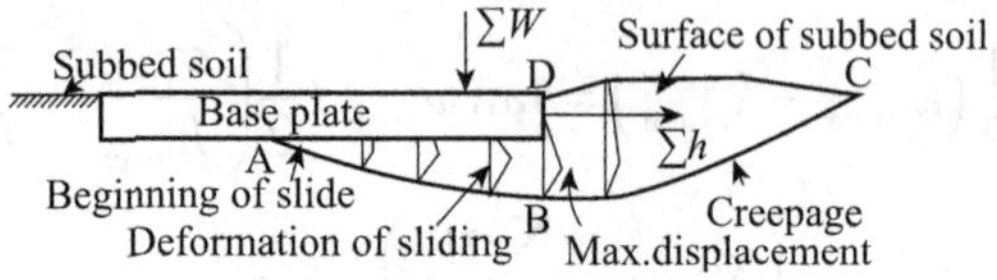

Fig. 5 Compound form of slide move between dragged plate and subsoil

(2) The calculation of the contour of creepy slippage of subbed soil. D-B is the frontier section of base plate. At point B the squeezing movement of mass of soil is balanced by the stress of remainder external load, and the safety coefficient of slide k_{cA}=k_{cB}=k_{cC}=1. (a) The stress at point over σ_{ci}=0 is there the subbed soil begins to slide, in the subbed soil at the front toe of base plate , the maximum pressure stress $\sigma_{i\max}$ by external load conducts the maximum shear stress $\tau_{i\max}$= $\tan\psi\sigma_{i\max}+c_{i\max}$ and the shear stress over τ_{ci} is $\tau_{ci}=(\sigma_{ci}/\sigma_{i\max})\tau_{i\max}$, between $\sigma_{i\max}$ to σ_{ci}=0, it is transferred into subbed soil and squeezes the soil to slide. (b) If the bulk density of saturated soil is γ =1.0 t/m^3, the depth that the remainder shear stress is transferred into subbed soil is $h_i=\tau_{ci}/\gamma$. The subbed soil on outside of front toe of base plate bears the squeeze force $\sum\tau_{ci}\approx[\tau_{ci}(h'/2)(h_i/2)]/3$ kPa as pyramid. The distance from the outside of front toe of base plate to point C is L, $L=[\sum\tau_{ci}/(h_i/2)]/10$ m and the slide of subbed soil is creepy slippage. If to count the weight of stone revetment of chamber the depth h of sliding soil will be shallow, the distance L will be reduced. (c) This simple analysis provided a specification to calculate the creepy slippage of subbed soil, and the results are in accordance with real condition.

4 Analysis of the two built hydraulic structures by this method

1) Sanhe floodgate

In Sanhe floodgate reinforcement designed in 1967, the result of load plate test was firstly applied, as the real bearing capacity of slide of subbed soil considering by to decrease the value after rebound and repression due base pit being drilled and to eliminate the super-consolidated crest strength after structure being utilized.

(1) Sanhe floodgate has been taken to discharge floodwater of Huaihe River and control the floodwater level of Hongze Lake at the same time. It was constructed on natural soil base at Hongze Lake Embankment in 1953. The net width of sluice openings is 64×10m. The unit area of base plate is bL=18m×32.2m. After the great flood of Hua the River in 1954 and repeated regulation of flood, the weight of Sanhe floodgate structure is not enough for safe stability of slide against the higher level of great flood. If adding the weight of structure, it must be first given ahead to reinforce base plate. However, it is a very difficult task.

The results of Sanhe sluice of three schemes are shown in Table 1.

Table 1 The reinforce design calculation results of Sanhe sluice

Scheme No.	Original data of design				Original results of calculation			
	H_{up} /m	H_{down}/m	Wave height/m	Discharge /(m^3 · s^{-1})	$\sigma_{i\max}$/(t/m^2)	$\sigma_{i\min}$/(t/m^2)	$\sum W$/(t/m^2)	$\sum h$/(t/m^2)
1	13.5+Surge height of 0.50	7.50	2.10	Closed	40.7	39.1	24 02	11 39
2	16.00	12.90	2.50	12 000 Discharge control 8 000	64.5	16.1	24 08	11 08
3	17	13.6	2.5	12 000 Discharge control 10 000	72.0	7.0	2360.5	1429

(2) The requirements of reinforcement in 1967. (a) According to the reinforcement in 1967, there is no cofferdam could be made for reinforce base plates, and the safety coefficient of design for flood head ∇16.0m must be smaller than that of design over years of storage head ∇13.5m. (b) In silt clay subbed soil, shear test of samples in-situ showed that $c^H_{\max}$=63 t/m^2, $\varphi^H_{\max}$=23°. In analysis toke $c^H_{\max}$=63t/m^2, $\varphi^H_{\max}$=22°. The results of load plate tests were $\varphi^H_{\max}$=22°, $c_{\max}$=22t/m^2, $\sigma_{\max}$=156t/m^2. (c) In analysis for base plate being in water , toke $c_{\max}$=22t/m^2, tanφ=21° k_c=2.86, k_φ=1. (d) The shearing slide cocfficient was enlarged from

original design $f=0.33$ to $\tan\psi_{max}=\tan\varphi^{H}_{max}/k_{\varphi}+c^{H}_{max}/k_{c}\sigma_{max}=0.545$, that is enlarged 1.63 times of original value. (e) In Scheme 1, $k_c=2.86$. The cohesion was $c_{i\max}=c^{H}_{max}/k_c k_{ci}=7.3\text{t/m}^2$. (f) In Scheme 2, to reduce the pressure of billow over the parapet, the original crest level at ∇17.1 m of parapet was not raised.

(3) Scheme 1: The slide safety coefficient of subbed soil is $k_c=\tan\psi_{max}\sum W/\sum h=1.15$, and the subbed soil is no slide.

Scheme 2: $k_c=\tan\psi_{max}\sum W/\sum h=1.18$, and the subbed soil is no slide.

Scheme 3: The clay soil is under slid, the pressure is required for the frontier tie of subbed soil in slide. $\sigma_{ci}=\dfrac{\sigma_{max}}{\tan\psi_{i\max}}\left(\dfrac{h_{i\max}}{\sigma_{i\max}}-\tan\psi_{max}\right)=5.92$ and $h_c=\sigma_c\tan\psi_{max}=5.92\times0.404=2.39$, then $\dfrac{\sigma_{i\max}}{h_{i\max}}=\dfrac{\sum W-\sigma_{ci}}{\sum h-h_{ci}}=1.65$, the safety coefficient of slide of base plate also is the average value of frontier toe and near toe.

$$k_c=\frac{1}{2}\left(k_{ci\max}+k_{ci\max}\right)=\tan\psi_{i\max}\times\left(\frac{\sigma_{i\max}}{h_{i\max}}+0\right)=0.90\,.$$

(4) The slide length at the beginning point on subbed soil to frontier toe is $b'=\left(\dfrac{\sigma_{ci}}{\sigma_{i\max}-\sigma_{i\min}}\right)b=1.6\text{m}$, its slide ratio of b is 9% over plate.

The results of Sanhe sluice of three schemes are shown in Table 2.

Table 2 Analysis results of Sanhe sluice

Scheme No.	The parameters of shearing coefficient							Safety coefficient of displacement of subbed soil	Safety coefficient of displacement of base plate
	c^H_{max}	$\varphi°$	k_c	k_φ	k_{ci}	$k_{i\varphi}$	$\tan\psi$	k_c	k_s
1	63	22	2.86	1	3	1	0.545	1.15<1.35	1.15<1.35
2	63	22	2.86	1	3	1	0.545	1.18<1.34	1.18<1.35
3	63	22	2.86	1	3	1	0.545	0.90<1.35	0.90<1.35

(5) On October 22 in 1981, the upstream water level of Sanhe sluice was 13.75 m and down water level was 7.87 m. It was approached to design

water level of 13.50 m and 7.50 m respectively.

2) Sanhe ship lock

Table 3 The original design of Sanhe ship lock wall

Scheme No.	Original data of design	Reaction forces of base plate/kPa		Design load/kPa	
		$\sigma_{i\max}$	$\sigma_{i\min}$	$\sum W$	$\sum h$
1	Completion	367	19	1062.3	529.5
2	Chamber in navigable high water level before reinforced	175.5	107.5	778.7	356.6
3	Chamber in navigable low water level before reinforced	259.2	64.8	891.2	660.8

(1) Sanhe ship lock with permeable bottom chamber with net width of 12m was constructed on natural soil base at Hongze Lake Embankment in 1970. The subbed soil of chamber wall has been slipped and the body of wall has been inclined down to slide direction. In 1974, inspection was made. After 1974, there was reinforcement for 3 times. In 2006, this chamber of lock was demolished and rebuilt as U-structure. The administrative agency wrote an article to explain that the base plate will be in stability of slide. This time the wall has been inclined down along slide direction with maximum of over 170mm. When the water level in chamber was undulated during ordinary shipping, the crest of wall swayed 5-8mm. The reinforced concrete stay beams on base of chamber were broken by slide of walls and subbed soil. The center bottom of revetment stone lined was raised 30 cm; the frontier toe of wall was settled 70-80mm with maximum 100 mm; the body of wall was displaced forward about 165mm.

(2) Method 1: There was no base plate test, no provided ultimate pressure of subbed soil. The subbed soil is salty clay. It is assumed that in door shear quick test gained $c^{H}_{\max}$=149 kPa, $\varphi^{H}_{\max}$=15°. The reduced value in original design with the rebounded influence of underlying soil of bearing slide capacity was not adapted when the base pit is being excavated.

According to data of Sanhe floodgate, parameters such as k_c=3, k_φ=1, i.e., $c_{max}=c^H_{max}/k_c\approx$50kPa. There was adopted to enlarge the c^H_{max}=149kPa in shear envelop of subbed soil. The safety coefficients of displacement of base plate and subbed soil were calculated by σ_{max}=259.2kPa, assume $\sigma_{np}\geqslant\sigma_{max}$, the shear coefficient of subbed soil is adopted $\tan\psi=\tan\varphi^H_{max}/k_\varphi+c^H_{max}/k_c\sigma_{max}$=0.46.

(3) Scheme 1: The pressure stress was being extended as to $\sigma_{max}>\sigma_{np}$ in design, when the lock walls was filled back by soil, then there water was filled at the same time in chamber to keep lock walls stable.

(4) Scheme 2: The area of unit wild base plate of lock wall is $b\times L$=5.5 m × 1m. The safety coefficient of displacement of subbed soil and base plate both are $k_c=k_s=\tan\psi_{max}\sum W/\sum h$=1.00.

(5) Scheme 3, The safety coefficients of displacement of base plate and subbed soil is $k_c=\tan\psi_{max}\sum W/\sum h$=0.62. The pressure is exceeded to slide of subbed soil at the frontier tie of base plate $\sigma_{ci}=\frac{\sigma_{max}}{\tan\psi_{i\max}}\left(\frac{h_{i\max}}{\sigma_{i\max}}-\tan\psi_{max}\right)$=158.6kPa, The safety coefficient of slide of base plate is the average value of frontier toe and rear toe $k_c=\frac{1}{2}(k_{s\sigma_{i\max}}+k_{s\sigma_{i\min}})=\tan\psi_{i\max}\times\frac{1}{2}(\frac{\sigma_{i\max}}{h_{i\max}}+0)$=0.62.

(6) Method 2: (a)The index of shearing strength of subbed soil acted by the external load is $\sum h/\sum W$=0.74, the sliding shear strength from the internal pressure is delivered to subbed soil at the point of start on subbed soil that is $\tau_{max}=\tan\psi(\sigma_{max}-\sigma'_{ci})$ =46.46kPa, it drive the subbed soil at depth 4.65m. the internal pressure $\sum\tau_i\approx\Delta\tau_i b''h/3$=(46.6×2.86×4.65)/3=206.5kPa. (b)The unit weight of saturated soil is 1.0 t/m^3. The average slide force by external load pushed the near soil about 4.65m depth. The overall pushed force outside of section is D−B.The distance from frontier

toe to point C is L, $L=2\times\Delta\tau_1/h$=8.7m. (c) To calculate the passive contour of creepy slippage: subbed soil with the depth of 4.65 m and width of 8.7m under frontier toe of base plate will be pushed to move. (d) The lock chamber with width of 12 m was reduced 33 cm that the base plates slide forward .There is not calculated the external push load $\sum\tau_i$=206.5kPa. of soil in $\sum h$, then $\tan\psi_{i\max}$=454/891.2=0.51.

Table 4 Analysis calculation results of Sanhe ship lock wall

Scheme No.	The parameters of shearing coefficient						Safety coefficient of displacement of subbed soil	Safety coefficient of displacement of base plate
	$\sum W_i$	$\sum h_i$	k_c	k_φ	$\tan\psi_{\max}$	$\tan\psi_{i\max}$	k_c	k_s
1	778.3	356.6	3	1	0.46	0.62	1.00<1.35	1.00<1.35
2	778.3	356.6	3	1	0.46	0.460	1.00<1.34	1.00<1.35
3	891.2	660.8	3	1	0.46	0.74	1.00<1.35	1.00<1.35
4	891.2	454.3	3	1	0.46	0.51	0.47<1.35	0.47<1.35

This is the real condition in scheme Low water-2. the (+) denotes plus the pressure σ_{ci} at point i where the displacement and slide of the subbed soil will occur creep slippage along contact face under base plate,the (−) denotes there is not plus the pressure σ_{ci}.

(7) After 1974, the chamber walls were reinforced for three times to reduce the level of backfill and back ground water. The safety coefficients of chamber walls and subbed soil at upstream water level are $k_c=k_s\approx 1$, they are stability. The safety coefficients of chamber walls and subbed soil at down upstream water level are $k_c=k_s$=0.62, the largest movements forward of walls is 165mm and inclined forward is 0.17m, the beams in chamber bottom for resisting the move of walls is broken, the slide moves have been happened several times, the depth of filling soil on front of base plate is increased and the weight of stone revetment to enlarge the safety coefficient of slide. the slide of base plate will be stopped as $k_c=k_s\approx 1$ approached。 This analysis is accorded with real condition.

低扬程泵站快速门断流装置设计[①]

一、引言

低扬程泵站出水管的逆止断流装置现有三种型式。

（一）拍门断流装置

（1）在中、小型低扬程泵站上常采用，优点是结构简单，运行可靠。它悬挂在泵站出水管口，开机后受管口出水水流冲击而开启，停机后靠拍门自重或管口水流倒流关门。拍门开启越小，它造成的水力阻力越大，在拍门开启角为50°时，水力损失系数为0.3。在开启角小于50°时，泵站水力损失系数急剧增大，影响泵站效率较大。

（2）水泵停机时，从定性上讲，影响拍力大小的因素主要有：装置扬程越大，拍力越大；在停机瞬间拍门开启角越大，拍力越大；机组的转动惯性越大，水流顺流时间越长，拍力越小；出水流道越长，流道内水流的顺流惯量越大，拍力越小；拍门自重越大，拍力越大，传到门柜上拍力的大小与门柜上吸振装置的效果有关，效果好，拍力好。在淮安一站拍门装置上做的原型试验中，在该装置条件下，测得的拍力相当于拍门上静水压力的65%，是个不小的数量。拍力的大小是个复杂问题。

（3）国外在单泵流量大的泵站上，将拍门分成若干个小拍门，装在一个大门框上，停机时每扇小拍门的关门时间不可能完全同步，从而减小了对门框的拍力，但门框的阻水造成水流出口阻力增大，降低了泵站水力效率。

（4）国外有的泵站采用液压保持式拍门，运行时由液压启闭机将拍门吊起，使拍门不阻水，停机关门时利用油缸液压释放减速、

① 本文为“中国科技发展论坛2004”而写成。

缓冲减小拍力。然而拍门的受力变得十分恶劣。国内有些泵站采用油阻减振式拍门，停机时，利用油缸的泄油阻尼来缓冲，降低拍门下拍速度，使拍力减小。但运行时另加起吊设备，控制拍门的开启角。

（5）在一定条件下如平直出水管，开机时上游水位没有完全满管淹没出水口，上、下游水位几乎齐平，水泵开机时水流将拍门冲开的瞬间，出水管内发生减压波，使刚稍开的拍门又重新关上，出水管内水流发生水击，拍门后出水管上的通气孔内喷出水柱，高过数米。故在此条件下建泵站，在拍门后要设置较大尺寸的开敞调压室，以阻止水击波上溯到主泵。

（二）破坏虹吸真空断流装置

国内外已建的多座大泵的低扬程泵站，多数采用虹吸出水管，停机时破坏出水管内真空，使管内水流断流；开机时出水管水流将管内空气带出，形成虹吸。实践证明，它管理方便，维修工作极少，安全可靠，但土建施工较复杂，土建造价较高。用于河床式或半堤后式泵站，出水管长度短，停机时水泵发生的倒转转速小于倒转飞逸转速；但对堤后式泵站，如出水管长，停机时水泵发生的倒转转速会达到倒转飞逸转速。破坏虹吸真空断流装置有一些技术问题要研究。

（1）在运行时虹吸出水管的驼峰顶部的稳定负压真空值不大于7.5～8.0m，过大的负压会使水流汽化，影响出水管平稳出水，负压更大时可能断流。如果站上游水位变化幅度太大，则需在泵站出水口处加做潜堰，抬高站上出水管口的低水位，减少上游水位变化幅度，满足真空度要求。潜堰的存在加大了泵站的运行扬程，泵站运行费用增大。

（2）虹吸出水管驼峰底高程在防洪上要留一定的安全超高，如果发生洪水位超过驼峰底高程，泵站运行将失去断流装置保护，因此对防洪最高水位变化幅度较大、遇到超标准洪水有可能超出驼峰底高程的泵站，要另有保护措施。

（3）单泵流量很大的泵站在采用虹吸出水管断流装置时，要做到虹吸出水管在驼峰顶部满足负压要求；底部高程高于防洪最高水位；断面高度有限制；而出水管内水流流速应在合理范围内；横断面的尺寸又要与机组布置相匹配。否则破坏虹吸真空断流装置不能采用。

（三）快速门断流装置

皂河站 1976 年设计，采用叶轮直径为 5.7m（名义直径为 6m）的立轴斜流泵，单泵流量 100m³/s。经多方案比较，采用拍门和破坏虹吸真空断流装置都不适合。断流装置工作基本要求包括：两者在开机时不能使站上高水位倒流冲击主泵，影响平稳开机；停机时都不使站上高水位倒流入泵站，延长机组倒转时间；在运行时要使装置的水力阻力最小；装置系统必须十分安全可靠，即使发生误操作或故障，也不能发生次生灾害等。在低扬程泵站，都采用高比转数水泵，开机时必须开阀启动。研究了水泵全工况一般特性，决定采用快速门断流，停机时逆止出水管水流倒流。快速门断流已广泛用于水电站事故装置中，但作为高比转数泵站的工作装置，当时在国内外尚未见到。它可以适用于单泵流量很大的泵站，提高泵站效率，节省较多工程量。皂河泵站自采用快速门断流装置，在 1986 年竣工投产后，运行情况良好，国内已有多座泵站采用。但有的泵站设计中没有保证开机时必须开阀启动，造成主机过载而发生事故停机。

二、低扬程泵站快速门断流装置设计

大型泵站主机组国内都采用同步电机，运行时带负荷异步启动。在缺少主机组的详细性能数据时，采用平均转矩方法计算，成果虽是近似的，但皂河站试运行实测和长期运转证实设计是可靠的。

（一）快速门关门时间计算

运行时水泵机组的停机过程可分为三个阶段。第一阶段水泵工况：水泵叶轮顺转，出水管内水流顺流；第二阶段制动工况：水泵顺转，水流倒流；第三阶段水轮机工况：水泵倒转，水流倒流，水泵稳定倒转转速称为倒转飞逸转速。为控制停机时水泵停机历时最短，水泵停机倒转转速最小，要求在泵站的顺流流量为 0，水泵进入制动阶段前快速门关到底。要使：

（1）快速门开始下落到全关过程中不会使门后水位壅高而增加出水管内使叶轮倒转的水量。

（2）在发生水流倒流前关门，可在叶轮反转开始时保持叶轮正转转动能量最大，整个反转过程是处在无倒流水流冲击条件下，故使叶轮反转延时最短。

（3）此时水泵处在顺转，流量为 0，是处在关阀扬程，此关阀扬程与下游高水位的“动”水柱压力相平衡。由于水泵的叶栅、导叶等影响在顺流与倒流的过流能力不同，当处在顺流流量与倒流流量均为 0 的平衡状态时，应考虑叶轮、叶栅等作用。一般水泵在水轮机空载稳定工况时的倒流流量约为水泵工况时额定抽水流量的 60%～80%，在上述出水管内水柱压力与水泵关阀扬程的平衡计算时要考虑转轮、叶栅等作用。

（4）以皂河站主机组装置为例。据模型装置试验数据换算成原型数据，设计工况净扬程 5.4m，总扬程 6.0m，抽水 $100m^3/s$，装置效率 80%，机组主泵的飞轮力矩 $GD^2=1540kN\cdot m^2$，主电机的飞轮力矩 $GD^2=19\ 000kN\cdot m^2$，额定转速 n_h=75r/min，额定功率 N_h=7000kW，则机组由试验数据计算轴功率，如不计安全裕量，则

$$T_a=\frac{GD^2n_h^2}{364N_h}=\frac{(1540\div 19\ 000)\times 10^2\times 75^2}{364\times 7000\times 10\times 10^3}=4.534(s)$$

水泵机组运转时机组的轴功率 N_0 和额定功率 N_h 为

$$N_0=\frac{K\gamma QH}{\eta_p}=\frac{9.8\times1\times97.5\times6}{0.92}=6180\text{kW}$$

$$N_h=1.1N_0\approx7000\text{kW}$$

式中，T_a 为机组空载时的机械时间常数（s）；n_h 为机组的额定转速（r/min）；GD^2 为机组的飞轮力矩（$kN\cdot m^2$），包括主机组转动部分和荷载归化到主电机轴的惯性效应；N_h 为机组主电机的额定功率（kW），$N_h=(1+R)N_0$；N_0 为机组主泵的轴功率（kW），$N_0=\frac{K\gamma QH}{\eta_p}$；$K$ 为系数，$K=9.8$；Q 为泵抽水流量（m^3/s）；H 为总扬程（m）；γ 为水的比重，$\gamma=1$；η_p 为泵效率（%）；R 为主电机的允许安全裕量系数，$R=0.1\sim0.15$。

（5）主机组运行时其转动部分的阻力矩 M_0 可分为两部分：一部分 M_1 是与机组的抽水的水力矩有关，与转速平方成正比；另一部分是损耗在机组发热、冷却等不因机组转速而变的阻力矩 M_2。设 n_0 为 M_0 时机组转动部分的转速，即

$$M_0=\left(M_h-M_1\right)+M_1\left(\frac{n_0}{n_h}\right)^2$$

式中，n_0 为阻力矩 M_0 时机组转动部分的转速；n_h 为机组的额定转速。

以标幺值表示，取 $M_1=\alpha M_h$，则 $\frac{M_0}{M_h}=[m_0]$ 和 $\frac{n_0}{n_h}=[n_0]$ 代入上式，得

$$[m_0]=(1-\alpha)+\alpha=[n_0]^2$$

则水泵停机后机组转动部分自同步转速逸转到n_0的惰行时间T_{n_0}为

$$T_{n_0}=\frac{T_a}{K_{n_0}}\int_1^{[n_0]}\frac{dn}{[m_0]}$$

式中，K_{n_0} 为停机时主泵轴功率与主机额定功率之比。

在额定转速运行时水泵的关阀扬程为 H_{stop}。停机后水泵转速降

低，它的关阀扬程也随之降低，当水泵处在顺转流量为 0 时，此时扬程即为关阀扬程，并与下游高水位的高出关阀扬程的水柱压力相平衡。设水泵顺转时流量为 0 的扬程为 H'_{stop}，在流量为 0 时的转速 n_0 为

$$n_0 = n_h \sqrt{\frac{H'_{stop}}{H_{stop}}}$$

设主机组的阻转矩中不随转速而变的部分 M_2=0.05M_h，阻转矩中随转速平方而变的部分 M_1=0.95M_h，得标幺值 $[m_0]=0.05+0.95\left[n_0\right]^2$，得 $T_{n_0} = \frac{T_a}{K_{n_0}} \int_1^{[n_0]} \frac{\mathrm{d}n}{-[m_0]} = \frac{T_a}{K_{n_0}} \left(6.17 - 4.588\tan^{-1}(4.356[n_0])\right)$。

式中，T_{n_0} 表示停机后主机转动部分自同步转速向 n_a 的惰行时间；K_{n_0} 表示停机时主泵的轴功率与主机的额定功率之比。

（6）皂河站主泵采用双螺旋涡壳压水室，出水流道长 13.50m，设计工况流道出口处流速分布已十分均匀，水力效率较高。在设计净扬程 5.30m 时，水泵叶轮叶片在 −18° 运行时轴功率为 2400kW，流量为 28m^3/s，此工况的关阀扬程为 10.40m。一般水泵在水轮机空载稳定工况时的倒流流量为水泵工况额定抽水流量的 60%～80%，两者平衡时水泵的关阀扬程为 2.00～2.36m，得此时水泵的顺转转速为 32.69～35.17r/min，自同步转速逸转到此转速 n_0 的惰行时间 T_{n_0} 为 19.61～17.12s。为安全计，取顺流流量为零时顺转转速为 n_0=32.69r/min，则水泵停机后机组转动部分自同步转速逸转到 n_0=32.69r/min 的惰行时间 T_{n_0} 为

$$T_{n_0} = \frac{T_a}{K} \int_1^{[n_0]} \frac{\mathrm{d}n}{[m_0]} = \frac{4.534}{2400 \div 7000} \left(6.17 - 4.588\tan^{-1}(4.36 \times \frac{32.69}{75})\right)$$
$$=15.68(\mathrm{s})$$

为安全计，采用快速门关门历时 20.00s（原设计时按 −22° 开机，轴功率为 1900kW，主机停机历时为 T_{n_0}=19.91s，后改为 −18° 开机，关门历时未作修改）。

停机后快速门关门时主机组的剩余功率为

$$N'_h = \frac{GD^2 n^2}{364 T_{a_0}} = \frac{(1540 + 17\,000) \times 32.69}{364 \times 15.68 \times 10} = 384\text{kW}$$

按相似定律，同一台泵的流量与转速成正比，在关门完成时顺流流量为：

$$Q_{n_0} = \frac{32.69}{75} \times 28 = 12.04\text{m}^3/\text{s}$$

在快速门事故关门时：如按设计工况水泵叶轮叶片在 −1° 运行，水泵轴功率为 6180kW，流量为 $97.5\text{m}^3/\text{s}$。因快速门开始关门是与主机组停机同步的，当快速门全关，主机组的顺转转速降为 32.69r/min 时：

$$T_{n_a} = \frac{T_a}{K_{n_a}} \int_1^{[n_0]} \frac{\mathrm{d}n}{-[m_0]} = \frac{4.536}{6180 \div 7000} \left(6.17 - 4.588 \tan^{-1}(4.36 \times \frac{32.69}{75}) \right)$$

$$=6.09\text{s}$$

此时主机组的剩余功率和顺流流量为

$$N'_h = \frac{GD^2 n^2}{364 T_{a_n}} = \frac{(1\,540 + 17\,000) \times 32.69^2}{364 \times 6.09 \times 10} = 990\text{kW}$$

$$Q_{n_0} = \frac{n_{n_0}}{n_h} \times 97.5 = 35\text{m}^3/\text{s}$$

要求在停机后几秒钟内将快速门关到底有困难，且主泵叶轮叶片在 −1° 停机后与在 −18° 停机后的机组剩余能量大 2.6 倍，停机时增大系统电压波动，且主泵都在顺转阶段，快速门关门后，主机组的顺转转速 32.69→0r/min 的时间内抽的水量将储在调压室，抬高调压室水位，发生溢流。故为安全计，确定采用皂河站主机组在 −18° 停机，与开机时采用同一叶片角度，简化操作。采用快速门全关时间 20s。

（二）停机后水泵稳定倒转飞逸转速

（1）水泵倒转转速。水泵稳定倒转转速称为倒转飞逸转速，一般为正常额定正转转速的 1.4～1.6 倍。允许倒转转速与机组机械结构有关，是机组机械结构设计中的参数之一。由于倒转最大转速与水泵机组的阻力矩、泵站出水管容积的水量、倒流水头，水泵叶轮的叶栅过流能力、断流装置、倒流水流和水泵转轮相互作用的动量矩及其能量转换效率等因素有关，具体分析计算较困难。故一般由模型泵或模型泵站试验得出飞逸倒转转速。有的水泵机组的技术条件中要求停机后的倒转飞逸转速的延时不超过 2min，如果经设计此延时控制不住，则应按允许长期飞逸倒转转速设计主机组。

根据水泵叶轮水力原、模型相似定律，在模型试验测得它的倒转稳定飞逸转速后，可按下式求得原型泵的倒转稳定飞逸转速：

$$n_p = n'_m \frac{\sqrt{H_p}}{D_p}$$

式中，n_p 为在场扬程 H_p 时倒转稳定飞逸转速；n'_m 为模型泵在模型试验中测得的单位倒转稳定飞逸转速，$n'_m = n'_p \dfrac{D_m}{\sqrt{H_m}}$。

水泵发生倒转稳定飞逸转速时通过水泵倒流的流量可按照泵的全特性试验曲线求得，即根据水泵倒转时的扬程与全特性曲线的水轮机工况区中的零转矩线相交点，从该点可得到在倒转稳定飞逸转速时的倒流稳定流量。

（2）模型试验中皂河站水泵在叶轮叶片 −4°（因原、模型刻度比尺不相似，相当原型泵 −2°）时倒转稳定飞逸转速 n'_m=197.30r/min。原型泵在最大排涝扬程 8.50m 时得 n_p=101r/min，与额定转速之比为 1.35 倍，低于主机结构设计采用的 1.50 倍。

（三）快速门的关门时间计算

（1）快速门的关门历时与泵站的装置尺寸、水泵机组特性、泵站的上下游水位，以及启闭快速门的机械构造性能等有关。要求快速门在水泵工况阶段末关门到位，可以近似认为是在平水中关门。计算方法见周君亮、吴军写的《大型抽水站液压快速闸门关门时间和缓冲压力的计算探讨》（发表在《江苏水利》1982 年第 3 期）。

快速门与门槽应同时安装，在门槽固定位置后，浇筑二期混凝土固定，期使快速门开关平稳，水密封性好。

（2）皂河站快速门采用液压启闭机油压开门，门自重下落关门，油缸放油快慢调节关门速度。安装后在平水中测试，门体全部淹没水中，实测关门时间为 17～18s，油缸缓冲压力为 2.60～3.00MPa。

（四）快速门开门延时计算

（1）泵站在主机组启动过程中，因为主机组是带负荷启动，在启动阶段由于合闸冲击，系统电压波动，输入功率振荡，导致启动力矩不稳定。故在拍门和破坏虹吸真空断流装置的开机过程中都不允许上游高水位水体冲击主机组。因为低扬程泵站都采用高比转数水泵，在采用快速门断流装置时除开机过程中不允许上游高水位水体冲击主机组，要求延时开门外，又要不发生关阀运行，或部分关门，出水扬程阻力增大，机组配套功率过载，发生事故停机。

在主机组启动后快速门延时开门的时间计算如下式：

$$T_{n_0}=\frac{T_a}{K_{n_0}}\left(1-\int_1^{[n_0]}\frac{\mathrm{d}n}{-[m_0]}\right)=\frac{T_a}{K_{n_0}}\left(1-\left(6.17-4.588\tan^{-1}\left(4.356[n_0]^2\right)\right)\right)$$

式中，T_{n_0} 为主机组启动后快速门延时开门的时间；K_{n_0} 为开机时主机的加速功率与主机额定功率之比。

在延时的时间内要保证主机已牵入同步。

（2）快速门开门延时计算以皂河站为例。在设计工况时，主泵总扬程为 6.0m，单泵流量为 97.5m^3/s，出水管出口流速 1.26m/s，水泵轴功率为 6180kW。如在主机组启动完成后开启快速门，主机组启动过程中抽来的水量将抬高开敞调压室水位，故设计中调压室开敞尺寸为 12.00m×4.40m，按水泵叶轮叶片在 -18°开机，设计工况时水泵轴功率为 2400kW，流量约为 28m³/s，主电机牵入同步的转速为

$$n_0 = 0.95n_h = 71\text{r}/\min$$

此时机组运转转速由 0 → 71r/min 开阀启动的时间为

$$T_{n_0}= \frac{T_a}{K_{n_0}}\left(1-\int_1^{[n_0]}\frac{\mathrm{d}n}{-[m_0]}\right)$$

$$=\frac{4.534}{(7000-2400)/7000}\left(1-\left(6.17-\left(4.588\tan^{-1}4.36[0.95]\right)\right)\right)$$

$$=6.3\text{s}$$

采用主机组水泵叶轮叶片开度角 -18°开机，与停机时水泵叶轮叶片开度角相同，开机后快速门延时 7s 开门。

开机后在快速门延时7s，主电动机已牵入同步，完成轻载启动，主泵不会发生关阀运行；经计算开敞调压室胸墙顶不会溢流。开启快速门时系统电压和主机功率已较稳定，即使系统电压降较大，仍可以保证平稳完成主机组启动。

（五）快速门后设置开敞式调压室

在快速门下游侧设置开敞式调压室，改用 -18°开机后，如果不及时开门，调压室和快速门将承受 10.40m 的反向水压力，调压室胸墙顶有可能出现溢流，但不会发生事故。

（六）辅助安全措施

（1）在泵站中第一次采用快速门断流，为使该装置十分可靠，如果发生在叶片小角度开机，又发生快速门开门失效，使调压室水位较高时，在快速门设计中利用快速门底浮力，可以将门向上顶开泄流，发生泄流后门底浮力降低，门又关上，闸门在闸门槽内上、下跳动泄流，使调压室水位不会过高，保证调压室和快速门的结构

安全。同时主电机过载，事故停机。

（2）在试运行验收时曾发生误操作，按 -1°开机，$100m^3/s$ 左右流量涌入调压室，快速门在门槽内上下跳动，快速门门底和调压室胸墙顶同时泄流，主电机过载，事故停机。措施是有效的，保证了泵站安全。

低扬程泵装置原、模型和防止“有害”汽蚀参数换算[①]

摘要：依据我国泵和泵站模型水工试验做设计前期工作，行业规定在泵水力装置模型制作中要求过流流道几何相似，但表面粗糙度与原型按一定比例相等和不重视容积损失相似，有比尺效应；在模型试验中，流道水流流态可能有部分在光滑紊流区与原型水流态不相同和允许降低原型泵转速做模型试验，有雷诺数效应；两者造成原、模型水力参数换算后误差很大，须用经验公式修正。各国学者已提出了十几个经验公式。作者提出人工消除参数中的比尺效应和雷诺数效应，将模型试验成果按不等效率换算成与原型泵流道几何相似、水流流速相同、水力效率相同的新模型，新模型成果由水工相似定律等效率换算成新模型原型水力参数，并可防止叶型“有害”汽蚀。采用该方法换算皂河第一抽水站模型试验为原型水力参数，与试运行成果符合。

关键词：泵水力装置参数；水力损失；容积损失；比尺效应；雷诺数效应；汽蚀；叶型“有害”汽蚀；比转数

① 原载于《排灌机械工程学报》2015 年第 33 卷第 3 期。

一、水工模型试验的问题

泵和泵站建设，用水工模型试验做前期工作。但现行水工模型试验存在以下问题。

（1）泵模型由泵的叶轮、导叶、压水室和进、出水流道组成，称为泵水力装置；再加上压力进、出水管，则称为泵站水力装置。现用的水工模型设计和制作，以及水工试验方法和原、模型试验成果换算方法明显有不符合实际的地方，特别是由于低扬程泵和泵站的进、出水流道几何外形复杂，换算后的成果有时误差较大。

（2）为了减小上述原因引起的误差，模型泵试验所得水力效率采用 1925 年由摩迪（Moody）提出的公式，在泵的最高效率工况点加大原型泵的效率。各国学者虽根据各自模型泵的试验条件提出了十几个水力效率换算公式，但目前试验换算成果与实际相比有时误差很大。

（3）由于试验成果不能真实反映实际情况，实测泵站装置水力参数又很困难，造成目前不重视原、模型泵和泵站水力装置过流表面的相对粗糙度相等和水流流态相同。当前泵机械制作精度越高，模型试验的水力参数换算后不能正确反映原型实际的情况更为突出。

二、现行准则和行业习惯

现行泵的原、模型水力参数换算相似准则和行业习惯如下。

（1）必须遵守原、模型泵水力装置过流几何相似、表面的线性比尺 δ_l 相似。行业习惯采用模型泵叶轮直径为 300 mm，转速 n_m=1450 r/min；与原型的线性比尺 δ_l 在 1～15 范围内。

（2）必须遵守过流流道相应点上的水流运动相似、过流水流中各相应点的流速和几何位移相似。即原、模型叶片的过水流运动的绝对速度 Vp 与 Vm，圆周速度 Wp 与 Wm，相对速度 Up 与 Um 各相似。

（3）必须遵守过流水流中相应点上的流态相似，即动力数相等；过流水流相应点上的动力数有 *Fr*（重力）、*Re*（黏滞力）、*Eu*（压力）和 *Sh*（惯性力）等。由于情况不同，过流水流的各种动力数不可能都相等。在泵叶轮内水流是旋转的，不发生汽蚀时，充满全局，原、模型叶轮内水流运动相似准则是 *Sh* 数和 *Re* 数各相等。

（4）原型泵是输送水；模型试验是用水，试验用水比原型送水的运动黏度 ν 相比原、模型比尺小 $\delta_l^{1.5}$ 时，它们的 *Re* 数才符合，试验不可能做到。模型试验用水的 *Re* 数不符合要求。

（5）模型试验是用水，当水流在光滑紊流区时，水流摩擦损失系数 k_f 随 *Re* 数减小而增大，有雷诺数效应；但是当水流在粗糙紊流区时，k_f 不随 *Re* 数改变而变，可以不要求 *Re* 数相等。按照行业习惯采用式（1）计算：

$$Re = nD_1^2 / \nu \tag{1}$$

式中，n 为叶轮转速（r/s）；ν 为水的运动黏度，水在 25 ℃时，$\nu=1\times10^{-6}\text{m}^2/\text{s}$。因为 *Sh* 与 *Eu* 兼容，*Re* 也可写为式（2）：

$$Re = D_1\sqrt{2gH} / \nu = vD_1 / \nu \tag{2}$$

式中，v 为轴面平均流速（m/s）。

（6）原、模型泵的 *Re* 数：①模型泵叶轮、导叶和进出水流道水流的 *Re* 数大致达到 10^6，原型泵的 *Re* 数为 $10^6\sim10^{7.5}$。我国现行标准 SL140—2006《水泵模型及装置模型验收试验规程》对 *Re* 数的要求：轴流泵 $Re>3\times10^6$，斜流泵 $Re>4\times10^6$，离心泵 $Re>5\times10^6$。②行业习惯对叶轮进口处水力效率最高点水流的圆周速度 nD_1 称为特征速度，在原、模型比转数 n_s 相同的工况点，扬程 H 与出口处 $(nD_1)^2$ 成比例，流量 Q 与出口处 nD_1 成比例，功率 P 与出口处 $(nD_1)^3$ 成比例。

（7）根据经验取原、模型泵的 $nD_1\approx435\text{m/min}$。$D_{1\text{p}}$、$D_{1\text{m}}$ 分别为原、模型泵叶轮进水口的直径，取 $D_{1\text{p}}/D_{1\text{m}}$ 之比在 1～15。1978

年皂河站设计取原、模型泵 $n_pD_p=n_mD_m$。2002 年日本规范要求原、模型泵的 Re_p/Re_m 之比与它们叶轮进口直径 D_{1p}/D_{1m} 之比尽可能一致，即

$$\frac{Re_p / Re_m}{n_p D_{1p}^2 / (n_m D_{1m}^2)} \approx (n_p D_p = n_m D_m) \approx 1 , \tag{3}$$

使原、模型泵的叶轮进、出口水流圆周速度一致。

（8）必须遵守以下原则。①原、模型过流的材料表面相对粗糙度 Ra/d 相等和粗糙度 Ra 形状相似，使过流的水力摩擦系数 k_f 相等。图为水流的水力摩擦系数 k_f 与相对粗糙度 Ra/d 和 Re 数的关系，下图中 d 为过流圆断面的直径，Ra 为过流表面粗糙度，横坐标为水流的 Re 数，Re 数中的 v（m/s）为管内平均流速。当水流流态在粗糙紊流区时，k_f 仅与 Ra/d 大小有关：$k_f=f(Ra/d)$。②原、模型相对粗糙度不同时，水力摩擦系数不同，称为比尺效应。当水流在光滑紊流状态时，水力摩擦系数 k_f 与 Re 数和过流表面相对粗糙度 Ra/d 有关：$k_f=f(Re, Ra/d)$，Re 数不同时水力摩擦系数不同。③行业习惯模型试验可以降低水流流速，模型与原型的水流流速不同，有雷诺数效应。④行业习惯，试验用的模型水力装置中要求过流表面粗糙度与原型

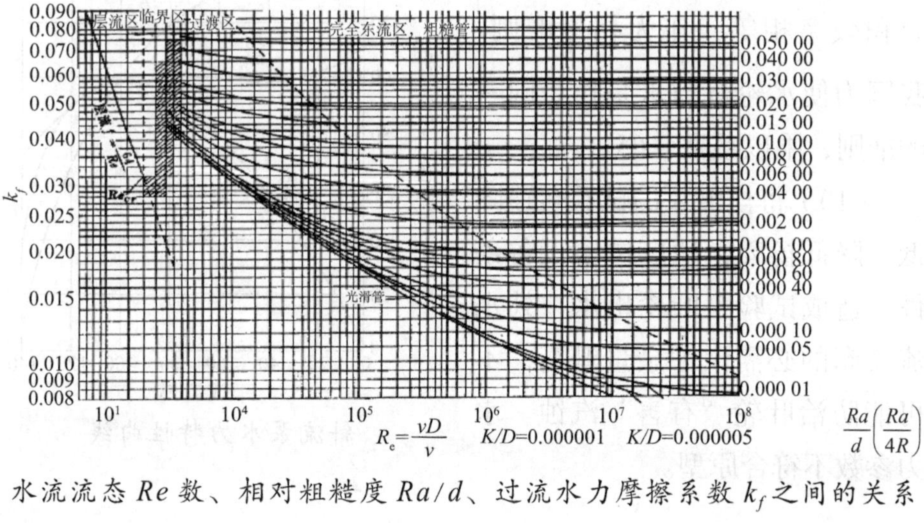

水流流态 Re 数、相对粗糙度 Ra/d、过流水力摩擦系数 k_f 之间的关系

按一定比例相等，有比尺效应。⑤模型是钢板焊接构件，过流表面粗糙度与模型表面粗糙度之比大得多，可见我国行业标准中泵叶轮的过流表面粗糙度原、模型之比在 2 左右，进、出水流道在 4 左右。因此，模型换算原型时的比尺效应和雷诺数效应都存在。⑥不要求原、模型各相似部位的过流材料相同，为设计模型选择材料提供了很大的选择余地。

表面最大允许粗糙度（单位：μm）

SL 140-2006		SL 140-1997	
叶片	1.6	叶片	6.3
叶轮体、叶轮室过流表面	3.2	活动导叶	6.3
导叶	6.3		
进出水流道	6.3	其他	25
其他	12.5		

注：模型泵叶轮外径 D_2=30mm

（9）转速相同的泵，虽然水力装置过流几何形状不相似，但是在比转数 $n_{spi}=3.65n_p\sqrt{Q_{pi}}/H_{pi}^{3/4}$ 相等时，最佳工况的水力效率和容积效率相等，作为相似准则。我国为使水轮机与水泵作为同一的准则，乘以系数 3.65。

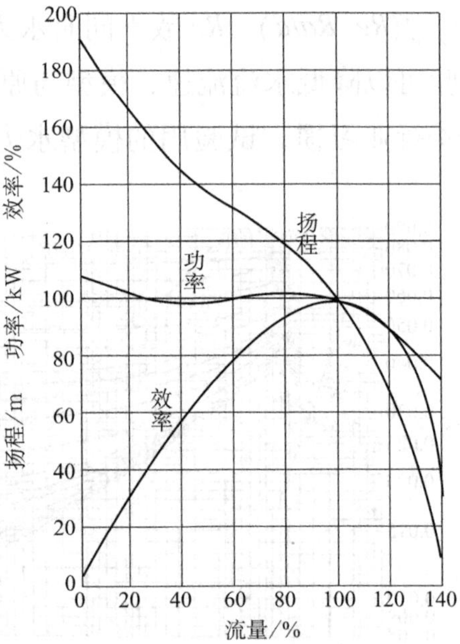

斜流泵水力特性曲线

（10）将模型泵的试验转速降低，降低扬程，适应试验设备条件，造成试验泵叶轮出水口处水流流态的必需汽蚀余量升高，不可能防治叶轮“有害”汽蚀。水力参数不符合原型。

三、各换算法及相似条件

（一）泵和泵站原、模型水力参数换算方法

由于泵内部水体运动很复杂，现行习惯求解是选用性能相似原型要求的模型泵，将模型泵水工模型试验成果换算成原型泵内部水体运动的水力参数。

（1）模型制作要求。①原、模型过流几何相似，线性比尺 $\delta_l=D_{2p}/D_{2m}$。②各部分表面相对粗糙度 Ra/d 按同一比例相等。③叶轮泄漏间隙比尺和进、出口形状与原型相似，泄漏水流摩阻系数与原型相同。如果能做到，表示水力参数可能相似；如果②、③点不能做到，若在模型试验成果中以人工消除比尺效应和 Re 数效应，会造成模型泵水工模型试验成果换算成原型泵内部水体运动的水力参数不相似。

（2）泵叶轮对水体作用产生的扬程和流量，取决于水力装置内部水流运动强度和流态。①如果原、模型水力装置的内部水流运动强度相同，泵的静扬程与叶轮出口直径 D_2 处圆周速度 μ_2 的平方成近似比例，即 $\mu_2^2=(\pi nD_2/60)^2$。由于扬程一定时，μ_2 几乎不变，圆周速度比 $[\mu]=n_pD_{2p}/(n_mD_{2m})$，因此原、模型泵的各工况 i 点各参数中两者静扬程 $\frac{H_{mi}}{H_{pi}}=(\frac{n_mD_{2m}}{n_pD_{2p}})^2$ 成正比。②两者过流流态为 $Sh=\frac{\pi D_2nD_2^2}{60\times4Q}=K\frac{nD_2^3}{Q}$ 数相同，各参数中两者流量 $\frac{Q_{mi}}{Q_{pi}}=\frac{n_mD_{2m}}{n_pD_p}\left(\frac{D_m}{D_p}\right)^2$ 成正比。如果它们成正比，表示水力参数可能相似。叶轮转数比 $[n]=n_{pm}/n_m$。与原型转数 n 相同的称为新模型。

（3）原型与新模型水力装置的过流水力效率相同时，泵扬程

与流量合成为 $\frac{Q_{\mathrm{pm}i}^2}{H_{\mathrm{pm}i}^3}/\frac{Q_{\mathrm{p}i}^2}{H_{\mathrm{p}i}^3}=\frac{n_{\mathrm{pm}}^4 Q_{\mathrm{pm}i}^2}{H_{\mathrm{pm}i}^3}/\frac{n_{\mathrm{p}}^4 Q_{\mathrm{p}i}^2}{H_{\mathrm{p}i}^3}$，两者相等，泵叶轮转速 $n_{\mathrm{pm}}=n_{\mathrm{p}}$，代表两者泵内过流的 $\frac{n_{\mathrm{spm}i}}{n_{\mathrm{sp}i}}=\frac{n_{\mathrm{pm}}\sqrt{Q_{\mathrm{pm}i}}}{n_{\mathrm{p}}\sqrt{Q_{\mathrm{p}i}}}/\left(\frac{H_{\mathrm{pm}i}}{H_{\mathrm{p}i}}\right)^{3/4}$ 相等。如果它们水力损失相似，表示水力参数可能相似。

（4）表示流道水流运动强度和流态的水力参数中含有损失，如 H_{p}、Q_{p} 和 n_{s} 中，但是没有明确损失大小。将损失大小进行计算，如果原型与新模型装置的过流水力效率 $\eta_{h\mathrm{m}i}$ 相同，则表示装置扬程参数 H 可能相似；如果装置容损失效率 $\eta\Delta_{q\mathrm{m}i}$ 相同，则表示流量参数 Q 可能相似；如果装置功率效率 $\sum\eta_{\mathrm{m}}$ 相同，则表示装置功率参数 P 相似。

因为泵内水力损失形成效率很复杂，根据模型泵的水工试验各工况 i 点的水力参数扬程 $H_{\mathrm{m}i}$、流量 $Q_{\mathrm{m}i}$、水力效率 $\eta_{\mathrm{m}i}$、汽蚀余量 $\Delta\eta_{\mathrm{sum}i}$ 等功能，从试验成果以黑箱方式人工确定各相同效率，计算原型内部水体运动的水力参数组成。从 $H_{\mathrm{th}i}$ 减去包有机组轴效率中叶轮圆盘摩擦损失 $h_{\mathrm{Afm}i}$ 的扬程损失 $H_{\Delta h\mathrm{m}i}$ 和容积扬程损失 $H_{\Delta q\mathrm{m}i}$ 得扬程 $H_{\mathrm{m}i}$，即 $H_{\mathrm{m}i}=H_{\mathrm{th}i}\eta_{h\mathrm{m}i}$，其中水力扬程效率 $\eta_{h\mathrm{m}i}=\eta_{\Delta h\mathrm{m}i}\eta_{\Delta q\mathrm{m}i}$，得新模型扬程 $H_{\mathrm{pm}i}=H_{\mathrm{m}i}[\mu]^2$。从 $Q_{\mathrm{th}i}$ 减去容积损失 $\Delta q_{\mathrm{m}i}$ 得流量，故得新模型流量 $Q_{\mathrm{pm}i}=Q_{\mathrm{m}i}[\mu]$。新模型效率 $\sum\eta_{\mathrm{pm}i}=\sum\eta_{\mathrm{m}i}[\mu]^{-1}$，其中 $\sum\eta_{\mathrm{m}i}=\eta_{\Delta h\mathrm{m}i}\eta_{\Delta q\mathrm{m}i}\eta_{\mathrm{Am}i}$ 由机组承担。构成 $H_{\mathrm{pm}i}-Q_{\mathrm{pm}i}$ 曲线。如下图所示，图中未表示新模型 $Q_{\mathrm{pm}i}-\sum\eta_{\mathrm{pm}i}$，$H_{\mathrm{pm}i}-P_{\mathrm{pm}i}$ 曲线（下标表示了性质、模型、泵、断面或工况点，如扬程 h、流量 Q、机组效率 A、泵原型 p、模型 m、新模型 pm 等）。机组轴效率由两部分组成：一是轴与轴承填料函间摩擦损失的效率 $\eta_{\mathrm{Am}i}$，其大小与转速改变的一次方成反比例，是功率损失，计入模型功率效率。二是泵叶片旋转与水流之间圆盘摩擦损失的效率 η_{Afm}，与转速的三次方成比例，是扬程损失，计入模型试验水力效率 $\eta_{\Delta h\mathrm{m}i}$，如果模型与新模型 $n_{\mathrm{pm}}=n_{m}$ 相等，圆盘摩擦损失

不变，组成新模型与原型扬程相同，新模型电动机效率 η_{Apm} 和原型电动机 η_{Ap} 的功率差别计入机组效率 $P'_{\text{p}i}=P_{\text{pm}i}\left(\dfrac{\eta_{\text{Ap}i}}{\eta_{\text{Apm}i}}\right)$。如果新模型转速与模型有改变，以模型 $\eta_{\text{A}f\text{m}}[\mu]^{-1}$ 换成新模型效率计入，使新模型扬程与原型扬程相同。仍以原、模型电动机效率的功率差别计入机组效率。

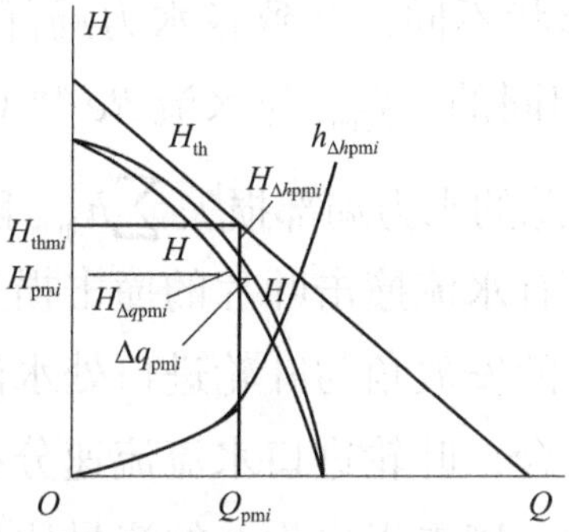

新模型 $H_{\text{pm}i}$–$Q_{\text{pm}i}$ 曲线

（二）新模型效率和原型的相似条件

泵新模型水力效率有功损失为

$$h_{\Delta h\text{pm}i}=\sum h_{f\text{pm}i}+\sum h_{\text{dpm}i}+h_{\text{spmo}}+h_{\text{Apm}i}$$

式中，$\sum h_{f\text{pm}i}$、$\sum h_{\text{dpm}i}$、h_{spmo}、$h_{\text{Apm}i}$ 分别为流道沿程各不同工况点的水力摩擦损失、各水力局部损失、泵叶轮进口有水流撞击叶片的撞击损失、泵叶轮旋转与水流之间圆盘摩擦扬程损失。

泵模型水力装置的水力损失，由于流道形状复杂，叶轮片承受水压力不同，过流流态不同，引起各水力损失的原因和性质不同，对其准确计算十分困难，故采用黑箱方法，由模型试验成果反分析计算各种水力损失。因为泵新模型的水力参数与原模型的差别仅 $[\mu]$ 不同，应先将模型试验的水力参数换算成新模型的。根据新模型的试验成果 $H_{\text{pm}i}$-$Q_{\text{pm}i}$ 曲线，得到 Re 数与流量、水流流态性质。新模型泵水力装置的各种水力损失都是自动计入试验所得的扬程、流量和功率参数中的。叶轮有功水力损失可概括为以下四个部分。

（1）流道沿程各不同工况点的水力摩擦损失 $\sum h_{fpmi}$ 随流量增减而增减。由于流道形式设计的不同，当水流处在粗糙紊流区时，水力摩擦系数 k_{fpmi} 应计入比尺效应；在光滑紊流区，应计入 Re 数效应和比尺效应。

（2）流道过程有弯曲、冲撞、放大、收缩等各种水力局部损失，是因为流道各局部形状不同，导致各水力局部损失系数 k_{dpmi} 不同，相似流道的 k_{dpmi} 是相同的。k_{dpmi} 与水流 Re 数对应的水力摩擦系数和相对粗糙度无关。总的水力局部损失 $\sum h_{dpmi}$ 随流量增减而增减。

（3）泵叶轮进口有水流撞击叶片的撞击损失 h_{spmo}。在最高效率点运行时，叶轮叶片的安放角与叶轮进口处水流的相对速度与圆周速度之间的夹角相符合，叶轮进口水流流速分布均匀度高，平均偏流角小于或等于 0 时，撞击损失为 0 的流量比最大效率点的稍大一些，可以认为此时撞击损失 $h_{spmo}=0$；自最高效率点流量向减小或增大方向移动时，水流撞击损失自 0 逐步增大；相似叶轮的撞击损失系数 k_{spmo} 在相同安放角时是相同的，可认为撞击系数 k_{smo} 是常数，与水流 Re 数和相对粗糙度无关，但随安放角不同而不同。水力撞击损失 h_{spmo} 随 $(Q_{pmi}-Q_{pmo})^2$ 而变。在最高效率点 o，$k_{spmo}(Q_{pmi}-Q_{pmo})^2=0$。

（4）泵叶轮旋转与水流之间圆盘摩擦扬程损失为 h_{Apmi}，该损失与叶型扭曲、叶片开度、过流水速、水流流态，以及叶片承受的正、负水压力、叶轮转速等有关，计入轴功率，与转速的三次方成比例。根据水工模型试验成果，计入模型电动机轴功率效率 η_{Apm} 中，反分析估计其水力损失，其为扬程损失，计入模型试验水力效率 $\eta_{\Delta hmi}$。

在运行时，不同工况点叶片出口与导叶进口的位置关系不变，水力损失计入阻力损失。有功扬程损失为

$$h_{\Delta hpmi}=\sum h_{fpmi}+\sum h_{dpmi}+h_{spmo}+h_{Apmi}$$

即

$$h_{\Delta h\mathrm{pm}i}=(\sum_{i=1}^{n}k_{f\mathrm{pm}i}l_{\mathrm{pm}i}+\sum k_{\mathrm{dpm}})Q_{\mathrm{pm}i}^{2}+k_{\mathrm{spmo}}(Q_{\mathrm{pm}i}-Q_{\mathrm{pmo}})^{2}+h_{\mathrm{Apm}i} \quad (4)$$

式中，$\sum_{i=1}^{n}k_{f\mathrm{pm}i}l_{\mathrm{pm}i}$ 为模型水力装置内水流沿程 i 截面计算长度 $l\mathrm{pm}i$ 的平均水力摩擦系数，其中 $k_{f\mathrm{pm}i}$ 在紊流粗糙区是常数，流道总长 $L_{\mathrm{pm}}=\sum_{i=1}^{n}l_{\mathrm{pm}i}$，在紊流光滑区，其随 Re 数而变，由试验得到；$\sum k_{\mathrm{dpm}}$ 为模型水力装置内水流沿程总水力局部损失系数，是常数；k_{spmo} 为模型水力装置在叶轮进口处的撞击水力损失系数，此系数随轮叶和导叶安放角度的改变而改变，在一定安放角时是常数。

模型水力装置由容积损失引起的在 i 断面的无功扬程损失为 $h_{\Delta q\mathrm{pm}i}$，试验时自动计入扬程损失中。

有功扬程损失加上叶轮内泄漏容积损失的无功扬程损失 $h_{\Delta q\mathrm{pm}i}$，得总的扬程损失为

$$\sum h_{\mathrm{pm}i}=h_{\Delta h\mathrm{pm}i}+h_{\Delta q\mathrm{pm}i} \quad (5)$$

试验时自动计入 $H_{\mathrm{pm}i}$-$Q_{\mathrm{pm}i}$ 曲线。

泵站水力装置是泵水力装置再加进、出水管的压力水流部分及其附属设备，附属设备包括闸门槽、拦污栅和断流装置等。在低扬程泵站，总的水力损失中这一部分占有较大比例。泵站进、出水压力管段的水力摩擦系数和局部损失系数 $\sum k'_{f\mathrm{d}}$ 可按泵流道同样进行水力损失计算；门槽、拦污栅和断流装置位于压力管外明流段，水流态动力相似准则不符合 Sh 数和 Re 数，在 $Re>10^6$ 时不进入自模区，应单独分开按 Fr' 数水流态计算，计入泵站工作扬程中。

（三）原、模型泵流量容积损失，无功和有功水力参数效率相似条件

泵所抽水从泵叶片后的压水区经转动的叶轮叶片与固定的转轮

室之间的间隙回到泵叶片前的负压区，它所引起的抽水量损失称为容积损失。习惯采用 0.1%D_2 作为叶片间隙控制标准，一般可从模型水工试验推算。模型容积损失 $\Delta q_{\mathrm{pm}i}$ 为

$$\Delta q_{\mathrm{pm}i}=k^{*}_{\mathrm{dpm}i}A_{\mathrm{pm}}\sqrt{2gH^{*}_{\mathrm{pm}i}} \tag{6}$$

式中，$\Delta q_{\mathrm{pm}i}$ 为模型在 $H_{\mathrm{pm}i}$-$Q_{\mathrm{pm}i}$ 曲线工况 i 点的容积损失；A_{pm} 为模型泵叶轮叶片与固定转轮室之间泄漏间隙的面积；$k^{*}_{\mathrm{dpm}i}$ 为模型间隙的水力摩阻系数，采用≥0.05%D_2 作为叶片间隙控制标准，必须由辅助水工试验确定模型叶轮内泄漏流态在粗糙紊流区和泄漏间隙的水力摩阻系数；$H^{*}_{\mathrm{pm}i}$=$H_{\mathrm{pm}i}+h_{\Delta q\mathrm{pm}i}$ 为模型在工况 i 点容积损失的有效扬程，其中 $h_{\Delta q\mathrm{pm}i}$ 为容积损失的扬程损失。

原、模型泵型相似，叶轮出口处圆直径 $D_{2\mathrm{p}}$ 和 $D_{2\mathrm{pm}}$ 尺度相似，泵叶轮前后吸水区和压水区的压力差相似，叶轮叶片部分与固定的转轮室之间的间隙宽度尺寸相似，水流流态相似。在压力起主要作用时，容积损失的相似条件是它们水流的 Eu 数和 Ra/d 相等，因 Eu 数与 Sh 数兼容，当原、模型水力装置比尺相似时，流道水流流态包括泄漏的水流流态在粗糙紊流区 $k^{*}_{\mathrm{p}f\mathrm{d}}$=$k^{*}_{\mathrm{pm}f\mathrm{d}}$，容积损失的等效率换算式为

$$\frac{\Delta q_{\mathrm{pm}i}}{\Delta q_{\mathrm{p}i}}=\frac{k^{*}_{\mathrm{pm}f\mathrm{d}}D^{2}_{\mathrm{pm}}}{k^{*}_{\mathrm{p}f\mathrm{d}}D^{2}_{\mathrm{p}}}\sqrt{\frac{H^{*}_{\mathrm{pm}i}}{H^{*}_{\mathrm{p}i}}} \tag{7}$$

辅助试验是从流道中拆去叶轮，改装无升力的平板圆盘，在同一转速下求在反向压力 $H^{*}_{\mathrm{pm}\,i}$=$H_{\mathrm{pm}\,i}+h_{\Delta q\mathrm{pm}i}$ 时的泄漏量 $\Delta q_{\mathrm{pm}i}$ 和水力摩阻系数 $k^{*}_{\mathrm{pm}f\mathrm{d}}$。

有时为了减少原型泵的容积损失，增加有效扬程，将原型泄漏间隙减小，造成原、模型比尺不相似，即使泄漏流态都处在粗糙紊流区，因容积损失 $\Delta q_{\mathrm{pm}i}$ 及其损失功率 $\Delta N_{\mathrm{pm}i}$ 不相似，导致扬程 $H_{\mathrm{pm}i}$、扬程损失 $h_{\Delta h\mathrm{pm}i}$、流量 $Q_{\mathrm{pm}i}$ 不相似。即使模型叶轮的内泄漏比

尺相似，如果试验中内泄漏水流流态在光滑紊流区，原型在粗糙紊流区，容积损失 Δq_{pmi} 及其损失功率 ΔN_{pmi} 都不相似，造成原、模型功率有功损失与无功损失的比例不相似，原、模型水力参数不相似。

（四）模型和原型水力参数换算中消除比尺效应的计算

在模型泵水力装置制作中，由于流道断面多变，做不到加工成流道过流表面相对粗糙度相等的水力装置，只能做到模型粗糙度与原型按一定比例相等，故每个工况点原、模型粗糙度 $Ra_{pi}/Ra_{mi}=\delta_{\Delta i}$ 与线性比尺 $\delta_{lpi}/\delta_{lm}=\delta_{li}$ 两者不相似，使相对粗糙度 Ra_{pi}/d_{pi} 与 Ra_{mi}/d_{mi} 不相等，k_{fmi} 和 k_{fpi} 不相等，有比尺效应。根据模型试验数据，在计算模型水力装置各断面的水力效率时，要采用各自符合该断面的相对粗糙度的水力摩擦系数计算。

（1）根据新模型 i 断面的扬程效率和流量效率，得到 Re_{pmi} 对应相对粗糙度 Ra_{pmi}/d_{pmi} 的 k_{fpmi}。

（2）计算 i 断面有功扬程损失 $h_{\Delta hpmi}$、无功扬程损失 $h_{\Delta qpmi}$ 及容积损失 Δq_{pmi}，计算模型泵的水力效率 H_{pmi}–Q_{pmi} 曲线。

（3）由于模型泵与原型比例相等的粗糙度，要再根据 i 断面的 Re_{pmi} 数按原型泵的相对粗糙度 Ra_{pi}/d_{pi} 得新模型泵的 k_{fpi}，计算新模型的有功扬程损失 $h_{\Delta hpmi}$、容积损失 Δq_{pmi} 及其扬程损失 $h_{\Delta qpmi}$。

（4）再计算新模型泵的水力效率。试验所得水力参数按不等效率换算成新模型的水力参数。再以新模型的水力参数按水工相似定律等效率换算成原型的水力参数，消除原、模型之间的比尺效应。

（5）如果换算前的各 Re_{pm} 与换算后的各 Re_{p} 都在粗糙紊流区，则换算完成。如果换算前的 Re_{pmi} 与换算后的 Re_{pi} 有在光滑紊流区，换算中有 Re 数效应，应再按下面（五）中所述方法计算。

（五）模型和原型水力参数换算消除 Re 数效应

在模型水力参数按水工相似定律换算到原型时，如果原型的水流流态有 Re 数显示处在光滑紊流区，则原型水流的摩擦阻力大于模型。必须人工消除换算中的 Re 数效应，使原型流道表面摩擦系数及其分布与模型的相同。

（1）原、模型泵都是输送水。试验用水相比原型送水的运动黏滞系数 v，比原、模型比尺小 $\delta_l^{1.5}$ 倍，即 $Re_{pmi}=Re_{pi}\delta_l^{1.5}$。因此，如果原型的水流流态 Re 数增大 $\delta_l^{1.5}$ 后都在粗糙紊流区，则消除了换算中的 Re 数效应。因为水流的摩擦阻力不变，所以一般所以不考虑 Re 数效应。

（2）试验模型水流流态经以上（1）处理后，如果仍有部分在光滑紊流区，则说明选用的模型泵不合适。

（3）按水工相似定律等效率换算后，将原型泵的水流流态及其分布状况复制到试验模型上作为泵新模型，采用黑箱方法按现行习惯由试验成果换算原型水力参数。

（六）新模型的水力参数与模型和原型的换算

（1）在模型试验参数中，将容积损失 Δq_{mi} 自动不计入流量；水力有功损失 h_{hmi} 和容积无功扬程损失 $h_{\Delta qmi}$ 都自动不计入扬程，在实测水力轴功率 $\sum N_{mi}$ 中除自动加入因泄漏的功率 $Q_{mi}h_{\Delta qmi}$，扬程自动计入 $h_{\Delta hmi}$ 和 $h_{\Delta qmi}$，流量自动扣除 Δq_{mi}。模型试验数记录中尚计入模型动力的轴功率效率 η_{Ami} 和轴功率扬程损失 h_{Ami}。

泵新模型设计点取作最高效率点：

$$\frac{H_{hpmi}}{H_{thmi}}=\sum\eta_{hpmi} \tag{8}$$

泵新模型 i 点试验扬程换算：

$$\frac{H_{hpmi}}{H_{hmi}}=[\mu]_{pm}^2 \tag{9}$$

泵新模型 i 点试验流量换算：

$$\frac{Q_{pmi}}{Q_{mi}} = [\mu]_{pm} \tag{10}$$

泵新模型 i 点试验功率换算：

$$\frac{P_{pmi}}{P_{mi}} = [\mu]_{pm}^3 \tag{11}$$

泵新模型 i 点试验机组轴效率按转速一次方与原型换算：

$$\frac{\eta_{Apmi}}{\eta_{Ami}} = [\mu]_{pm}^{-1} \tag{12}$$

（2）模型和原型水力装置比尺必须成正比，水流流态及其分布成正比，水力损失成正比，容积损失成正比，扬程、流量和功率成正比。泵轴有效功率 $\sum P_{mi}$ 和 $\sum P_{pi}$ 成正比。原、模型 i 点扬程效率相等（η_{hpi}/η_{hmi}=1）和流量效率相等（$\eta_{\Delta qpi}/\eta_{\Delta qpmi}$=1），机组轴功率也可先以相等（$\eta_{Api}/\eta_{Apmi}$=1）计算，再以实际 η_{Api} 配用。

原、模型水力装置相似的泵，是从泵的理论扬程 H_{th} 作为基准点计算各项水力损失的，它们的理论扬程 H_{th} 都是正比。因此，通过泵模型试验所得的 H_{pmi}-Q_{pmi} 曲线上的各项水力损失已自动从基准线扣除。当水力装置的相对粗糙度相等，水流流态都在粗糙紊流区时，可以不考虑比尺效应和 Re 数效应，它们过流部分中的各项水力损失各自正比，可以等效率正比换算原、模型水力特性参数。

扬程换算：

$$\frac{H_{pi}}{H_{pmi}} = \left(\frac{n_p D_{2p}}{n_{pm} D_{2pm}}\right)^2 \tag{13}$$

流量换算：

$$\frac{Q_{pi}}{Q_{pmi}} = \frac{n_p D_{2p}}{n_{pm} D_{2pm}}\left(\frac{D_{2p}}{D_{2pm}}\right) \tag{14}$$

功率换算：

$$\frac{P_{\mathrm{Ap}i}}{P_{\mathrm{Apm}i}}=\left(\frac{n_{\mathrm{p}}D_{2\mathrm{p}}}{n_{\mathrm{pm}}D_{2\mathrm{pm}}}\right)^{3}\left(\frac{D_{2\mathrm{p}}}{D_{2\mathrm{pm}}}\right)^{2} \tag{15}$$

功率换算中仅计入模型的轴功率效率 η_{Apm}，换算成在泵原型扬程 $H'_{\mathrm{p}i}$ 和功率 $P'_{\mathrm{p}i}$ 中应计入轴功率效率 η_{Apm} 和 η_{Ap} 之间的差别：

$$H'_{\mathrm{p}i}=H_{\mathrm{pm}i}\left(\frac{\eta_{\mathrm{Ap}i}}{\eta_{\mathrm{Apm}i}}\right)$$

在功率 $P'_{\mathrm{p}i}$ 中再计入机械损耗的安全系数 K。泵运行配套的动力机械功率 $KP'_{\mathrm{p}i}$ 为

$$KP'_{\mathrm{p}i}=KP_{\mathrm{Ap}i}\left(\frac{\eta_{\mathrm{Apm}}}{\eta_{\mathrm{Ap}}}\right) \tag{16}$$

式中，k=0.10～0.15。

泵站的进、出水管水流的压力水流可一并按上述方法进行原、模型换算，由于不是压力水流态的原、模型相似条件是 Fr 数相等，应单独分开计算，在换算后再计入它的沿程扬程损失。

四、泵和泵站的抗汽蚀性能研究

（一）汽蚀发生的部位及原因

泵和泵站的汽蚀主要是指叶轮叶片的叶型气蚀，叶片端部与轮壳之间的间隙汽蚀，导叶和进、出水流道表面的表面汽蚀，还有在进水流道中常可能发生的以振动和噪声为特征的脱流汽蚀等。

低扬程泵站泵的运行扬程较低，扬程变化幅度较大。泵在偏离设计工况运行时常会发生叶型汽蚀。根据叶型汽蚀在叶片上发生的部位，可分为背面头部进口汽蚀（区域Ⅰ）、正面头部进口汽蚀（区域Ⅱ）和背面中部向尾部出口汽蚀（区域Ⅲ）三种。汽蚀发生部位与运行工况的关系如下图所示。

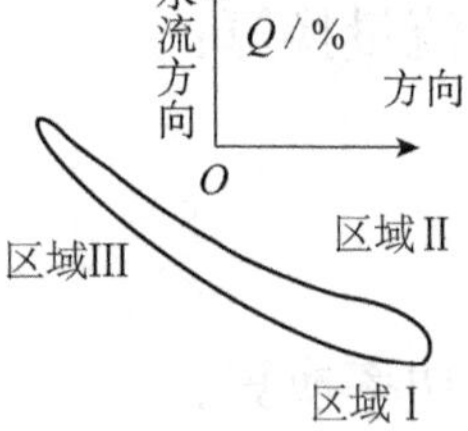

叶型汽蚀区域

当泵的运行扬程增高，运行工况自设计点向

小流量一侧移动，进入叶轮进口的水流对叶片的冲角增大，使叶片头部背面负压增大，负压部位发生汽蚀；如果进一步提高运行扬程，汽蚀可以自叶片头部背面向靠近轮壳的叶片根部发展，如图中的Ⅰ部位。当泵的运行扬程降低，运行工况自设计某点向大流量一侧移动，进口的水流对叶片的冲角减小而成负角时，造成叶片头部正面负压增大而发生汽蚀，如图中的Ⅱ部位。以上两种汽蚀发生时伴有振动和噪声，但只在偏离设计点较大时运行，这类汽蚀才发展显著，在汽蚀的部位出现表面材料剥蚀。

叶片背面中部发生汽蚀向尾部发展，如图中的Ⅲ部位，这类汽蚀发生在泵站泵装置提供的有效吸程 H_{sv} 显著不足，或泵的运行扬程降低较多，泵的必需汽蚀余量增大到超过装置提供的有效汽蚀余量时，汽蚀开始发生在叶片外缘中部；随着必需吸程超过装置有效吸程的增大，汽蚀自中部向尾部发展。这种汽蚀除了在发生时伴有振动、噪声和汽蚀部位出现表面材料剥蚀外，将引起泵的水力特性明显变坏，故称“有害”汽蚀。改进办法是减小叶型头部迎水流夹角，推迟汽蚀发生。

目前采用的泵站模型试验中主要存在下列问题。①模型水力试验时不可能把大气压力按模型比尺缩小，因此在大气压力中做模型试验，只有使模型泵叶片前吸入水面上的大气压力与原型相同，试验模拟与原型泵具有相同的可利用吸程，以防治“有害”汽蚀。②在模型试验中尚缺乏确定发现初生汽蚀的方法。汽蚀的发生有一个发展过程，在模型试验中按效率下降 2% 作为发生汽蚀的检验标准。低扬程泵的叶轮叶片宽度较大，事实上当泵的水力特性参数发生改变时，汽蚀已很严重。按振动或噪声判定也有困难。③汽蚀发生的部位不同、造成汽蚀发生的原因不同，危害程度不同，应采用不同的检验和防治方法。

（二）泵站叶轮安装高程及其“有害”汽蚀的防治

泵站建筑场地提供的泵叶轮叶片前吸入水面上大气压力的绝对压力值，称为吸程 H_{sv}。

$$H_{sv}=P_a-P_v$$

式中，为叶轮叶片前吸入水面上大气压力的绝对压力值，在地面高程为 0m 时大气压力为 P_a=19.33m² 水柱；P_v 为泵站建筑场地水的饱和蒸汽压力的绝对压力值，在 0℃时，饱和蒸汽压力为 0.33m² 水柱。泵装置提供的泵叶轮叶片前吸入水面上大气压力的绝对压力值，是由泵站场地和泵装置吸程共同提供的静吸程，包括吸程中水流摩阻损失，为泵装置的可利用静吸程 h_{sv}，可利用静吸程小于或等于泵装置中叶轮的实际静吸程。

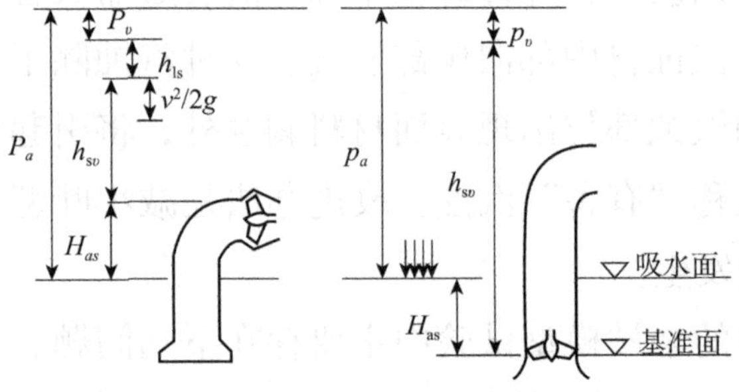

泵站的可利用汽蚀余量

泵和泵站的可利用静吸程 h_{sv} 如图所示，由式（17）计算：

$$h_{sv}=P_a-P_v+H_{as}-h_{ls} \tag{17}$$

式中，h_{ls} 为泵装置吸入管中的静吸程，灌注装置中 h_{ls}=0；H_{as} 为实际吸程；－为吸上；＋为灌注。

在水深处叶轮叶片发生汽蚀的地方开始出现从水中分离微小空气泡时称为初生汽蚀，发生空气气泡的地方不会出现表面物质剥落。此时叶轮叶片前必需的吸入水面上大气压力的最小绝对压力，满足泵站扬程、吸程、泵叶轮及叶轮前后的一切水力损失，称为泵的必需吸程 H_{sv}。不发生“有害”汽蚀的必需静吸程 H_{sv} 由式（18）计算：

$$\pm H_{as}=\frac{P_a-P_v}{\gamma}-h_{ls}-H_{sv} \qquad (18)$$

式中，$\pm H_{as}$ 为水平轴泵的实际吸程，为灌注；$-H_{as}$ 为立轴泵的实际吸程，为吸上。

考虑原、模型试验中大气压力不能按模型比尺缩小，故使原、模型泵的叶轮叶片前吸入水面上压力处在相同大气压力下。模型试验研究时采用泵机组转速 $n_{pm}D_{2m}$ 与原型转速 n_pD_{2p} 相等的新模型。由于吸上高程不能定量估计“有害”汽蚀发展程度，故采用汽蚀余量数值 Δh_{svpi} 在正常运行时等于或大于必需静吸程 $\Delta h_{svpi}\geqslant H_{svpi}$，如下图所示。

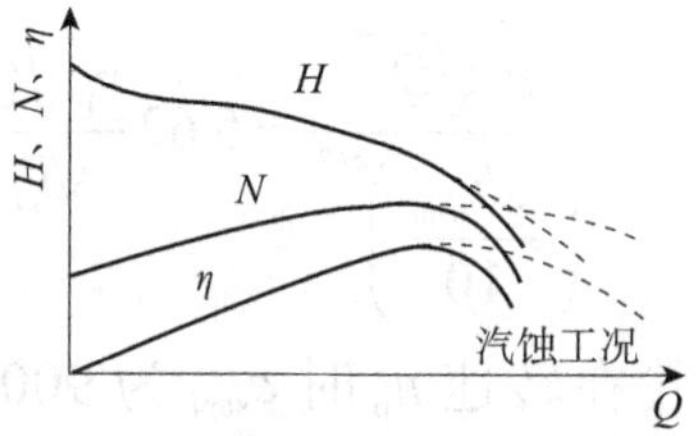

低扬程泵“有害”汽蚀影响水力性能曲线

泵装置不发生“有害”汽蚀的必需静吸程 H_{svpi} 与叶轮出口叶片某点水流圆周速度的平方 U_1^2(m/s) 有关，即 $H_{sv}\cong(U_1/2g)^2$。考虑原、模型试验中大气压力虽不能按模型比尺缩小，但汽蚀试验中大气压力已处于绝对压力值。泵水力装置经汽蚀模型试验提供的工况 i 点必需汽蚀余量 Δh_{svpi} 为发生“有害”汽蚀空化的条件，1935 年鲁德聂夫提出汽蚀比转数

$$S_{svpi}=\frac{n_p\sqrt{Q_{pi}}}{\Delta h_{svpi}^{3/4}} \qquad (19)$$

因转轮叶片汽蚀的汽蚀比转力 S_{svpi} 与水流比转数 n_{spi} 两者在工况 i 点泵转轮进、出口水流平均转速相同，水态 Sh 数相同，转轮叶片的汽蚀比转数 S_{svpi} 与水流比转数 n_{spi} 成比例，其比例系数为

$$\sigma = \left(\frac{n_{\mathrm{sp}i}}{S_{\mathrm{s}\upsilon\mathrm{p}i}}\right)^{4/3} \tag{20}$$

在工况 i 点系数，如 $\sigma H_{\mathrm{p}i}/H_{\mathrm{s}\upsilon\mathrm{p}i}=1$，表示低扬程泵在转速不变、扬程降低、流量增加时叶片背部必需汽蚀余量增加，在正常运行时泵站场地和泵装置的必需静吸程 $H_{\mathrm{s}\upsilon\mathrm{p}i}$ 等于 $\sigma H_{\mathrm{p}i}$ 不发生“有害”汽蚀。当 $H_{\mathrm{s}\upsilon\mathrm{p}i}<\sigma H_{\mathrm{p}i}$ 时，将发生“有害”汽蚀；随着 $\sigma H_{\mathrm{p}i}$ 增大，“有害”汽蚀由背面尾部外缘开始逐步向中部发展，水力特性参数逐步变坏。

1935 年鲁德聂夫提出汽蚀 $10^{3/4}$ 表示 $\Delta h_{\mathrm{s}\upsilon\mathrm{p}i}$ 从 $\mathrm{t/m^2}$ 改为 $\mathrm{kg/cm^2}$ 压力，以加大与原型机组相似叶轮在转速 n_{p} 时的模型汽蚀比转数 $=c_{\mathrm{s}\upsilon\mathrm{pm}i}$ 数值，提出公式

$$C_{\mathrm{s}\upsilon\mathrm{p}i} = \frac{n_{\mathrm{p}}\sqrt{Q_{\mathrm{p}i}}}{\left(\dfrac{\Delta h_{\mathrm{s}\upsilon\mathrm{p}i}}{10}\right)^{3/4}} = 5.62\frac{n_{\mathrm{p}}\sqrt{Q_{\mathrm{p}}}}{\Delta h_{\mathrm{s}\upsilon\mathrm{p}i}^{3/4}} \tag{21}$$

低扬程原型泵叶轮在转速 n_{p} 时 $c_{\mathrm{s}\upsilon\mathrm{p}i}$ 为 900～1000，保持汽蚀安全。原、模型各工况点水流汽蚀比转数 $c_{\mathrm{s}\upsilon\mathrm{p}i}$ 成为防止水力参数发生“有害”汽蚀换算的相似条件。

当泵的运行从设计工况最高效率点向大流量工况移动时，泵的 $\Delta h_{\mathrm{s}\upsilon}$ 值逐渐增大，“有害”汽蚀开始发生在叶片背面尾部，向背面中部发展，水力特性参数变坏。

1924 年托马提出的必需吸程与汽蚀余量比较式

$$\sigma= \frac{\Delta h_{\mathrm{s}\upsilon\mathrm{pm}i}}{H_{\mathrm{pm}i}}$$

被称汽蚀系数。此式不排除在转速、扬程、流量可能不同的情况下作比较，形成转速、流量可能不同而有相同扬程，以防止不发生“有害”汽蚀没有完成。

（三）其他部位的汽蚀

除“有害”汽蚀外，在定量稳定水流运动经过泵叶轮、导叶和

流道发生压力降，降到临界值的流动区域为汽蚀区。汽蚀可分为以下几类。

（1）脱流汽蚀，又称脱流旋涡：离开水流绕流部件表面发生自由旋涡时，当旋涡中心压力低于临界值时形成脱流汽蚀，脱流汽蚀严重时发生强烈振动和噪声。

（2）表面汽蚀：汽蚀还伴随材料表面的破坏，以及振动和噪声，严重时可能造成能量参数降低。叶型汽蚀就是表面汽蚀的一种。

（3）间隙汽蚀：主要发生在叶片端面与转室壁之间。间隙汽蚀发生在叶片端面与轮室壁之间，是在泵运行时水自叶片上面漏到叶片下面的高速回流造成的，这类汽蚀随着叶轮的工作扬程增高或叶片冲角加大，或者叶片端面与轮室壁之间的间隙减小而发生和发展，反之则减弱或消失；在扬程极小时该类汽蚀也可能发生，但危险性较小。汽蚀常破坏轮室壁，因为其材料的抗汽蚀性能一般比叶片材料的差。

（四）初生汽蚀的确定及其发展过程

汽蚀的发生有一个发展过程，低扬程泵和泵站采用模型试验在水力效率下降 2% 作为汽蚀发生的验测条件，而事实上低扬程泵叶轮叶片宽，在水力特性参数发生改变时，汽蚀已很严重了。

采用 PIV 技术和 CFG 技术研究泵和泵站流道中的汽蚀现象，用定量流动的图像测速是对水流运动现象的直接观测和表述，在水流深处出现水体分离出来的小气泡时认为初生汽蚀；在汽蚀区出现不稳定的蒸汽泡时，汽蚀区发生表面物质剥离，以研究限定汽蚀剥离速度；发展到断裂的水流图像直接观测，可能进一步揭示其汽蚀水流运动规律。

五、附例

20 世纪 70 年代，上海水泵厂设计了 6m 斜流泵：设计扬程 H_{th}=6.5m，Q_{th}=100m^3/s，叶轮圆周流速为 nD=436m/min，叶轮水流出口最佳工况点比转数 n_{spi}=209，D_2=5.7m，n=75r/min，配套电动机 P_p=7000kW。水力效率的有功扬程效率选用 $\eta_{\Delta h}$=0.940 和无功扬程效率 $\eta_{\Delta q}$=0.975，水力效率 $\eta_h=\eta_{\Delta h}\eta_{\Delta q}$=0.917，$H_p=H_{th}\eta_h$=5.96m，$Q_p=Q_{th}\eta_{\Delta q}$=97.5m^3/s。泵和电动机的轴功率效率 η_{Am}=0.970，泵效率 $\sum\eta_p=\eta_{\Delta h}\eta_{\Delta q}\eta_{Am}$=0.865。采用模型泵：$D_{2m}$=0.445m，$n_m$=980r/min。原型与模型泵的线性比尺 $\delta_l=D_{2p}/D_{2m}$=12.8，叶轮转速比 $[n]=n_m/n_p$=13.07，泵内水圆周流速比 $[\mu]=n_{pm}D_{2pm}/(n_mD_{2m})$=0.98。

（1）原、模型泵的结构过水断面形式相似，泵构件过水断面表面制作的相对粗糙度相同，泵构件的过水摩擦阻力相同，确定原、模型泵的水力效率相同。因原型泵的泵内水流流速相比模型的流速慢，原型的效率相比模型的小，将模型的水力效率系数换算成泵内水流流速与原型相同的模型称为新模型，再将新模型按与原型相同效率换算到原型的水力参数。①原型泵内水流流速相比模型的小 $[\mu]_{pm}$=0.98，将模型泵试验数据改变使之符合原型称为新模型的数据。②因泵用于皂河站，要求扬程为 7.0m，该站最优工况点要提高到扬程 7.5m，比转数为 n_{spi}=597，即水力比转数为 n_{spi}=166，原定水力效率要降低。③采用泵的运行工况点比转力 n_{spi}=198、166、64 计算，模型泵试验的效率都在上升阶段，n_{spi}=166 未到或已到最佳工况点。从水力比转数推测，在效率上升趋向平缓至最高点时为最佳工况点。④根据 6.5m 模型泵试验成果，模型泵在水力比转数 n_{smi}=166 时，将工况点水力效率降低。改用模型泵的泵叶片开度为 −4° 时水力有功扬程效率包括叶轮圆盘损失 $\eta_{\Delta hmi}$=0.900，无功扬程效率包括叶轮圆盘损失 $\eta_{\Delta qmi}$=0.975，水力效率 $\eta_{hmi}=\eta_{\Delta hmi}\eta_{\Delta qmi}$=0.878，模型有功扬程 $H_{mi}=H_{th}\eta_{hmi}$=6.2。新模型有功扬程 $H_{pmi}=H_{mi}[\mu]^2$=5.396m，有功

流量 $Q_{pmi}=Q_{mi}[\mu]\delta^2=97.5m^3/s$。模型泵和模型电动机的轴承填料函间摩擦损失的效率 $\eta_{Apmi}=0.970$，模型泵效率 $\sum\eta_{mi}=\eta_{\Delta hmi}\eta_{\Delta qmi}\eta_{Ami}=0.850$，新模型泵效率 $\sum\eta_{pmi}=\sum\eta_{mi}/[\mu]=0.869$。

（2）根据模型泵装置试验成果，H_{mi}、Q_{mi}、$\sum\eta_{mi}$、Δh_{mi} 计算值如表所示，表中 φ 为叶片开度。①同一模型泵因转力不同工况点改变。必须改变模型泵，才能改变最佳工况点。改变叶片开度值，可以增减扬程和流量。②模型泵和模型电动机轴功率效率仅计入 $\eta_{Am}=0.970$，皂河站水泵配套电动机是上海电机厂产品，电动机效率 $\eta_{Ap}=0.950$，原型泵组试验效率应计入泵站原型配套电动机与模型电动机相差 $\eta_{Am}/\eta_{Ap}=0.97/0.95=1.02$。表中原型泵组的试验参数应为 $\sum\eta_{pi}=\sum\eta_{pmi}/(\eta_{Ami}/\eta_{Ap})$，$P_{pi}=P_{pmi}/(\eta_{Am}/\eta_{Ap})$

模型泵装置试验成果换算原型水力参数

φ /(°)	H_{th} /m	Q_{th} /(m^3/s)	H_{mi} /m	H_{hpmi} /m	Q_{mi} /(m^3/s)	Q_{mi} /(m^3/s)	$\sum\eta_{mi}$	$\sum\eta_{pmi}$	P_{Api} /kw	n_{spi}	Δh_{mi} /m	Δh_{pi} /m
	—	—	7.5	7.20	700	115.0	0.858	0.878	9274	166	9.30	—
0	—	—	6.2	5.96	744	122.0	0.813	0.830	8528	198	9.00	—
	—	—	5.0	4.80	780	128.0	0.764	0.780	6935	262	—	—
	—	—	7.5	7.20	622	106.0	0.865	0.883	8420	176	6.50	—
-2	—	—	6.2	5.96	668	109.0	0.838	0.855	7396	208	7.10	6.84
	—	—	5.0	4.80	700	115.0	0.789	0.805	6720	252	8.50	8.20
	—	—	7.5	7.20	572	92.0	0.874	0.892	7277	163	6.30	5.86
-4	7.0	100	6.2	5.96	607	97.5	0.850	0.869	6553	194	7.25	7.00
	—	—	5.0	4.80	636	102.0	0.818	0.835	5523	254	8.10	7.80

（3）下表为皂河泵站试运行实测数据，表中 H_W 为水位，φ 为叶片开度。数据证实上表计算参数是准确的，适合原型机组。①试运行泵站的水力装置，相比试验泵，在进水流道口加了一道检修门槽并设有拦污栅，并在出水流流道口外加了长 25.56m 的扩散出水管、管末端有 2 道断流装置快速门门槽，故增加了水力损失。②泵

站模型试验中的最佳工况点不变。扬程 H_{pi}=5.96m，泵原型试验工况由 −4°改为0°运行，单机流量相比现行灌溉时可增加 Q_{pi}=24.5m³/min，但主机配套功率应加大到 P_{pi}=8.528kW。扬程 H_{pi}=7.2m，由 −4°改为0°运行，单机流量相比现行排涝时可增加 17.5m³/min，主机配套功率应加大到 P_{pi}=9274kW。③未改变上海水泵厂原定研制 6m 泵配套 7000 kW 电动机的计划。

皂河泵站运行实测数据

H_W		φ/（°）	H_{pi}/m	Q_{pi}/（m³/s）	N_{Api}/kW	$\sum\eta_{pi}$	备注
站上	站下						
23.04	18.06	0	4.08	98.5	5800	0.68	2# 机
23.03	19.50	−1	3.53	96.7	5250	0.64	1# 机
23.00	19.36	−4	3.64	78.4	4300	0.65	2# 机
23.00	19.36	−8	3.54	64.8	3300	0.69	2# 机
23.05	19.47	−1	3.55	39.7	3000	0.56	2# 机
—	—	−1	5.40	100.0	6620	0.80	试运行一年后验收实测
—	—	−2	5.40	93.5	6180	0.80	
—	—	−1	6.00	93.0	6600	0.83	
—	—	−2	8.50	60.0	6500	0.77	

注：出厂主泵的叶片开度将 −2°改为 0°。本表试运行叶片开度为 −2°，即为上表的 −4°数据；−1°即为上表的 −3°数据

（4）泵叶轮“有害”汽蚀性能及其水力转速比如下表所示。①计算装置提供的必需静吸程 $H_{svpi}>\sigma H_{hpi}=\Delta h_{svpi}$ 汽蚀余量。②如果扬程降低，流量增大，在转轮转速为 75r/min 的装置所提供汽蚀余量 Δh_{svpi} 小于叶片发生的 σH_{pi}，即装置必需静吸程 $H_{svpi}<\sigma$ 时，叶片发生“有害”汽蚀。③附例为斜流泵模型试验，斜流泵叶轮不发生汽蚀，原型运行已证实。轴流泵装置试验必需静吸程小于 2m 时可能发生“有害”汽蚀。

皂河第一泵站泵叶轮“有害”汽蚀性能及其水力转速比

φ (°)	H_{hpi}/m	Q_{pi} /(m^3/s)	Δh_{svpi} /m	S_{svpi}	n_{spm}	$\sigma=\left(\frac{n_{spi}}{S_{svpi}}\right)^{\frac{4}{3}}$	σH_{hpi}/m	备注
−4°	7.20	92.0	5.86	190.8	163.5	0.805	5.80	$\Delta h_{svpi}=\sigma H_{hpi}$、必需静吸程 $H_{svpi}>\sigma H_{hpi}$ 时，叶片不发生“有害”汽蚀
	5.96	97.5	7.00	172.2	194.4	1.180	7.03	
	4.80	102.0	7.80	162.2	234.0	1.630	7.82	
−2°	5.96	109.0	6.84	185.0	208.0	1.160	6.91	
	4.80	115.0	8.20	166.0	252.0	1.720	8.26	

六、结论

（1）泵运行时的水力参数极为复杂。现行以模型泵或模型泵站水工试验成果人工简化水力参数的扬程损失、流量损失、功率损失及汽蚀性能要力求符合实际，才能换算得符合原型的水力参数。

（2）要求原、模型水力参数相似。必须严格要求原、模型制作：①过流几何相似；②过流表面相对粗糙度 Ra/d 同一比例相等；③叶轮泄漏间隙比尺和进、出口形状相似。

（3）泵站泵装置提供的有效吸程 H_{sv} 显著不足，或泵的运行扬程降低较多引起泵的水力特性明显变坏的汽蚀为叶型的“有害”汽蚀，需要研究改进叶型几何解决。

（4）定量的稳定水流运动经过泵叶轮、导叶和流道发生某部位压力降，降到临界值的流动区域为汽蚀区。汽蚀伴随材料表面破坏、振动和噪声，严重时可能造成参数降低，需要拓宽 PIV 技术研究消除泵和泵站流道中的汽蚀现象。

内河航运船闸运行研究[①]

摘要：20 世纪 50 年代起设计京杭大运河 20 余座船闸。①内河航运规律是货物多类，船型多样，航运周转加快，航船大型化增大运输量。②船闸运行每次双向过闸时间等于或少于单向过闸时间，运输量比后者大一倍。③采用完全不对称引航道，如进闸航船停在引航道直线侧，闸室与闸首同宽，调顺航向侧移小，容易进、出船闸闸首。④保持舵效过闸，减少航船岸吸。⑤闸室宽按船宽相差 3 倍的大、中、小船宽排成 2～3 行，或大船排成 1 行。利用闸室墙纠正岸吸。⑥闸首宽要大于船宽与其航向调顺侧移，利用后倒缆抛船首操纵航船，缩短占用闸室调顺航向行程，增大闸室航船运输量。⑦利用闸室变速灌、泄水，加快航船过闸。⑧宜用闸室上、下闸门开、关连锁，左、右闸门开、关同步，避免事故。

关键词：内河航运；船闸运行；引航道；舵效；调顺航向；岸吸；后倒缆操纵船首

所有型式的通航建筑物与正常航道比较都有碍航作用，常用的船闸如何加大过船能力是内河航运枢纽建设中的首要问题。20 世纪 50、80 年代建设江苏京杭大运河 20 余座船闸，船闸运行有创新。

一、按内河船闸的特点研究航运发展

内河是航船来往于各大小相通的航道，不同货物种类的运输量是短途与长途调运，散货与集装箱搭配，多类船型如自航船、率引船队、顶推船队等，大、中、小不同吨位航船配合，发展成航运网。内河航运发展规律是航船周转加快，运输量增加，运输网扩大，货

① 原载于《江苏水利》，2014 年第 4 期。

物转驳减少。运输量增加促使航船大型化，加大过闸单船吨位可以提高过船闸运输量，但航船大型化要与运输量发展相适应。如果不符合内河航运运输网发展规律和发展需要，人为增大过船闸航船的单船运输量，后果是造成航船周转缓慢，货物转驳次数增加，转驳货物损耗增高，运输成本加大，不利于其他交通运输行业竞争，不利于水运行业发展，最终将造成萎缩和冷清。

1958 年江苏京杭大运河建设，船闸闸首宽 20m，闸室 230m×20m×5m，推行 2×2000t 顶推船队运煤，船队尺度为 185m×14m×2.8m，自航进、出闸室。20 世纪 80 年代初，经调查有 70% 货运量在两岸集散，航行船只来自全国九省一市，运河航运 30 年来有了很大发展。随着运输量的增加，航船大型化也在发展，1984 年续建工程因 1000t 船型加宽，闸室宽改为 23m，但 2×2000t 顶推船队没有发展，船体长达 185m，采用航船后倒缆甩首可以顺利过船闸，每次闸室航船增多，但它除运煤外很难参与其他货物运输，转弯时占航线宽，容易发生事故，不适用于河宽较小航道扩大运输网。

20 世纪 70 年代长江葛洲坝大船闸建设，水级 27m，船闸闸首宽 34m，闸室 280m×34m×5m，推广使用 1+9×1000t 万吨顶推船队，船队尺度为 264m×32.4m×2.8m，该型船队在长江航运中没有发展。葛洲坝大船闸是双线单级设计，各自双向过闸运行，也可各自单向过闸运行。30 多年后三峡船闸也按此万吨级船队标准，按双线连续 5 级船闸建设，总水级 113m，只能单向过闸运行，航船运行最长时间的某级闸室控制每级船闸运输量。

二、船闸运行设计

（1）船闸运行设计决定于船型、航船吨位和运输方式和今后多少年内货物运输量的增加。货物种类和运输量确定航船的不同吨位、不同船型。

（2）利用闸室墙纠正航船岸吸，维持航船顺利进、出闸室，闸室宽度一般设计按过闸室的小船能够排成3行，中船排成2行或小船与大船排成2行，大船排成1行。闸室长度要满足过闸最长船型，再加上最长船型在进、出闸室的航向调顺段长度，并满足保持该船运行所需的船行舵效纵距和船停惯性冲程，舵效纵距要满足闸室输水时过闸航船的安全停泊条件。

（3）闸室宜与闸首同宽，航船进、出闸首调顺航向侧移小。闸首宽要大于船宽加其调向侧移，使进、出闸首的航船不会与船闸闸门和闸墙摩擦。

（4）船闸运行方式有两种。①船闸运行灌、泄水1次，上、下闸门和阀门各开、关1次，有上行、下行双向航船过闸；②船闸运行灌、泄水1次，上、下闸门和阀门各开、关1次，只有上行或下行单向航船过闸。

（5）江苏京杭大运河1958年建设。①推广使用2×2000t顶推船队运煤，20世纪60年代建设，80年代调查，运输量70%在运河两岸集散，航船来自全国九省一市，船型各异，吨位不一。虽有为苏南、上海等地专项运煤任务，但2×2000t顶推船队很难参与其他货物运输，没有发展。②根据运河水级，采用分散单级船闸，每级船闸闸室上、下游都连接有航船交错导航的引航道和航道，船闸双向过闸运行，也可单向过闸运行。③推行航船保持舵效，调整航向进、出闸室，减少岸吸，顺利过闸。④推行操纵航船后倒缆抛船首，缩短闸室内2×2000t顶推船队调顺航向行程，增大每次过闸室运输量。⑤分散各级船闸双向过闸上行和下行航船各经停、过1个闸室，靠舵效慢速过闸，少发生岸吸，双向过闸有上行和下行引航道停靠航船2次行程，引航道内不会发生岸吸，船速可快。⑥连续多级船闸单向过闸是利用闸室充作引航道，出闸室又入闸室，经停1条航线、过1个闸室。⑦仅此比较，双向比单向过闸室多1次相同慢行长度和多2次过引航道停靠航船快行行程，但少1次相同闸室充、泄水时间。⑧关键是在船闸一定水级运行，连续多级船闸1次单向运行时间如等于或大于双向运行1次时间。航船双向过闸室次数比单向过闸多1次，运输量增加1倍。⑨1958年建成江苏运河船闸试运行航船每次双向过船闸时间要比单向过闸时间少一半或还少，每次船闸过闸运输量增加1倍或还多。⑩1984年江苏段运行船闸续建时，续建每级平行船闸，都用航船双向过闸运行。

（6）平面布置。①根据运河水级，采用分散单级船闸闸室上、下游都连接有航船交错导航的引航道和航道，双向过闸运行，也可单向过闸运行，如江苏京杭大运河船闸和长江葛洲坝船闸。②根据水级，采用连续多级船闸，除上、下游的闸室连接引航道和航道，其余每级船闸船室直接连接，不设引航道和航道，只可单向过闸运行，如南斯拉夫多瑙河连续2级铁门船闸和长江连续5级三峡船闸。

（7）引航道平面布置有四种形式。①完全不对称式，过船闸航船停在不对称直线岸侧。②完全不对称式，过船闸航船停在不对称曲线岸侧。③不完全对称式，过船闸航船停在不完全对称曲线岸侧，根据船闸中线与上行、下行引航道的中线平行相距连接确定引航道不完全对称形式。④完全对称式，过船闸航船停在对称曲线岸一侧，船闸中线连接上行、下行引航道中线。

（8）根据江苏京杭大运河航道条件，有以下几点。①交通部要求2级航道底宽70m，船闸上行、下行引航道的中线平行相距50m。②采用完全不对称式引航道，进闸航船停靠不对称直线岸侧。航船调顺航向进、出闸室，再调顺航向过引航道停船侧进入航道。③航船进船闸闸首时调顺航向侧移小，不与闸门和闸墙相撞或摩擦，容易过闸首，适应双向过闸和单向过闸。④例如《内河船闸前港布置准则》规定，采用完全不对称式引航道，进闸航船停靠不对称曲线岸侧，调顺航向入闸室。苏联船闸也用此型式。例如，应用在江苏京杭大运河大型船闸中线与上行、下行引航道中线相距25m连接。航船调顺航向出闸室经引航道停船直接进入航道。航船进船闸闸首时调顺航向侧移达 54m。适应不是顶推船队双向过闸。⑤江苏运河已建小、中型船闸取完全对称式引航道，船闸中线与上行、下行引航道中线直线连接，航船调顺航向进、出闸室侧移很小，引航道两侧各设停船区。

三、船行舵效、舵效纵距和船停惯性冲程

航船船速约在 0.5m/s 时，舵效（即方向盘）才能起作用，船开航到一定航速有一个延时，故从停到有舵效能保持航向运行有一个船行舵效纵距。20 世纪 50 年代江苏京杭大运河船闸设计时采用双向过闸。船停在引航道或闸室内离开闸首一定距离，要求航船经过调顺航向段达到闸首时舵效已起作用，顺着闸首的中心航线保持航向进、出闸首，过闸时船行慢速，经过闸首，进入闸室，航船与闸门或与已停靠在闸室内的船只少碰撞，少摩擦闸室墙。在闸室内，船车机停后淌航或再倒车减小船行惯性冲程，冲速减小后由系船设备将船停靠在指定的位置，费时少。出闸时航船经调顺航向段，保持航向顺着闸首的中心航线出闸，到引航道停船处，再经调顺航向快速错过停船后顺着航道中线驶入航道。

航船的船行舵效纵距和惯性冲程要实测确定。航船在进、出闸首预留的航行行程要大于它对准航向的调顺段行程，要大于能够实现保持航向运行的船行纵距和惯性冲程，舵效纵距又要大于输水时过闸船舶的安全停泊条件。

四、航船岸吸

航船进入闸室有一定航速时，如航船的船体靠近闸室墙一侧，排水流速加大，水面降低，船体一侧所受的水压力减小，船体靠拢碰撞闸门或摩擦闸室墙；如另一侧所受的水压力小，则靠拢碰撞停在闸室内的航船，称为岸吸。因为闸室与航船比较船行的断面系数

小很多，闸室为有限水域，船的航行阻力大，船行纵距和停船冲程都大，船在闸室内空位小，容易发生岸吸，在过大船或船速快时更容易发生。

五、航船后倒缆抛首操纵、航船航向侧移和调顺航向行程

1958 年江苏京杭大运河船闸建设，研究在航船进、出闸室时有以下几点。①航船有舵效，保持航向过闸，在闸室内航船行驶可减少岸吸，船车机停后淌航或再倒车减小船行惯性冲程，安全停靠。②要顺利进、出闸首不与船闸闸门和闸墙摩擦，如要过闸首的航船顺直，需调顺航向运行行距的近似计算 $l_1 = l_c\cos\alpha + 2R_1\sin\alpha \approx \sqrt{l_c^2 + c(4R_1 - c)}$，式中，航船停时与航行时轴线调顺侧移相当航船调顺航向角 α，$\alpha=\cos^{-1}c/l_1$，开始直向、后斜向、再直向运行，船长 l_c，在进、出船闸运行航船调顺航向转角行程按转角慢速转弯半径 R_1，近似取 $R_1=3l_c$ 计算，在引航道运行按转角快速转弯半径 R_2，近似取 $R_2=6l_c$ 计算，最后要经航船试运行确定。③在静水中采用航船后倒缆操纵航船船首调顺角 α 航向，在开始调顺航向船体斜向运行，到船尾时船体顺直，与近似公式计算值 l_1 比较少一次弯道航向角移行程，调顺航向行程 l_1 短。④在闸首口宽等于过闸船宽加侧移与两岸间空隙时，进、出闸室船体不蹭撞闸门和闸墙。为安全计 l_1 仍按近似公式计算。⑤停船调顺航向侧移如小于与在闸首口宽处船体的可能斜向，航船航尾不碰撞闸门和闸墙。⑥调顺航向的船行程 l_1 可以不计入闸室长 l。⑦如 l_1 加上船行纵距和惯性冲程比闸室长 l 短，航船能安全运行进出闸室。⑧研究操作：顶推船队具有船尾贴靠闸室墙的条件；在静水中；留有向前头缆和向前后缆各一条，前缆滞松，倒车扬出船首调顺航向角 α；解除前、后缆，向前运行；再调顺航

线航向航向，角 $\alpha \to 0$ 向出船闸航线安全出闸室。在静水中航船后倒缆操纵船首调顺航向示意如下图所示。

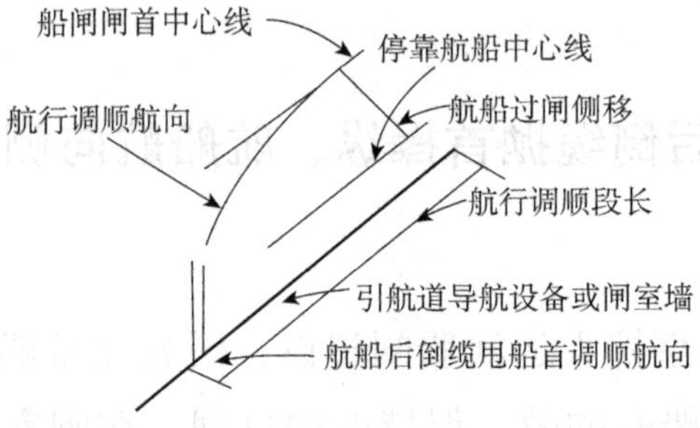

航船后倒缆操纵船首调顺航向示意

按 2×2000t 顶推船队长 l_c=185m 考虑，航船运行进、出船闸闸首时，要求船行变速从 0 加大到慢速 0.5m/s 过闸，此时舵效已起作用。

（1）采用完全不对称引航道，进闸航船停在引航道直线侧，运河航道过每一船闸上、下游航线平移 40m 或 50m，可能有困难。①航船在引航道停船处曲线调顺航向后直线进入闸室，进闸首时航船中心线到闸首中心线航向侧移 c=30m，船调顺航向角 α 极小，调顺航向行程长度 l_1 为船长加航向侧移曲线的慢速弦长，简化计算得 $l_1 \approx$202m。②船室长 230m，采用后倒缆抛首调顺航向行程中不计入船长的调顺航向行程得 $l-l_1 \approx$28m$<l-l_c \approx$45m，航船船尾进闸首船体已顺直，与闸首岸墙间隙有 3.0m，满足航船调顺航向运行的船行纵距和惯性冲程，可以安全过闸。③ 1984 年运河船闸闸室宽改为 23m，出闸首时航船中线到闸首中线航向侧移 c=4.5m，因简化计算得 $l_1 \approx$210m，不计入船长 $l-l_1 \approx$20m$<l-l_c \approx$45m，航船船尾出闸首船体已顺直，与闸首岸墙间隙有 1.5m，实现航向运行的船行纵距，可以安全出闸。④航船按闸首中线出闸，要调顺航向侧移 c=37m 驶入出行航道避开靠停在引航道直线岸侧待航的顶推船队，调顺航向行距 $l_1 \approx$339m。两船间距 16m，相当航道上、下行两航线相距 24m。安全驶入航道。⑤出船闸航船要调顺航向避开停靠待进闸航

船，简化进闸室靠船直线净长 185+339+185=709m。⑥计入进闸首船长调顺行距进船闸和不计入船长调顺行距出船闸可以双向运行。

（2）采用完全不对称引航道，进闸航船停在引航道不对称曲线岸侧，运河航道过每一船闸上、下游航线平移 40m 或 50m，可能有困难。①从停船中线与进入闸首航道行船中线曲线侧移 c=53m，进船闸计算得 l_2≈386m。②出闸室调顺航向曲线侧移 c=4.5m，简化计算得 l_1≈210m＜230m，直接出闸首有富余长 l_{1c}≈20m＜45m，可以安全出闸。③计入进闸首船长调顺行距的进船闸和不计入船长调顺行距的出船闸可以双向运行。④航船停船区到闸首引航道直线长计入进闸首调顺长度的靠船直 386.1+185≈571m，比 (1) 减少 138m。

（3）采用不完全对称引航道，过船闸航船停在不完全对称曲线岸侧，曲线侧宽 14m。①运河航道过每一船闸上、下游航线相距 22m。②进船闸航船运行侧移 c=17m，计算得 l_1≈267.7m。③为避开进闸航船侧移 23m 航道航行中线，计算得 l_2≈368.5m。④航船停船区到闸首引航道直线长计入进闸首调顺长度的靠船直线 185+368.5+185=738.5m。

（4）采用完全对称引航道，进闸航船停在引航道完全对称曲线岸一侧，运河航道过船闸上、下游航线顺直：①航船出船闸闸室的航行中心线与停船中心线侧移 c=28m，计算得 l_2≈2375m。②航船可以直线出船闸闸室入航道中线。③保持航船中线直线出闸，与进闸停船两侧相距离 14m。调顺到航道出闸航线。④简化双向过闸进闸室靠船直线净长 375+185=560m。⑤出闸室调顺航向曲线侧移 c=4.5m，l_1≈210m，船体斜向可以出闸室。⑥计入进闸首船长调顺行距的进船闸和不计入船长调顺行距的出船闸可以双向运行。

六、单向过船船闸不适合内河航运，运输能力比双向过船船闸小 1 倍以上

三峡船闸和葛洲坝船闸都是内河航运船闸，各闸室的尺寸相

同，闸室的平均水级数值相同，但采用的运行方式不同。葛洲坝船闸是单级船闸，按双向过闸运行，也可单向过闸运行。三峡船闸是连续多级船闸，只能单向过闸运行，2003年建成通航之初三年记录统计，每年经葛洲坝船闸双向过闸运行的货物，要加用30万辆次汽车驳运过三峡船闸，后改为正式驳运公路。近年便于汽车驳运，发展集装箱运输，增大船型，如用比原来运行航船大约2倍吨位的集装箱船运输，葛洲坝船闸的运量中要用汽车驳运过三峡船闸的约增加2倍。报载2013年长江年运输量已达19.2亿t，三峡船闸运行以来，年运输量2013年为1.03亿t，2014年为1.09亿t。江苏运河货运t/km平均0.1元，是公路货运的1/4，铁路货运的1/2。三峡枢纽航船周转相比缓慢，现实运输量增加很少，或由于汽车驳运，增加水运运输费用，也可能驳运公路容量不够，增大水运运输量不能实现。

葛洲坝船闸运行水级在20～27m，在双向过闸时间等于或少于三峡枢纽相同水级某级船闸1次单向过闸的时间，它航船双向过闸运输量比三峡船闸单向过闸增加1倍或年运输量增加1倍以上。如果三峡船闸按分散几级船闸建设，双向过闸运行，运输量与葛洲坝船闸相同，以航船运行为最长时间的某级闸室控制每级船闸的运输量增加。分散几级三峡船闸的总过闸时间比葛洲坝船闸过闸时间加长几倍，但运输量相等，年运输量不会有多大减少，这是内河航运发展之路。

内河船闸运行运输量研究：① 20世纪60年代江苏京杭大运河船闸试运行以同一船闸在同一水级双向过闸运输时间与单向过闸运输时间相同或稍短，证实运输量可增加1倍或更多。② 1972年4月交通部召开葛洲坝船闸人字门设计会议，张体学指挥曾主持讨论连续2级船闸设计方案。因2级船闸运输能力比单级船闸小一半而否定。③ 1976年《西德内河船闸前港布置准则》规定，船闸双向过船运行，采用完全不对称引航道，过船闸的航船停在不对称引航道曲线侧，调顺船向曲线进闸室，放大4～5倍成调顺行程直线长 l_1，即 l_1=64～80m进闸首，出闸调顺船向已满足，刚性连接顶推船队要直线进闸室。不介绍连续多级船闸。④米哈依洛夫《船闸》1957年中译本说明当时苏联船闸上行货物多于下行，以每天双向过闸和单向过闸之和计算船闸运行运输量，船闸运行平衡上行、下行航船数是双向过闸。不介绍连续多级船闸。⑤我国《船闸设计规范（试行）》（JTJ 287-266-87）按停船区宽度放大5～6倍确定调顺行程直线长 l_1，不介绍连续多级船闸。⑥《长江三峡、葛洲坝水利枢纽通航建筑物总体布置研究》葛洲坝船闸双向过闸开闸总次数相等，过船总次数相等，即上行、下行过船运输能力可以相等。长江三峡水利枢纽通航上行、下行过船运输应配合葛洲坝船闸运行可以相等，三峡船闸应设计分散单级船闸，双向过闸运行。

七、闸室变速灌、泄输水

京杭大运河船闸一期和续建工程运行采用闸室变速灌、泄输水设计，加快了船闸运输速度。闸室变速灌、泄输水管道中水流流速的摩擦阻力系数 k_f 与输水管断面的相对粗糙度 Ra/d 和水流流速 Re 数有关，粗糙度 Ra 表示流道表面不平的高度，d 表示圆管直径。如果在同一管道中 Re 数较大，表示水流流态在粗糙紊流区，即使水流流速不同即 Re 数不同，k_f 也相同；如水流流速较小，表示水流流态在光滑紊流区，如水流流速越小即 Re 数越小，k_f 越大。当输水管内水流流态在光滑紊流区，将输水阀门的开门速度加快，不仅阀门输水流量增大，而且管道中的摩擦阻力系数 k_f 减小，减少闸室灌、泄输水时间较多。1959年京杭大运河船闸设计输水阀门的开门变速为1∶2，1989年无锡市犊山水利枢纽船闸为1∶3，缩短了闸室灌、泄输水时间，缩短航船过船闸时间。

八、上、下闸首的闸门和阀门开关连锁，同一闸首人字门或阀门开关同步

闸门和阀门运行的电气开关控制设手动和自动，通过切换选择，实现现场分散操作和控制室集中操作。上闸首的闸门和阀门开、关与下闸首的电气自动连锁，防止误操作。京杭大运河船闸各人字门启闭机电机的转子带共享电阻 1∶2 变速电轴同步拖动。无锡犊山船闸的闸门启闭机是电机转子带共享电阻的异步变频机和双馈机的 1∶3 变速电轴同步拖动，由主电机实现电轴调速，在停机时断开主电动机接线后三相整步，使电轴牵着电机同步停机，起动时再整步定相，不因多次开关闸门而产生相位角差累加。

九、内河航运船闸不适宜装用岸牵引设备

内河运河航船船型多样，主要有顶推船队、牵引船队与自航船三种方式，船行繁忙。使用设备牵引整座闸室的多型航船，过闸牵引力大。在过闸前组成船队，过闸后调整航向错过待航进闸船队后，再分开自航，过闸时间要增长。组成和解开过船闸牵引船队矛盾多，用时长。发展调配牵引运行矛盾多。在静水中采用操纵航船后倒缆甩首调顺航向过闸首，闸首口宽大于船宽加调顺航向侧移，调顺航向航段要求很短，不影响过闸室航船运输量。内河船闸货运量大，一般要求上行和下行航船数量平衡，船型数类与货物类别运输匹配。

十、内河航运应用分散单级船闸，双向过闸运行

内河船闸设计：①航船应控制航向进、出船闸，提高运行安全。②采用分散单级船闸双向过闸运行，保持上行和下行航船数量平衡。③分散单级船闸双向过闸运输量与连续多级船闸单向过闸运输量比较，每次过闸增加一条航线，在一般内河水级，每次运行过船闸的

运输量相比增加一倍。④连续多级船闸单向过闸，将航船组成几与闸室同宽同长大型顶推船队直接过闸，减少航船过船闸的行程长度和时间，期望增大闸室过船数量。不利用舵效、调正航向过闸运行，多发岸吸事故，降低航船过船闸的安全。⑤组成船队替代多样船型和多样货物运输，不适合内河航运，形成进闸前组成船队，过闸后拆散船队，用时更多。⑥推广航船过船闸运行使用后倒缆抛首调顺航向，减少航船过闸前调顺航向行程，增大闸室过船数量。⑦如水级很高的山区枢纽，依地形只能布置连续多级船闸，实行单向过闸运行，即使航船利用舵效、后倒缆和顺序过闸运行，与分散单级船闸比会更慢。⑧ 20 世纪 70 年代，法国创新设计双向运行“水坡式”节水船闸，替代山区连续多级船闸运煤。世界各国从此时起未有连续多级船闸建设的报道，只有为提高运输量而拆多级连续船闸，改成分散船闸。⑨内河航道是航船双向运行的河道，双向过闸的船闸发展与航道航行一致，采用分散多级船闸由单线向双线发展建设比连续多级船闸发展容易做到。⑩从船闸运行方法的任何改进，如发展集装箱运输、增大船型、双向过闸的收益都比单向过闸的收益多一倍，内河航船运行的改进，既适合单向过闸，又适合双向过闸，不可能提高单向与双向过闸船闸运输能力的对比值。

发展长江三峡枢纽水运，解除三峡船闸要汽车驳运货物，合理的处理方法是改建三峡船闸，使它的航运条件与葛洲坝船闸相同，为双向运行船闸。并使三峡船闸和葛洲坝船闸每级闸室运行的灌、泄水时间相同，控制每级船闸过闸运行时间相同，每级过船闸运输量相同。

南水北调工程规划布局商榷[①]

摘要：南水北调工程是从长江分东、中、西三条线路调江水到淮、黄、海平原，增加它们的水资源。根据江苏江水北调工程四十余年的建设和运行经验，对该工程的规划和布局提出一些探讨和建议：根据江水北调工程实际运行情况采用反问题方法求解水量平衡；城市工业用水与农业用水两者要求不同，应从用水的各自特点和环境条件顺其自然规律来分别处理；黄河的悬河是我国最大潜在水患，利用中线北调江水冲刷和输送黄河淤沙，综合利用江水治理黄河水少沙多的问题；渠化汉江，节省汉江现需的绝大部分航运用水（94 亿～154 亿 m^3/a）用于增加中线的北调水量等。

关键词：水资源；南水北调工程；工程规划与布局；综合利用

一、南水北调，增加黄、淮、海流域水资源

我国水资源总量为 28 100 亿 m^3/a，居世界第六位，但人均占有量约为 2163m^3/a，不足世界人均数量的 1/4，被联合国列为 13 个贫水国家之一。我国水资源大部分是洪水资源，排入海洋和邻国的达 23 100 亿 m^3/a。我国同一河流的平均年径流量在年际之间可相差 3～8 倍，有时更大。一年之内约占全年 75% 的雨量集中在 6～9 月，洪、旱灾害频繁。特别是水、土资源在地区之间的组合严重不均匀，全国 81% 的水资源分布在长江及其以南地区，该区的人口占全国的 53.5%，耕地面积占全国的 36%；黄、淮、海流域的水资源仅占全国的 7.5%，而人口占全国的 34.8%，耕地占全国的 39%，人

① 原载于《江苏水利》2001 年第 10 期。

均水量分别为 692m^3/a、494m^3/a、341m^3/a；亩均 381m^3/a、421m^3/a、251m^3/a。长江流域水资源人均 2189m^3/a，亩均 2620m^3/a。南水北调工程是从长江下、中、上游分东、中、西三条线路将长江水调到黄、淮、海平原，增加水资源。

二、对江苏省江水北调工程的一些认识

南水北调东线工程规划是在江苏省江水北调工程基础上扩大延伸而成的，下面是对江苏省江水北调工程的一些认识和体会。

（1）江苏省江水北调工程是成功的，调水增加了江苏淮河流域缺水区的水资源，使苏北地区经济发展较快，粮食连年增产，江苏的南粮北运改变为北粮南运。

（2）1959 年为扩大运煤能力，整治京杭大运河苏北段成为二级和三级标准航道，有条件作为输水主干河道，使江水直接抽入运河北调，不侵占洪泽湖库容，充分利用该湖库容调蓄淮河来水，减少弃水。必要时调水又可由运河进入洪泽湖，增加在农业大用水前蓄水量。又可避免经洪泽湖调水的弊端：旱年农业大用水期间发生该湖干涸时，短时间调入湖的江水抬不高水位而无法调出；洪泽湖枯水如遇沂、沭、泗等河多水，可经运河调水南入洪泽湖，实现淮、沂互补；所有泵站都可结合排涝，效益显著；遇到旱年调长江水补充航运和电厂用水。江水北调工程是苏北地区灌溉、排洪、调度输水、排涝、航运等综合利用的工程，多方受益。

（3）江水北调工程是逐年形成的，到现在尚未完成。1954 年淮河大洪水，苏北地区没有发生防洪大堤决口，但内涝十分严重；1956 年淮北大涝，为提高农作物抗涝能力和增加产量，在淮北地区推行旱作物改种水稻，北调洪泽湖淮水补充淮北水源。1958 年秋提高洪泽湖蓄水位到 ∇13.50m，增加灌溉用水量，因安徽省反对，增蓄的湖水当年放掉。1959 年淮河大旱，淮河中游打坝，入洪泽湖断

流 108 天，苏北农田大面积失收。淮河来水不可靠，1960 年建江都抽水站，抽江水补淮水不足，开始时是为原有淮水供给的里下河地区及其以东沿海垦区的农业补充水源的。淮河中游废坝建蚌埠闸，1959～1980 年，旱年蚌埠闸关门断流 15 次，累计 930 天，洪泽湖多次干涸，因而抽江水工程规模逐年扩大，向北延伸。

江苏省江水北调工程泵站装机现状

梯级	站名	抽水流量 / (m^3/s)	装机容量 /kW	装机数量 / 台
一抽江	江都站	400（装机 478）	51 400	33
二 -1（进洪泽湖）	石港站→	（130）→	13 200	240
	蒋坝站	130	14 300	260
二 -2-1	淮安站	250	19 800	12
二 -2-2（可进或不进洪泽湖北调）	淮阴站	120	8 000	4
	越闸站	111	15 880hp	143
	淮阴二站（在建）	100	7 800	3
三（出洪泽湖北调）	泗阳站	166	15 600	22
	徐洪河沙集站	50	8 000	5
四	刘老涧站	150	8 800	4
	支线井儿头站	80	10 300hp	80
五	皂河站	200	14 000	2
六	刘山站	80	9 460	82
七	介台站	50	6 160	22
八（可进或不进下级湖）	沿湖站	30	2 100	20

（4）洪泽湖和骆马湖的调蓄库容汛期现状为 24.30 亿 m^3，非汛期为 37.40 亿 m^3（据淮委最近核实现状两湖调蓄库容汛期为 19.60 亿 m^3，非汛期为 29.00 亿 m^3）。供水调度是在农业大用水前保持或补足两湖处在最高蓄水位，根据水情，水稻用水开始时先用江水或降低洪泽湖蓄水位到汛期控制水位的余水，当不能满足时再动用两湖蓄水补充。在抽江水量加上两湖存贮的蓄水量不能满足用水要求时，出现两湖湖水干涸。自 1974 年以来两湖存贮水量用到低于死水位的年份洪泽湖占 54%，骆马湖占 67%，此时大面积农作物受旱，说明现有的抽江水能力尚不足以应对较大旱情。20 世纪 80 年代以

来就一直计划扩大抽江水能力到 600m³/s。因淮委坚持要先抽江水入洪泽湖，再由洪泽湖北调，因此局面未能根本改变。由于淮河年径流年际之间丰、枯变幅极大，旱年是春旱接夏旱的机遇很多，上、中、下游丰枯几乎同步，从 1959 年开始，旱年淮河干河上蚌埠闸关门，滴水不入洪泽湖。如果农业大用水时先用洪泽湖蓄水，可以腾出库容，接受后来下泄的淮水，但如果淮水不来，只有抽江水量更不能满足水稻大用水的需要。多水年份都是洪水下泄，无处存储，只能排泄入江、入海，很难成为水资源。故淮河来水不可靠，调水水源只有依靠长江。

（5）江水北调工程是旱年专为农业补充水源的，抽江水时间多年平均约为 2000h/a，近十年平均每年抽江水约 37 亿 m^3，大旱年可达 60 亿～70 亿 m^3。遇到大旱之年如 1978 年江都站连续开机 222 天，1998 年抽江水开机 130 余天，1999 年抽江水开机达 286 天。因为江水北调工程抽江水的开机时间是由受水区的用水量、气候条件、流域来水、两湖库容和它们与农作物用水量之间的时空关系共同决定的，由于两湖库容的限制，加长抽江水时间所增加抽的江水没有地方存放，达不到在农业大用水时增加用水量的目的。故要增加农作物可用水量，只有增大抽江水的能力。

（6）农业用水是有季节性的，在农作物非灌溉期内，一般用水量不大。但在水稻灌溉期内，短时间用水量很大。在规划农业用水量中就有灌溉保证率，允许遇到超标准旱年发生旱灾。农业抗旱一旦供不上水，就会减产甚至失收。而工业和生活用水要求常年按一定水量稳定供应，如果一时供水不足，会造成有些工业部门的巨大经济损失，人民生活困难，影响社会安定。因此，在供水量中没有很大的富余水量时，工业和生活用水应与农业用水分开专线输送，以保证工业和生活用水稳定供应，不造成用水矛盾。

（7）抽江水北送的输水主干河道长 404.50km，又是淮河、沂河等向南的排洪河道，有时遇到雨天或上游来水时，北调江水尚未到达受水区就被迫废弃入江、入海。然而如果调江水不及时，有可能扩大旱情，虽然在运行中已采取实时调度，尽量避免发生这种情况，但仍会发生，又是多级提水，调水费用高。

（8）苏北地区东临黄海，废黄河口的局部海岸崩塌后退外，其余都在外延淤涨。故环境生态用水中主要有：①保持一定入海流量，维持原有入海河道畅通；②经常保证一定流量调换沿海垦区的河、沟水体，维持人、畜能够饮用的水质。江水北调工程中调入的江水虽然仍用在苏北地区，但遇到旱年特别是连续旱年，加上淮河上、中游的工况变化，环境生态用水已成问题；苏北沿海潮上带有200多万亩的荒地可以开发利用，故20世纪90年代开始建设泰州引江河和通榆河工程，以利于沿海垦区补充水源和建设苏东地区。

三、关于拟议中的南水北调东线工程规划方案

工程规划正在修订中。据水利部淮委和海委编写提出供专家评审的2001年11月编制的《南水北调东线工程修订规划（送审稿）》，主要有以下几点。

（1）东线工程的受水区范围确定画在图上，是在江苏江水北调工程的基础上剔除里下河腹部地区及其以东沿海垦区，由通榆河灌溉的灌河以南地方（一期工程还包括连云港市及部分沂河以北、赣榆、新沂、沛县以西地方），向西扩大到安徽蚌埠市、淮北市、宿州市以东沿淮河、沿新汴河以西地方和沿高邮湖以西高地，向北延伸到山东鲁西南地区、胶东地区和鲁北全区，河北黑龙港及运东地区，天津市区及其郊区。输水干河及分干河长1951km。黄河以南设13个梯级提水，总扬程65m；自东平湖向东开辟胶东输水分干线长701km，设7级提水，总扬程344.40m。黄河以北自流输水。

（2）水量分配原则是黄河以南江水、淮水并用，淮水优先满足当地发展用水，余水用于北调；在充分利用当地水资源供水仍不足时逐级从调水的上一级湖泊或江水补充，但南四湖上级湖主要为山

东农业用水，暂不用上级湖调蓄；过黄河和送山东胶东的黄河以北各区按时段分得水量供水，不满足时再由水库供水，有余水先向其他缺水区供水。供水调度按供水保证率高低依次供水。

（3）在非汛期将洪泽湖的蓄水位从现在的 ∇13.00m 提高到 ∇13.50m，可增加蓄水 8.25 亿 m^3。汛期仍为 ∇12.50m；骆马湖在二期、三期工程中非汛期蓄水位从现在的 ∇23.00m 提高到 ∇23.50m，可增加蓄水 1.60 亿 m^3。同时规定洪泽湖水位低于 ∇11.70～∇12.50m、骆马湖水位低于 ∇22.10～∇23.00m（三期工程为 ∇23.20m）时，停止从该湖向北调水出省。在出现湖泊停止向北供水的水位时，新增装机抽江水量优先满足北方城市用水，然后再向农业供水。

（4）在江苏水量调节分配计算中不考虑环境生态用水。规定生活、工业、航运的供水保证率为 97%，淮河以南水田设计供水保证率为 95%，淮河以北为 75%。供水保证率是按缺水率在 10% 以上时为破坏计算得出的。

（5）江苏的调水工程规模是按省内水资源平衡调节计算后多余的水量调出，不足水量调江水补充确定的，但两湖有个限调水位，特别汛期在限调水位以上时可调用的调蓄水量很少；山东包括送胶东、河北、天津的工程规模根据需要调水量确定；送安徽虽有调江水需水量，是用洪泽湖的限调水位保证供水，但无控制计量工程。

（6）工程规模。

各期工程多年平均规划调水量表

区段	一期工程				二期工程		三期工程	
	规模 /（m^3/s）		调水量 / 亿 m^3		规模 /（m^3/s）	调水量 / 亿 m^3	规模 /（m^3/s）	调水量 / 亿 m^3
	现状	规划	现状	规划	规划	规划	规划	规划
抽江	400（200）	500（300）	50.60	89.37	600（400）	105.86	800（600）	148.17
入洪	200	450	32.76	70.10	550	86.53	700	121.05

续表

区段	一期工程				二期工程		三期工程	
	规模 / （m^3/s）		调水量 / 亿 m^3		规模 / （m^3/s）	调水量 / 亿 m^3	规模 / （m^3/s）	调水量 / 亿 m^3
	现状	规划	现状	规划	规划	规划	规划	规划
出洪	200	350	25.26	63.90	450	80.63	625	118.50
入骆	150	275	12.88	43.39	350	59.73	525	96.23
出骆	50	250	10.42	43.35	350	59.71	525	97.40
入下	20	200	2.91	31.17	270	47.18	425	78.55
入上	0	125	0	19.64	220	35.10	375	66.12
出上	0	100	0	17.65	200	33.07	350	63.20
入东	0	100	0	14.82	170	30.21	325	59.27
穿黄	0	50	0	5.09	100	20.83	200	37.68
胶东	0	50	0	8.76	50	8.76	90	21.29

注：括号中为 5～8 月北调规模，非新增装机抽江规模各期工程都是 $200m^3/s$

（7）各级抽水站都是满负荷开机。多年平均设计利用小时一般在 5000h 左右，计算 42 年系列中抽江水有 7 年要开机 8000h 左右。例如，1994 年淮河大旱，规划反演抽江水开机 8319h，抽江水为 179.69 亿 m^3；入洪泽湖 7339h，抽江水 145.31 亿 m^3；出洪泽湖 4904h，抽水 79.44 亿 m^3；入骆马湖 4692h，抽水 59.12 亿 m^3；入下级湖 4360h，抽水 44.49 亿 m^3。各梯级相减：供给洪泽湖以上的水量为 34.36 亿 m^3；洪泽湖为 65.87 亿 m^3；洪泽湖以北到骆马湖为 20.32 亿 m^3；入骆马湖到下级湖为 14.13 亿 m^3，入下级湖 44.49 亿 m^3。该年与出洪泽湖梯级多年平均抽水 80.63 亿 m^3 相等。

四、对拟定中东线工程规划方案的商榷

东线工程规划（送审稿）的实施将严重损害苏北洪泽湖以北地方农业和经济。

（1）规定淮河以南农业水田供水保证率为 95%；淮河以北农业

水田供水保证率 75%，供水保证率是由缺水率在 10% 以上作为破坏计算得出的；在灌溉定额中已将近年江苏节水的效果考虑进去了。实际上由于江水北调工程补充水源，江苏淮北地区农业生产连年丰收增产，该地区农业的现有灌溉保证率明显高于规划规定。1957 年国家经委批准“引江济淮，分淮入沂”工程规划，该地区的灌溉保证率为 90%；1996 年水利部编制的《南水北调东线工程论证报告》规定供水保证率为 90%；又如淮北灌区 1987 年统计已建成的设计流量在 $10m^3/s$ 以上的水源补给站合计有 $357.08m^3/s$，灌溉保证率已在 85% 以上。因此，东线工程的实施，降低了淮北地区的原有灌溉保证率，增加了淮北地区发生旱灾的风险。

（2）采用的水资源调配原则是，江、淮水并用，淮水优先满足当地发展用水，余水可以北调。过去两湖有一个最高蓄水位，在农业用水需要时可以将蓄水用完，调蓄库容较大，现在增加一个限制北调的湖水水位，形成新的调蓄库容，按规划意图是可使洪泽湖多次调蓄淮河来水，意在增加淮水北调水量。由此调蓄的淮水和江苏的水资源进行东线工程全线需水量调节，缺水之数由抽江水量补足，依此决定抽江水的规模和各梯级站的抽水能力，达到减小东线工程规模。事实上汛期限调水位与控制水位相等或相差 0.50m，调蓄库容比现状减小很多；汛后控制水位提高，洪泽湖可调用蓄水虽大点，但比现状还小很多，结果是减少淮水北调水量，何况淮河来水不可靠。

（3）其他几条调配原则如下。①为保证各省（自治区、直辖市）现有用水利益，黄河以南各湖水位全年都有一个限止北调水位，低于此水位时非新增泵站停止湖水北调出省。例如，4 月上旬到 6 月底，若洪泽湖水位低于 ∇12.50～∇12.00m，7～8 月低于 ∇12.00m；骆马湖限调水位前者低于 ∇23.0～∇22.5m，后者低于 ∇22.2～∇21.9m。② 5～8 月东线工程新增泵站的抽水优先满足北方城市供水。③原江水北调工程中抽江水泵站 $200m^3/s$ 为非新增泵站。该 $200m^3/s$ 中 $150m^3/s$ 优先用于洪泽湖及其以南地区。5～8 月是江苏水稻大用水时期，以上四条原则将导致农业大用水时淮北地区可用的江水量和两湖蓄水量都比现状的少很多。北调装机都是上级站大于下级站，北调不需要动用两湖蓄水。限调水位加上非新增装机，再加上优先保证供水三条是限制江苏多用两湖蓄水量的。

（4）江水北调工程现状出洪泽湖的工程装机包括 2002 年将投产的淮阴二站已达 $336m^3/s$。南水北调工程二期工程完成后为 $180m^3/s$；三期工程完成后为 $200m^3/s$。江水北调工程中耕地 2900 万亩，水稻 1500 万亩，现状抽江工程装机 $400m^3/s$。南水北调工程中水稻面积 12 000 万亩，江苏在洪泽湖以南约 160 万亩几乎无须抽用江水，扣除此因素，即使不计旱作用水，合计比江水北调工程装机要减少 23%，按比例减少后现状可用江水 $308m^3/s$，完全用于洪泽湖以北，还有两湖蓄水可用。南水北调工程完成后，江苏抽用江水的工程规模比现状大幅度减少，加上限止调用两湖蓄水，实际可调用水量比现状减少更多。

（5）东线工程规划中采用满负荷抽江水平均 5000～5500h，枯水年抽江水 8000h 左右。根据江苏江水北调工程实践，苏北地区水稻大用水时平均抽江水时间约为 2000h。抽江水的时间长了，结果是在水稻大用水时的抽江水强度小了，将会出现该时期抽的江水量比现在可供给的更小。第二期工程完成后，如上述 1994 年江苏实际抗旱，由于该年 4 月下旬到 8 月下旬大旱缺水，4 个月最多可抽江水 18.66 亿 m^3，仅为江水北调工程现状装机 $308m^3/s$ 抽江水加上洪泽湖蓄水量 24.30 亿 m^3 的可供水量的 33%，旱情将更为恶化；即使不计淮阴二站也仅为现状装机的 41%。而规划该年在洪泽湖及其以南抽调用江水 100.25 亿 m^3，如果不全部西调安徽，将无处存放。

（6）规划中上级湖水源和调蓄库容留给当地农业使用，不参加调节计算，故骆马湖的水源只有来自中运河北调的水量。水利部在 1958 年批准骆马湖为常年蓄水库，发展水稻 300 万亩。1982 年为京杭运河航运和徐州电厂供水，陆续扩建淮阴等七座抽水站，扩大江水北调能力。1987年由于调水供水范围向北延伸，骆马湖蓄水供给徐州使用。江水北调工程中，自1988～1999年12年间有9年在水稻大用水时期骆马湖出现死水位，说明骆马湖供水远不能满足需要，这是江苏水资源最紧缺的地区。在东线工程的各期工程增供江水水量中，入、出骆马湖的水量几乎完全相等，加上限调水位，骆马湖已失去调蓄作用，失去蓄水的必要性。

（7）调水工程既要做到用水和供水平衡，更要做到用水过程与供水过程的用水量相适应。特别是推行了高产节水灌溉技术，用水量减少了，但对灌溉的时间要求更高。有的水稻节水灌溉试验证明，受旱10天以上减产率增大很多，即使短期限止灌溉亦不宜大于5天，短时间的缺水足以造成旱灾减产；水稻生长期间的有效降雨量对人工灌溉的实际需水量有很大影响，在大旱年降雨少，有效降雨量也少；棵间蒸发和叶面蒸腾量都大，因此该影响更大。以旬时段和灌溉定额的平衡计算明显掩盖可能发生的旱情和低估旱年实际需水总量，从《江苏水利年鉴》江水北调抗旱总结中可以看出问题非常复杂，农业用水量与当时的降雨、气温、日照、灌溉方式、农作物品种、产量高低等因素有关，现在反演典型年的多年平均水量调节计算数据，加上几十年来淮河水情发生了很大变化，不可能正确实现大面积调水的“白箱”操作。将造成旱年实际缺水量增加，扩大旱灾，制造用水矛盾。只有根据江水北调工程的实际运行情况和实践经验按照反问题或反分析方法求解，才有可能得出比较符合实际的计算成果。

东线工程供水区是将江苏原有江水北调区的沿海部分剔出，由泰州引江河和通榆河替代部分东线工程向苏北沿海一带补充水源，沿海一带除了生活、生产用水外，环境生态用水也要由该工程供应，工程规模将扩大很多。据1987年通榆河工程设计任务书，中段长245km，包括沿海垦区、灌溉总渠以北的滨、阜、响地区和里下河腹部的一部分，总需水 $544m^3/s$，现状工程可供水 $376m^3/s$，缺水 $165m^3/s$，预测 2000 年最大缺水 $300m^3/s$。由于东线工程实施，淮河余水已被全部调走，现状可供水量将极大减少，通榆河北段接到赣榆 80km 尚未实施，工程规模将扩大，又是一条新的江水北调工程。通榆河是平底河，又是地下河，要立交跨过废黄河、灌河、新沂河等排洪河道，工程投资将很大，需另辟一条江水北调工程。

农业用水与城市工业混在一条输水明渠中，供水量不能同时满足农业和城市工业用水，是东线工程运行中今后发生水利矛盾的根源。现在拟定的调水原则自身也有矛盾。例如，充分利用当地水资源，不足时可逐级从上一级湖泊直到从长江调水补充。这一条做不到，又增加一条限制水量北调、限制江苏农业用水、限制淮北农业用水的规定，调水原则太复杂，没有科学依据，没有可操作性，有的是惩罚性的，是违背法制的，必将造成新的用水矛盾。只有从两种用水的特点和不同的环境条件，顺其各自的规律来安排，否则将难以解决。因为农业有灌溉保证率，不可能做到年年丰收，但供水的量很大，供水的时间短，在旱年淮河中游关闸、断流，江苏北部除本地水资源和抽江水外，没有其他来源；城市用水量少，但要每天供应，北方城市用水由原有水源供应，但日益不敷需要，如果让出江苏水稻大用水时间，仍用原来的水源供水，水稻大用水时期过后，再由调水补足，才有可能是解决矛盾的双赢办法。

根据修订规划（送审稿）山东胶东地区地表水利用率仅为 34.70%，节水潜力很大，该区农业用水约占总用水量的 74%，这种情况下城市用水量不足。调用江水，2010 年水平调水 7.87 亿 m^3，2030 年 18.99 亿 m^3，而配用的工程规模为 $90m^3/s$，几乎大了一倍，如果增加地表水利用率，尚有黄河水可用，是否仍要江水支援。向胶东跨流域调用江水缺少充分必要条件，不符合先节水、后调水原则。

海河流量水资源相对较少，上、中游已建水库库容占流域多年平均径流量的100%，加剧了下游用水困难。但最缺水的地方河北、天津都不愿要此江水，因为采用远距离明渠输水，多梯级提水，供水可靠性低，水质差，水价高。河北是农业用水，有承受能力问题；天津是工业城市用水，认为调来江水，加上净水处理，不如采用海水淡化，也涉及水价。跨流域调水是为增加缺水地方的水资源，是解决缺水地区的可持续发展。调水工程规划布局中首要是总体上要降低工程造价和管理运行费用，是工程成败的关键。

淮河上、中游水库蓄水虽已占流域多年平均径流量的60%～70%，还可修建红在覃、前平等大型水库，尚有增加拦蓄地面径流的余地；现在洪泽湖向西没有灌溉任务。1954年洪泽湖蓄水之初，政务院决定将安徽的泗洪、盱眙两县划给江苏，江苏的萧县、砀山两县划给安徽，便于江苏统一管理和治理洪泽湖。四十多年来遇到需要，淮河蚌埠闸关门断流，滴水不入洪泽湖，其他时间也只有弃水入湖，淮河中游用水情况应已有很大改善；且该调入区现在地面水和地下水的利用率都很低。在东线工程中实行江水西调安徽，不符合优化水资源配置的全局；安徽省南临长江，有条件单独从长江抽引江水；且如不设控制工程，不实现计量调水，将成为东线工程运行中的不安定根源。

黄河多年平均径流量580亿m^3，分配给下游125.4亿m^3和输沙流量入海210亿m^3，1972年开始发生黄河断流，当时尚未进入黄河枯水期，输沙的水都用了。黄河水资源现在处在枯水期，历史上也有过，据说目前黄河年径流量在500亿m^3左右，但近年抓了用水管理，大旱年黄河却没有断流，说明黄河水有利用潜力，关键是用水管理。按照我国是一个贫水国家的基本认定，在任何条件下做到先节水、后调水是必需的。

长江水量比较丰沛，但从人均水量来看，长江流域仍是贫水区。江苏长江流域人均水量为460.9m^3/a，亩均476m^3/a。长江入海流量是维持自身环境生态所需要的，究竟从长江入海流量中可以调出多少水量和流量，由于对环境生态用水问题过去研究不深，尚难正确回答，但对各地区水资源利用现状了解较多，因此对调入区首先应充分利用本地水资源，具备必须调水的充分条件。特别是大流量、长时间从长江跨流域调水到黄、淮、海流域，一定要在不损害长江生态环境下实施。

五、关于拟议中的南水北调中线工程规划方案

根据1995年南水北调工程论证报告送审稿及中国工程院的《中国北方地区水资源的合理配置和南水北调问题》研究报告可知以下几点。

（1）中线工程是从丹江口水库引水。上游到达丹江口坝址的水量不同水平年为355亿～331亿m^3，可为满足丹江口水库下游经济社会需水和航运要求最小下泄水量为189亿～199亿m^3，其中丹江口至泽口段航运用水量为154亿m^3，泽口至汉口段为94亿m^3。故供调出的水量多年平均为130亿m^3/a。后续工程再从长江引水扩大引水量。

（2）中线工程的供水范围为北京、天津、河北、河南和湖北五省市，重点供应城市工业和生活用水，兼顾农业用水。

（3）输水总干渠在陶岔渠首引水，在郑州西北孤柏咀处穿过黄河，再在京广铁路西侧北上过永定河进入北京，总干渠全长黄河以南482km，以北764km；天津分干渠自徐水分水到天津西河闸，全长144km。全线自流输水，横穿百年一遇洪峰超过1000m^3/s的河道有90条，其中超过10 000m^3/s的有4条；穿过各类建筑物1933座；干渠有部分是地面河，堤高30m；部分干渠在高烈度地震区。

六、对拟议中南水北调中线工程规划方案的商榷

黄河洪水含沙量特别大，严重淤积下游河道。洪峰虽高而洪量不

很大，但含沙量达 400kg/m^3，每年淤积下游河道的泥沙有 16 亿 m^3，形成“悬河”，历史上是“三年两决口”。水浪底水库完成后，可以保证下游河床在 20 年或更长时间内减少淤高，但泥沙淤高下游河道问题没有解决。五十年来黄河大堤三次系统加高，保证了大堤的安全，取得很大胜利，但河堤愈益升高，1996 年 7～8 月花园口洪水流量 7700m^3/s 的水位，已超过 1958 年流量 22 300m^3/s 的历史最高水位。黄河潜在的决口、改道危险在增大，是我国最大的潜在水患。目前研究中的对策包括以下几个方面。

（1）提引海水 500～1500m^3/s，在利津注入黄河，在利津产生水面落差，冲刷河口，冲刷后制止溯源淤积从河口向上延伸；并诱发向上游产生溯源冲刷；咸浑水入渤海时形成异重流，使泥沙输送远方，可使河口再不外延或外延减慢，减缓河道淤高。此工程规模较大，运行费用很高，下游河床抬升和河口外延的主要原因是上、中游来沙沿程淤积，其治理效果尚无定量估计。

（2）黄河高含沙水流由于泥沙中细颗粒的存在，水流黏性增加，粗颗粒的沉降速度减小，而河床对水流的阻力没有增加，因此利用黄河高含沙水流输送黄河泥沙是可能的。黄河支流北洛河的流量和比降比黄河干河小，含沙量比黄河高，高达 400～1000kg/m^3，河段排沙比达 100%，条件是该河槽是窄深断面。黄河下游的艾山站以下为窄深河槽，实测最大含沙量 200kg/m^3，在流量为 3000m^3/s 时，河段排沙比达 100%。因此，只要将黄河下游游荡性河道改造成窄深河槽，就可能长距离输沙而不淤。“八五”攻关研究利用小浪底水库调节在枯水年蓄水拦沙，取消输沙用水；丰水年在洪水流量大于 3000m^3/s 时集中下泄洪水冲刷河槽，形成大流量高含沙洪水输送泥沙，利用河滩淤、河槽冲改造宽浅河道成为窄深河槽。可使下游河道年均泥沙淤积量减少 50%，输沙用水比预留的 210 亿 m^3 节省 2/3，效益很大，但仅是延缓下游河道淤高。黄河下游游荡性河道长 299km，在利用水流冲刷将黄河下游游荡性河道改造成窄深河槽时，如要采用其他工程辅助措施达到淤滩、冲槽，将是十分困难的。

（3）“挖河淤背”，加固黄河干堤，处理险工地段是合理的。由于黄河每年来沙量很大，要靠机械挖河淤背，逐步使悬河形成“相对地下河”，要达到河、堤升高平衡，工程量和财力开支都很大，恐难长期支持。如果作为处理引用黄河水带来沙的一种办法，让沙先沉积堤背后，清水引入灌区，作为综合利用的措施，比较容易实施。

（4）在黄河上建水库，调蓄仅使水量分配的时间改变，可以解决黄河断流。但以减少入海水量来满足扩大的引黄用水量，有加速黄河内陆化之虞。建水库对调洪有效，但在目前条件下，即使采用反调节方法减少下游河床淤积，但调蓄库容很快将被泥沙淤满。调江水入黄河与在黄河增建水库两者功能不能相互替代。

黄河问题根源是水少沙多，水多时沙更多。南水北调工程是为解决黄河水少，引入的长江水是清水，如果将调用于农业的长江水进入黄河，注入处可使黄河水含沙量平均减小40%左右，可以冲刷和输送黄河淤沙。综合利用南水北调工程可以同时处理水少沙多，又可降低原规划中线工程的工程造价。

汉江流域多年平均径流量591亿m^3，其中丹江口水库以上为409亿m^3。汉江年均泄入长江水量554亿m^3。汉江来水年际变化约4倍，年径流2/3集中在汛期。但仅用于航运的水量从丹江口到泽口段要求下泄水量为154亿m^3/a；泽口到汉口段为94亿m^3/a；丹江口和王甫洲两座水电站年平均发电用水145亿m^3/a。要实现渠化汉江共有7座低水头梯级，其中玉甫洲一级在建设中，碾盘山一级已列入中线工程。在渠化梯级全部建成和全面治理后，2010年水平中、下游工农业要求总需水量为133亿m^3，2030年水平为154亿m^3，而上述航运用水量的绝大部分可以省下，省下的水用作北调，不会影响发电和下游工农业等用水。故如按原来规划方案年均调水量220亿m^3是完全可能的。此水量已是黄河年均径流量580亿m^3/a

的 38%，已大于黄河分配给下游用水量的 1.75 倍，不会影响发挥南水北调功能。

利用黄河向东送水，可以利用和发展原有的引黄灌区工程，工程收效快，运行费用小，工程在原来基础上发展，没有多大风险。虽然灌区引黄的流量增加了，但来水的含沙量减小了，引水带来的泥沙总量不一定会增加。同时黄河的输沙用水量还可比原用水量减少。

原来中线规划中沿输水线路上没有调蓄水库，利用黄河送水时河槽将成为很好的调蓄水库。

黄土高原生态综合治理中有的地方已初见成效，随着退耕还林、还草的展开，以及淤土坝等工程措施的推广，将进一步减少水土流失，任务固然艰巨，但持之以恒，几千年黄河水患的根源得到根治是可能的。长江清水引入黄河，可以加速黄河自身的治理过程，可望黄河水清的时日更快到来。

七、关于拟议中的南水北调西线工程规划方案（略）

八、对南水北调工程规划布局建议

我们的建议基于以下指导思想。①南水北调中线工程与汉江实现综合开发，达到充分利用水资源。②由于东线与中线的供水区有很大部分是同一地方，北调江水和黄河水供水区有大部分是同一地方，使东线工程与中线工程供水丰、枯互补；北调江水与黄河水丰、枯互补，灵活调配，降低调水运行费用，提高调水效益。③北调江水进入黄河，可以补充黄河水，解决黄河水少，发挥南水北调作用；可以一水多用，为治理黄河多沙增加一条有效措施；又可以降低中线工程造价。④长江地区人均占有水资源与全国人均持平，也是贫水区，因此南水北调的调入区宜在充分利用本地水资源的基础上实施调水。

具体建议如下。

（1）东线工程是在江苏江水北调工程基础上扩大延伸而成的。江苏北调工程的最大用户是农业用水，又是水稻用水，在水稻大用水时期短时间需水量极大。在拟议的2010年和2030年抽引江水工程条件下，不能满足水稻大用水的需水量。如果为同时满足农业水稻大用水而加大抽引江水能力，抽江水规模要增大很多，工程投资将增加很多，工程困难增加，也不尽合理。为避免与城市用水矛盾，东线工程应定位于农业用水。即江苏农业大用水时，北方城市用水和农村生活用水由原来的水源供给，大用水过后由北调江水水量补足；北方农业旱作大用水在季节上是与南方水稻用水错开的，没有矛盾。

（2）天津市到2030年需要东线输送水量不大，有水库供水，有黄河供水，又可由东线或西线供水，作为四保险可以丰、枯互补，农业大用水时由水库确保供水。

（3）河北和山东远东地区是农业用水，且多是旱作，大用水在12月到翌年的2月，可与水稻用水高峰错开，又有黄河水可用，如果修建一些不受盐碱地下水侵入的平原水库，东线供水可提高其供水保证率。

（4）山东鲁西南地区农作物多是水稻，也可由黄河供水，或湖、库供水。为避免水稻大用水期间发生两省供水矛盾，该地区应在水稻大用水前提高湖、库蓄水位。水稻大用水期间当骆马湖水位低于某一水位时停止向北调水，由湖、库或黄河供给。

（5）山东供水范围为14个省辖市，63个县、市，供水面积几乎包括全省。胶东是城市用水，胶东地表水利用率很低，有很大的利用潜力，宜多利用当地水资源。如果要从长江引水，用水量较大，又无水库调节，在现在规划供水不充裕的条件下将与江苏用水包括农业水稻用水造成极大矛盾，不可能保证供水。如确认具有充分必需的跨流域调水的条件，应采用管道单独自长江专线输送，输水线路可缩短，与江苏农业用水分开，可以保量、保质，输水损失小得多，运行费用低。即使遇到淮河旱年或连续旱年，也可保证供水。

（6）安徽用水由本省解决是完全可以做到的，洪泽湖水不向西部地方灌溉是合理的，将江水调到迫切需要的地方，可使东线工程布局合理，发挥调水最大作用。

（7）东线工程如与江水北调工程一样处理，江水可不调进，也可调进洪泽湖。因为江水不调进洪泽湖，可以少占库容。抬高洪泽湖水位到 ∇13.50m 后，非汛期库容为 44.00 亿 m^3，虽汛期洪泽湖库容仍为 20.00 亿 m^3（据淮委最新核实数据，非汛期库容为 31.35 亿 m^3，汛期 15.30 亿 m^3），可加大水库调节作用，可多利用淮水，多向北调。

（8）中线工程从丹江口水库自流引水到黄河后，建议分两路送水：一条穿黄河自流到北京、天津，作为输送工业和生活用水的专线，采用管道输水，可以保质保量地将水送到各城市；一条自流入黄河，利用黄河作为输送和调蓄农业用水的干河，向东送水。可以弥补原拟定的中线工程输水干河上缺少水库调蓄的功能。由于黄河径流量中分配有 210 亿 m^3/a 冲淤用水，故将河槽作为调蓄库容，可以保证引黄济青、引黄济津等工程的工业和生活的常年用水。黄河水量和中线工程调水可与东线工程调水丰、枯互补。

（9）工程实施的同时对丹江口水库以下汉江进行梯级化治理，这样原来用于航运的用水几乎能全部用到北调工程中来，加上原来可以北调的流量，合计可调的水量不会小于原计划的 220 亿 m^3/a 左右。由黄河向东送水，可以利用和发展原有的引黄灌区，工程造价低，收效快，运行费用小，工程在原来基础上发展，没有多大风险。

（10）该方案布局最大优点是可以同时缓解黄河断流。黄河断流的后果是下游河床淤垫加快，河口淤积发展，生态环境恶化，潜在的决口、改道危险增大。

（11）从长远看，有可能解决黄河悬河问题。引入黄河的长江水是清水，水流挟沙能力大，可以冲刷黄河河床沙，如果在河道内再辅以耙沙机械搅动河床底沙和波速掀沙，则可由水流搬运泥沙出海。虽然每次搬运泥沙的数量小，但是细水长流，日积月累，效果就大，而且可以人工控制河床的冲刷范围，不会像黄河洪水冲刷一样造成险况，危及大堤安全。近期可能做到控制黄河河床，减少淤高或有所刷低，减少潜在的决口、改道危险。随着黄河上游黄土高原生态综合治理日见成效，可望使几千年黄河水患得到治理。

（12）该工程方案投资省、见效快、收益大。工程可以分两步进行：第一步先将江水引入黄河，可以提前发挥江水北调效益；第二步输送城市用水穿黄河自流，用管道输水到北京和天津。

（13）西线工程宜作为西部和黄河上、中游地区经济发展用水的补水。

淮河下游水安全及其对策[①]

摘要： 1194 年黄河决口，主流在淮阴夺淮，淮河入海受阻，造成淮河流域洪、涝、旱灾害频繁。淮河来水留滞洼地，形成洪泽湖，成为淮河下游调洪、调蓄水库。1949 年江苏开始治理淮河，取得了 1954 年淮河大洪水防汛胜利，但淮河下游的洪水出路仍未妥善解决。1959 年开始江水北调工程，补充淮水不足，水资源供应有了改善，淮河下游的地方经济得到很大发展，改变了省内南粮北运的情况。已开始实施的南水北调东线工程，将江苏淮河下游作为水资源调出区和调入区，对该区可用水资源做了很大减法，这将造成淮河下游流域水不安全。河湖分离的目的是要降低淮河行洪水位，使中游淮北平原涝水能自排入淮河。新建低水行洪入海的淮河工程量

① 本文原在中国工程院 2010 流域水安全与重大工程安全高层论坛上宣读，后发表于《水利水电科技进展》2011 年第 31 卷第 4 期。

巨大，因上、中游已建水库容量达60%～70%平均年径流量，入海的平均地面径流量将难以维持入海感潮河段不被淤狭，河水位抬高，淮北平原中游的涝水无法自排入淮河；而且带来失去洪泽湖水资源调蓄，已建的入江水道、苏北灌溉总渠、入海水道、淮沭河等不再能分泄淮河洪水和利用洪水资源的情况。如果采用机械抽排，有把握解决淮北平原排涝入淮河，投资少，风险小，得益快。

关键词：洪泽湖；洪水出路；水资源；南水北调；河、湖的关系；流域水安全

一、洪泽湖成因

（1）淮河原是单独流入黄海的河道，河槽宽深，水流畅通，洪涝灾害甚少。

（2）1128年黄河开始夺道南流，河水由颍、涡、濉、泗各河入淮，从此大量黄水泥沙淤垫淮北平原和河道。1194年黄河在河南阳武决口，淮河主流入泗水经徐州到淮阴夺淮河入海。淮弱黄强，淮河入海受阻，造成淮河流域洪、涝、旱灾频繁。

（3）淮河来水滞留淮阴洼地清口，形成洪泽湖和排洪入江通道。现已成为西承淮河中流来水，东泄水入黄海，南连通长江，西接沂、沭、泗、运的水利节点，已成为淮河下游调洪、调蓄水库。

（4）中华人民共和国成立以来，淮河下游和全流域一样，治淮取得伟大成就。开辟入海、拓浚入江排洪河道，江水北调补充水资源，充分利用洪泽湖调洪、调蓄，保证了淮河下游人民的生命财产安全、水资源供应、地方经济发展、文化繁荣、省内北粮南运，改变了淮河下游贫穷落后面貌，已臻小康社会。

二、淮河下游的防洪工程

在毛主席“一定要把淮河修好”的号召下，1949年江苏开始治

理淮河洪水，开挖新沂河和苏北灌溉总渠、建三河闸等，扩大淮河洪水入海、入江出路，取得1954年淮河洪水防汛胜利。淮河下游虽没有发生防洪大堤决口，但内涝十分严重。

1954年淮河大水，入湖洪峰达15 800m³/s。重新规划确定洪泽湖防洪设计标准为1000年一遇，校核10 000年一遇；按出湖洪水16 600m³/s安排出路。

1954年后洪泽湖洪水出路已完成情况如下。

（1）已建苏北灌溉总渠排洪800m³/s，实际可排洪1000m³/s。

（2）在入海水道排洪时，废黄河河槽已被入海水道以北地区抽排的涝水所占，原定废黄河分泄洪水500m³/s已不可能。

（3）1957年在“淮水北调”工程中，当新沂河不泄洪水时，增加“分淮入沂”，待机分泄淮河洪水入新沂河出海：在洪泽湖洪水位14.6m时，经淮沭河设计泄洪水3000m³/s；水位15.2m时，泄洪水4000m³/s。替代原定入海水道4500m³/s。淮沭河有55.0km经过黄泛区，土质颗粒80%是粉土，不均匀系数2～4，在粉沙土上挖粉沙土河，筑粉沙土堤。实施时在雨水和送灌溉水的作用下，河堤严重淤塌。1970年续建工程在灌溉、调水和航运方面为地下河，挖河底黄泛土覆盖的壤土护偏泓河坡，取缓坡消浪等措施，才维持偏泓河形，已安全运行近40年，取得很大效益。分洪为地上河，漫滩行洪，东、西大堤间距1300m，保护两岸7690km² 土地防汛安全。目前，工程措施不能保证大堤防渗安全，不能实现分洪功能。

（4）1966年洪泽湖大堤按设计洪水位∇16.0m改建加固。

（5）1970年入江水道按泄洪12 000m³/s拓浚。因入江水道内大面积硬黏土高滩人力无法挖除，加上区间6633km² 涝水汇入，行洪实测三河闸泄入洪水8000时，水位已接近原设计的12 000m³/s。

（6）1999年实施入海水道近期工程，设计2270m³/s，“强迫”行洪7000m³/s。

20世纪60年代以来，淮河中游开挖了奎濉河、新汴河、怀洪新河、新濉河等来水，据 1997 年淮河入海水道工程项目建议书计算的 1954 年入湖洪峰流量为 18 000m³/s。计算防洪标准 100 年一遇入湖洪峰流量为 21 716m³/s，故在淮河出湖的洪水安排中应考虑几十年上、中游治淮工程的因素。

20 世纪 80 年代国务院召开两次治淮会议，要求修建入海水道，从根本上解决淮河洪水出路，提高防洪标准。

现在洪泽湖洪水出路在名义上有 19 270m³/s，实际安全行洪流量仅有 11 270m³/s。淮河洪水仍然是威胁下游地区人民安全和经济发展的主要危险。

三、淮河下游水资源现状

淮河下游主要水资源工程有洪泽湖蓄水、骆马湖蓄水、石梁河水库、分淮入沂、江水北调、泰州引江河等。

（1）洪泽湖成为淮河下游调蓄、调洪水库。汛期蓄水位 ∇12.5m，库容 20.0 亿 m³（据中国科学院南京地理与湖泊研究所 1990 年调查为 30.4 亿 m³）。冬春季蓄水位 ∇13.0m，库容 31.5 亿 m³。今后蓄水位 ∇13.5m，库容 44 亿 m³，汛期防洪库容在百亿 m³ 以上。

（2）1956 年江苏淮北大涝，为提高农作物抗涝能力，推行旱改水，北调洪泽湖水补充水源。1958 年秋，提高洪泽湖蓄水到 ∇13.5m，因安徽省反对，增蓄湖水当年被放掉。1959 年旱年，安徽在淮河蚌埠打坝拦水，淮河断流 107 天，江苏农田大面积受旱失收。

（3）1960 年建江都抽水站，开始江水北调工程，抽长江水补淮水不足，补偿原由淮河供水灌溉的里下河及其沿海垦区水源。此时已开始整治京杭大运河，浚深拓宽成二级航道，底宽 60～70m，最小水深 4m，故让运河向北补充江水，也可补水进入洪泽湖。

（4）淮河在蚌埠废坝建闸，中游用水紧张时关闸拦水。1959～1980 年断流有 15 年，累计 930 天，淮河只有洪水或弃水排入洪泽湖，淮河来水已不可靠。江水北调工程逐年向北延伸。每个梯级都先有临时站，抗旱后改建成固定站，因此沿线各枢纽装机规模不配套。

（5）江水北调工程运行经验是，在水稻大用水前，补足或保持洪泽湖和骆马湖处在最高蓄水位。根据水情，水稻用水开始时先抽用江水，或先用洪泽湖汛期控制水位以下蓄水，腾出库容，接受下泄淮水。但由于淮河水资源是洪水资源，水情上、中、下游丰、枯几乎同步。如果淮水不来，仅靠抽江水补充，现有抽江水能力太小，不能满足农业用水，只有动用洪泽湖库容，因为中游汛期来水多，可能有多次拦蓄，可以多用淮水。

（6）自1974年江水北调工程江都站抽江水能力达400m^3/s以来，洪泽湖蓄水量用到干枯的年份占54%，骆马湖占67%，此时大面积农作物受旱，说明现有抽江水能力尚不足应对较大旱情。20世纪70年代以来就一直计划扩大江水北调工程的抽江水能力到600m^3/s。淮委要求一定要先抽江水入洪泽湖，经洪泽湖北调。因为少量江水入湖无法抬高湖水位，发生能进入、不能调出的情况，其成为补充湖面蒸发水量，因此局面未能改变。

（7）江水北调工程主要是为农业补充水源：开机时间年均约2000h，但遇到旱年如1978年江都站则连续开机222天，1998年开机130余天，1999年开机达286天。近十年江水北调工程年均抽江水约37亿m^3，旱年在60亿～70亿m^3。

（8）由于淮河工情变化，沿海地区供水严重不足，又在垦区沿海潮上带有200多万亩土地可开垦。

1990年建设泰州引江河工程，规模为600m^3/s。先按300m^3/s自流或提抽江水实施，为沿海垦区和滩涂开发补充水资源，已完工投产。

20世纪80年代建设通榆河工程，原名通榆运河，省京杭运河续建工程指挥部规划和借用日本贷款兴建，长415km。中段自海安到灌河长245km，按底宽50m开挖，平底河，可向北送水100m^3/s，已完成，可为沿海地区补充水源。

为使里运河以西地方涝水能自排入运河，临时降低运河水位，这与提高里运河水位向北、向东调水有矛盾。江都站扩大受高水河输水能力限止，要扩大高水河有一定难度，工程量大。规划设宝应站，临时调用泰州站抽取的江水，解决河西排涝后在时间上能快速提高里运河水向北、向东调水。

江苏淮河下游东临黄海，除废黄河口局部海岸崩塌后退外，其余淤涨外延。环境生态用水中除一般需要外，主要还有以下几点。

（1）沿海地区地面高程低于高潮水位，为中等潮差河口，入海河口区淤积严重，为维持入海河道畅通，要保持一定入海流量及其冲淤能力，经常冲刷河口，不使原有河道的排水能力减小或被淤塞。

（2）要经常调换沿海垦区的河、沟水体，维持农作物生长，人、畜饮用不会致病的水质。

（3）里下河地区排水入海的射阳河、斗龙港、新洋港、黄沙港四港。1991 年大水，区内滞水 55 天，经济损失达 68 亿元。自 1991 年汛后到 2003 年汛前比较累计淤积 1132.4 万 m^3，总过水断面减少 32.9%，原因是入海下泄冲淤水量不够。根据 1969～2004 年的实测资料，按概率统计时间序列分析方法建立数学模型，计算在 2030 年如能恢复到 1991 年的排水能力，需要相当年冲淤需水量 43.16 亿 m^3，相当需要排水流量 136.89m^3/s。

四、东线工程规划对下游水资源做了很大减法

《南水北调东线工程修订规划（送审稿）》规定水量调配如下。

（1）淮河下游作为调出区，又是调入区，将它的全部水资源，加上其他省、市需调入水量进行调配。

（2）反演淮河下游过去 42 年以旬时段平均水量，以及试验灌溉定额的用水量，加上人为确定的河道输水损失，不计几十年来淮河

工情和水情变化、不计湖泊水面蒸发损失、不计环境生态用水、不计城镇用水，做平衡计算，如有缺口，抽江水补足。

（3）计算各期工程规模和多年平均抽江水量如下表。

各期工程规模和多年平均抽江水量

区段	一期工程				二期工程		三期工程	
	规模 /（m^3/s）		调水量 / 亿 m^3		规模 /（m^3/s）	调水量 / 亿 m^3	规模 /（m^3/s）	调水量 / 亿 m^3
	规划	现状	规划	现状	规划	规划	规划	规划
抽江	300+（200）	400+（200）	89.32	50.60	400+（200）	105.86	600+（200）	148.17
入洪	250+（200）	200	70.10	32.76	350+（200）	86.53	500+（200）	121.05
出洪	150+（150）	200	63.90	25.26	250+（200）	80.63	425+（200）	118.50
入骆	125+（150）	150	43.39	12.88	200+（150）	59.73	375+（150）	96.23
出骆	200+（50）	50	43.35	10.42	300+（50）	59.73	475+（50）	97.40
入下	200	20	31.17	2.91	270	47.18	425	78.55

（4）输水线路按“引江→入洪泽湖→出洪泽湖→入骆马湖→出骆马湖→入上级湖→出上级湖”分级计算。

（5）计划抽江泵站年平均利用小时 5000h，枯水年份在 8000h 左右。与江水北调工程水稻大用水时期相比，按开机时间来算，相当于减少装机 3/5。

（6）淮河下游是调出区，又是调入区。但水量调配中没有明确交代淮河下游的调出量和调入量。

水量调配原则一：

（1）江水、淮水并用，余水用于北调。用水次序是当地水、淮水和江水。

（2）进入洪泽湖、骆马湖、下级湖的上游来水，扣除上游发展需要后，参与东线工程统一供需调度，但山东上级湖水源和库容要留给当地农业用水。

（3）山东鲁西南、胶东和过黄河的供水量按各地提出需水量确定，先用江水，在不满足时再由本地水库供水。

水量调配原则二：

（1）水量调配计算中调入区都不考虑环境生态用水量。

（2）淮河下游是调入区，不考虑环境生态用水量。

水量调配原则三：

（1）供水调度由供水保证率高低依次供水。规定生活、工业、航运的供水保证率为97%，淮河以南水田设计供水保证率为95%，淮河以北为75%。

（2）江苏淮北灌区1987年统计水源装机已在85%以上，不需考虑。

水量调配原则四：

（1）为保证各省、区现有用水利益，黄河以南各湖的蓄水位全年都有一个北调控制水位，低于此水位的湖泊停止北调湖水出省。

（2）北调控制水位如下表所示。

北调控制水位

时间		7～8月	9月上旬至11月上旬	11月中旬至3月	4～6月
一、二期工程	洪泽湖	12	12～11.9	12～12.5	12.5～12
	骆马湖	22.2～21.9	21.2～22.2	22.12～23	23～22.5
	下级湖	32	31.7～32.1	32.2～33	32.5～32
三期工程	洪泽湖	11.7	11.7～12	12.1～12.5	12.4～12
	骆马湖	21.9～21.5	21.5～22	22～23	23～22
	下级湖	32	31.2～32.1	32.1～33	32.5～32

（3）现在洪泽湖汛期最高蓄水位12.5m，非汛期13m。今后非汛期13.5m。骆马湖汛期最高蓄水位22.5m，非汛期23m。

（4）因为此时洪泽湖已是淮水、江水混在一起，限调水位成为限止江苏调用洪泽湖淮水，也限止调用淮水。洪泽湖风扬有0.6～0.8m水面涌高，实际造成两湖在汛期蓄水位时不可能调蓄，成为死库容。

水量调配原则五：

黄河以南各湖发生停止向北供水水位情况时，新增装机抽江的水量优先满足调入区用水，非新增装机可向江苏淮河下游进行农业供水。非新增装机抽江规模按 200m³/s 计算。

（1）计划淮河下游是调入区。调配中非新增装机抽江只算 100m³/s。现有抽江 700m³/s，在泰州站有 100m³/s 未调走，故为现有装机的 1/6。

（2）设置限调水位，使淮河下游农业既失去洪泽湖和骆马湖调蓄的蓄水，又失去 5/6 的可用抽江水机组。

再加一条调度原则：进入洪泽湖、骆马湖及下级湖的上游来水，扣除上游相应水平年工农业发展可能拦截消耗的天然径流，并考虑对当地水优先使用权，多余水量才参加全线调度。调度原则不符合水法，将引发全国水利纠纷。调度原则加上限调水位，实际将汛期洪泽湖等蓄水位变成死库容。

东线工程对淮河下游可用水资源做了减法。

（1）现有江水北调工程抽江水规模为 700m³/s。东线工程确定留给江苏可用于农业引江规模 200m³/s，在出洪泽湖之前不分配江水，完全剥夺了出洪泽湖之前里下河和部分淮北地区的江水资源。

（2）在出洪泽湖后又调走抽江 100m³/s，与现有江水北调工程可用装机规模相比只有 1/6。

（3）出洪泽湖装机现有沙集站和淮阴站 331 m³/s：加上洪泽湖蓄水 20.0 亿 m³ 和上级湖的多年平均来水 25.9 亿 m³。例如，1994 年江苏旱情，该年 4 月下旬到 8 月下旬大旱缺水，南水北调工程完成后，4 个月最多可抽江水 17 亿 m³，仅为现状可供江水量的 12%。

（4）如从 1978～1997 年三四月前多数年份可达到或接近兴利蓄水位。采用拦截尾汛，仍经常发生第二年农业用水前蓄不满，很少有多次调蓄的可能。限调水位确定使洪泽湖实际失去调蓄功能。

（5）骆马湖水资源供给比现状减少更多：东线工程增供水量中，入骆马湖与出骆马湖的装机规模完全相等，抽水量反而是进少、出多。

（6）如1966～1967年型洪泽湖由安徽淮河来水为零；骆马湖由山东沂、沭、泗来水为12.2亿m^3。规划规定上级湖水资源留给山东农业用水。这将造成骆马湖和徐州地区既未增加江水、淮水，而原有沂、沭、泗已来江苏的水也不能用。

（7）东线工程在水量调配中不考虑环境生态用水，将江苏淮河流域的环境生态用水全部调走。

（8）东线工程中实施南水西调造成以下问题：为了西调江水，使洪泽湖失去调蓄淮水功能。从江苏抽江水西上，使东线工程运行费用增高。洪泽湖内淮水、江水并存，江水计价困难。造成淮水利用减少，即使剔除里下河腹部和沿海地区，并大幅度减少苏北水稻用水量，仍要占用江都抽水站和泰州抽水站达500m^3/s，作为新增装机调走。如果江苏再增辟一条引江河道向被剔除的里下河及沿海垦区等地补水，工程布局不合理、不经济。

安徽城市用水从洪泽湖抽江水西上不合理之处如下。

（1）安徽水资源总量为676.8亿m^3，人均1192.6m^3，耕地公顷均15 504.0m^3/hm^2；与江苏相比，江苏水资源总量325.4亿m^3，人均480.9m^3，耕地公顷均7140.0m^3/hm^2。安徽比江苏占有水资源大一倍以上。淮河中游入洪泽湖诸河，入湖口有的已建闸，旱年关闸断流滴水不入洪泽湖，用水已有很大改善。

（2）淮河上、中游水库蓄水虽占流域多年平均径流量的60%～70%，但水资源占有已极大提高。

（3）安徽有可能增加可利用的水资源，有条件单独从长江抽引江水，曾有过规划。

（4）尚有从黄河每年平均引水21亿m^3。

（5）调入区地面径流利用率不高。

工程水量调配和调度不符合东线实际，情况如下。

(1)水量调配原则多达五条，加上调度原则一条：黄河以南洪泽湖等是江水、淮水混在一起，无法计量。黄河以北调入区先用江水，江苏水稻大用水期不够，难免发生矛盾。各条之间，一条之内，各取所需，不能保证东线工程正常运行，这是东线工程实际之一。

(2)农业用水有季节性，短时间用水强度很大，规划用水量中有灌溉保证率，允许发生旱灾，一旦发生抢水，用水量急剧增加，不能在工程上分开供应，采用时间上将农业用水和城市用水分开供应，这是东线工程实际之二。

(3)各调入区都有水资源，是缺少不够；江苏淮河下游有水资源，农业大用水期间不够，旱年更不够，但有长江水可以抽调补充。调入区是城市用水，在江苏淮河地区水稻大用水期间，各调入区如果先用当地水，其他时间调江水补足。实际调入区多旱作物，与水稻大用水不在同一时间。城市要发展，农业也要发展，这是东线工程实际之三。

五、洪泽湖与黄海的关系

湖、河在地理位置上的关系有两种，一种是河道穿过湖泊，如淮河穿过洪泽湖；另一种是河道在湖泊旁边经过，湖、河水域相通，调洪和调蓄关系不变，如洞庭湖与长江。

洪泽湖是江苏淮河下游的调洪和调蓄水库。提出洪泽湖与淮河下游河道“分离”是恢复黄河夺淮河前的淮河干流泄洪能力的前提，使中游淮北平原的涝水能自排入淮河，在盱眙附近挖到∇0.0m，水位降到∇4.0m～∇5.0m，分两路入江、入海。

河湖“分离”后将造成：原建洪泽湖无水源，不再是淮河下游调洪和调蓄水库；淮河洪水不再能排泄入长江；原建苏北灌溉总渠、入海水道、淮沭河不能再分泄淮河洪水，并都失去输水灌溉的作用。

江苏黄海是粉沙淤泥质海岸，形成海岸外辐射沙脊群，河口为中等潮差，浅海泥沙是从河流挟沙输送出河口，经海岸流作用，在河口外形成沙丘、滩沙。但入海河口感潮河段泥沙来源除上游径流带来外，河口沙滩经风浪和潮流掀沙，由涨潮流搬运进入。

例如，长江河口是中潮河口，平均潮差 2.67m。

（1）入海平均径流量为 29 300m^3/s，平均年径流量 9240 亿 m^3，平均每潮进潮流量 26 6300m^3/s，平均每潮进潮总量 33.5 亿 m^3。每潮进潮流量与年平均径流量之比约 9.00 倍。大潮每进潮总量达 45 亿 m^3。

（2）潮流量与径流量的含沙量之比 2.59 倍，涨潮与落潮历时比 0.95，流速比 1.05。

（3）口门宽的平均放宽率为 0.1241。三条支河，都有过最大浑浊带，由入海平均含沙径流量和平均含沙潮流量平衡维持入海纳潮河段过水面积。

（4）地面径流为 10 000m^3/s 左右时潮流界上溯到 280km 的江阴附近。

（5）在黄河夺淮期间，海岸来沙量多，海岸线外移 50km。2000 年来入海河口口门宽已由 180km 束狭到 90km。1200 年前扬州与镇口之间水面宽约 12km，现束狭为 2.3km。

（6）上海深水航道维持 12.5m 水深的年挖泥量平均约 2000 万 m^3；2009 年长江来水量减少，维持 12.5m 水深航道挖泥量增加到约 7000 万 m^3。

又如，灌河河口平均潮差 3.08m。

（1）上游来水多年平均径流为 180m^3/s，平均年径流量 56.8 亿 m^3，平均含沙量 1.76kg/m^3，涨潮平均每年纳潮总量 0.8 亿 m^3。大潮总量达 45 亿 m^3。平均每潮潮流量与径流量之比 13.98，平均进潮流量在 2520m^3/s 左右。潮、径流量含沙率之比 3.50，平均口门放宽率 0.1289。

（2）潮流界处在盐东控制工程附近，盐水入侵 32km。涨潮流比径流强的时间长，又是新沂河排洪入海口，维持着河口排水入海。

再如，现在黄河入海口近无潮点神仙沟，为极弱潮河口，平均潮差 0.20m。

（1）河口多年平均年径流总量 442.8 亿 m^3，多年平均含沙量 25.3kg/m^3，潮、径流量比 0.194，潮、径流量含沙率比 0.1415，潮流界仅 1～2km，最大潮落潮流速约 1.5m/s，对入海泥沙向外扩散起很好作用，平均口门放宽率 0.0861。

（2）排水入海流强于涨潮强时多，即使断流，河床淤高，入海口也不会被淤死。

风暴潮的影响：沿海在夏季经常因强风形成涌水，海平面升高，称海岸增水。江苏吕四港最大增水 2.50m。入海河口区受强风掀沙，涨潮流挟沙量增加，易出现泥沙最大浑浊带，淤狭河口。例如，长江口在 1986 年的 8615 号为近海转向型台风（在浙江和长江口以东海面转向东北的朝鲜、日本方向），将上海港原来的南港航道淤塞，紧急挖淤疏浚北港，作为新航道。

中等潮差入海河口发生拦门沙，拦门沙体积与上游挟沙来水入海冲淤平均能力和上溯潮汐挟沙流量平均能力平衡相关。河口平均放宽率在入海河口上游来水减少时，潮强径流的时间比潮弱径流强的时间长，入海感潮河段被海浪泥沙淤狭、淤浅。建闸后，潮强关门，闸下游减少纳潮量，闸下潮波发生拦门沙，闸下河口断面淤狭。建闸位越靠近入海河口，纳潮量减少越多，河口过水断面的淤积进程越快，过水能力减少越快。在河口总淤积量减少越多，抬高闸上水位，与上游来水减少的同一来水量可以冲淤达平衡。

1957 年射阳河闸闸位离入海口约 32km，河口平均潮差 2.59m。建闸后，闸下入海河道淤积狭小，3 年内淤积了闸下原来河断面的 3/5 以上，主要原因是闸下潮波变形引起淤积骤增。纳潮量减少引起淤积量减少，经 5 年时间，年冲淤积量达到接近适应当时上游减少来水量。

海河干流河口1958年建闸，闸下入海引河11.0km，河口平均潮差2.35m，上游建水库蓄水，入海地面径流减少，1958～1980年平均径流量由建闸前的99亿m^3减为32亿m^3，输沙量由800×10^4t减为20×10^4t。加上潮波变形，到1995年，河口过水能力已减少80%（截至2001年，流域已建水库1900余座，其中大中型水库31座，总库容294亿m^3，控制流域山区面积85%，控制流域径流量达95%）。

在中等平均潮差的入海口，如有宽大的入海河口，纳潮量大，适应多年平均年径流量。在涨潮强长于径流弱的时间内潮流的泥沙淤垫河口，在年径流量小的年份入海河口很快被淤狭甚至淤塞。

苏北灌溉总渠六垛闸入海引河长约13km，入海口没有放宽，是人工开挖河道，出海河口处为较硬黏性土。1966～1967年淮河连续两年大旱，洪泽湖干涸，灌溉总渠断流。1966年冬，闸下入海河道过水河槽被淤平断流，第二年靠上游来水冲淤，加上人工扰动才冲开。

六垛北闸是苏北灌溉总渠北的排水渠入海口的挡潮闸，挖河筑总渠北堤，河断面挖得很大，因排涝水量小，几年便淤了。在河口再建一个北闸，两闸之间河段拦蓄高潮水量，低潮时利用流速冲刷新北闸入海引河，维持盐城市总渠以北排涝入海水量。

入海河口是海相潮流、陆相径流相互作用的地带：入海河口分口外区、河口区、近口区和河流区。近口区指潮流界下游水位受潮汐作用有规律周期性起伏、水流方向始终向下游的河口。河口区是含沙潮流和含沙径流两种能量相互消长的河段，水流方向成为往复流，径流向下的惯性作用增加了涨潮流的阻力，但含盐量自下向上逐渐减少，盐水密度有增加涨潮流流速的作用。中潮河口区出现淡水和盐海水没有完全混合情况，使涨潮流底层水流含盐量多，流速大，落潮时水流受上游来水影响，面层流速大，底层上溯涨潮发生流速为零的地方称滞流点。流域河口区细颗泥沙在遇盐水而絮凝沉降，在底层积聚，在涨潮流作用下，有时发生最大浑浊带，类似泥沙异重流挟沙进入河口，在滞流点沉降，形成拦门沙。大潮时潮流更强，滞留点向上游移动，小水年时径流更弱，滞流点也向上游移动，结果是使拦门沙体积增大。反之，大洪水时滞留点越接近海口，拦门沙体积越小。涨潮流受地球自转影响，使涨潮流与落潮流主流分离，在涨潮主流与落潮主流之间成为缓流，形成沙滩或沙岛。由于口外区、河口区弯道不易充分发展，所以滩沙冲淤交替，水流摆动，汊道交替。受上游来水影响，涨潮时间比落潮时间短。涨潮流速大，挟沙多，造成潮流挟沙落淤成积。天然入海河道的感潮河段纳潮量很大，河口断面宽大，大洪水年涨潮流弱于径流的时间长，径流和涨潮流泥沙淤积由上游来水冲刷，枯水年涨潮流强于径流时间多，涨潮潮流和径流泥沙淤垫向河口上游移动。如果多年冲淤平衡，维持河口为宽大过水喇叭口。

淮河情况如下。

淮河潮波原传到盱眙附近，河口在涟水以东的云梯关。从黄河夺淮北移时，河口已向外延伸 80km。黄河北移后，100 多年来废黄河口海岸因泥沙少来源，已局部蚀退 20km，故现在江苏苏北沿海河口泥沙主要来自海域。

黄海为正规半日潮型，原来淮河入海口潮差现在为 2.59～3.08m，汛期潮位平均值的海平面高程约在 0.40m。

要恢复中游淮北平原的涝水能自排入淮河的水位，必须将此水位与淮河入海口感潮河段的潮水位按水面比降相连接，要根据上游多年平均来含沙水量及其冲刷能量，确定维持河口的纳潮含沙流量，综合选定入海感潮河段的潮流界和放宽率，保持入海河口冲、淤平衡。而技术上要研究的问题很多。

纳潮量大小与开挖工程量有关。20 世纪 50 年代设计比较，里下河地区挖河 20 万 m^3，才排水 $1.0m^3$ 入海，尚不计因满足入海河口冲淤平衡的含沙纳潮量使入海河口放宽的工程量。

建水库可以多利用洪水资源，调节洪峰流量，上游来水入海流量与上、中游水库蓄水有关，淮河上游、中游已建水库占年平均径流量的60%～70%，减少下泄的年平均径流量，涨潮强的时间比径流强的时间增长，加快河口断面受潮汐和上游来泥沙淤狭、淤浅。结果是使感潮河段平均纳潮量减少，感潮河段淤积断面的比例增大加快，即使下泄的年平均径流量减少仍能维持河口排洪入海口不淤塞，也不可能维持中游淮北平原排涝入淮河的水位。

在中等平均潮差的人工入海河口建闸，闸位置尽可能靠近口外区，将潮流界限在闸外河口，使闸上原有感潮段不被潮流带来的泥沙淤狭，保持闸上的阔大河床淡水库。虽因建闸闸下入海河道发生潮波变形，增加淤积，且很快趋于冲淤平衡。闸下河道入海越短，纳潮量越少，增加淤积量越少，这样可减少冲淤水量。并且可能利用闸上河道蓄水，抬高水位，低潮时放水冲淤，人工改变潮弱、径强，增大水流冲刷能力。但如无水冲淤，入海河口很快淤塞，归根到底最终维持入海河道排水能力的是上游的冲淤来水量。

若干年后，闸下感潮河段向外淤涨，再在河口建闸，形成套闸，纳高潮冲淤，减少冲淤用水量。

洪泽湖与淮河下游河道“分离”后，将洪泽湖及其下游河道挖深，利用淮河排洪，形成溯源冲刷，将中游长距离未挖深的河道刷深，代替人工开挖。溯源冲刷的淮河中游泥沙淤塞下游河床。根据淮河中游实际情况，不可能做到。

利用下游河床挖深，降低河水位，造成上游来水流速增加，冲刷河床。如土质松软，上游、下游两级水面高差不大，来水为缓流时已能冲刷河床，只要水流不冲刷河岸，不成险工，是能够实现溯源冲刷的，但应考虑冲刷下来的泥土，下游淤垫河床，如何运走。如遇弯道冲向凹岸，仍可能成为险工。

当上游、下游两级水面高差较大，或河床土质较好，满足冲刷河床土质的流速已为急流时，急流区极易发生折冲水流，冲刷河岸，从而成为险工；或遇弯道，急流冲向凹岸，成为险工。所以，要采用工程措施保护。

为防止发生险工，在上游河床做陡坡和消力池与下游河床连接，急流在陡坡上发生水跃，跃后水位在消力池内与下游低水位的缓流连接，停止溯源冲刷；或做跌水，以上、下游都以缓流连接，停止溯源冲刷，不再能降低上游水位。

实现淮河中游淮北平原的涝水自排入海，工程量大；在入海河口的设计和治理中不确定因素太多。这是将治淮工程多年治理取得的成效放在一边，换一种不可能做到的思路从头做起。

洪泽湖泥沙来源是淮河上、中游被黄河夺淮的各支河入湖，支河地形淤高，淮北平原涝水排入淮河的条件已改变。采用机械排灌，解决洪、涝、旱，发展生产。20 世纪 70 年代我国自制 7m 扬程斜流泵，单台抽水 $100m^3/s$。建抽水站工程投资小，收效快，风险低。

六、淮河下游水安全与洪泽湖、黄海、长江的关系

（1）黄河夺淮的首要危害是淤塞淮河流域入海河道。淮河下游的治水任务是从开挖入黄海、拓浚入长江河道开始的。维持入黄海、入长江河道的通畅，是保证淮河下游水安全的关键。

（2）淮河下游主要有洪水资源。洪泽湖是下游唯一的调洪、调蓄水库，可以充分利用淮河及其各支流来下游的洪水和余水资源。

（3）北调长江水补充淮河下游水资源，弥补淮水不足：淮河大洪水入长江处不需要冲淤保港水量，不仅减轻淮河下游防洪负担，又为长江入海道冲淤保港增添水量，是双赢的措施。

（4）南水北调东线工程按规划实施使淮河下游失去生态环境用水，入海河道很少再有水来冲淤保港，将很快被潮水带来的泥沙淤狭甚至淤塞，很难满足淮河洪水安全排入黄海的要求；淮河处在季风区，失去洪泽湖调蓄和大部分江水资源后，淮河下游水田种植要靠洪水和雨水灌溉，将很难继续；在水量调配中又没有城镇用水，

淮河下游城镇发展和工业现代化，都将增加很大困难；沿海滩涂开发缺少淡水，困难将更大；失去洪泽湖调蓄后，淮水利用减少，要多用江水替代，东线调水成本增加。

（5）淮河流域在历史上是富庶之地，黄河夺淮成为“大雨大灾、小雨小灾、无雨旱灾”的有害流域，淮河流域水安全必须密同黄河治理，黄河水患是形成淮河水利最大的危害。

（6）洪水治理、水资源供应和流域生态环境提升，仍是今后淮河下游治水的首要任务。

第五章

工程技术学习体会和工作方法

一、工程技术的学习体会

（一）要树立不断学习的思想

科学技术发展到现在，要求我们的科技工作者要“活到老、学到老”，不断学习。

（1）科学技术包含自然科学、技术科学、工程技术三方面内容，它们之间相互联系，但不能互相替代。

（2）自然科学的任务是认识自然，探索自然的发展规律，是发现，这是科学技术发展的基础，是基础科学，19 世纪以前的自然科学的进展，主要表现在基础科学方面。

（3）工程技术的任务在于应用自然科学理论和工程实践经验，发展新材料、新工艺、新产品，是发明、是应用、是不断开拓和增强人们改造自然的技术和能力。

（4）技术科学的出现促使科学技术迅速发展。在过去，工程技术的进步很大程度上是靠工程经验的积累，但到了今天，几乎一门新技术的发展过程都必然随之形成一门新的技术科学学科，这成为自然科学与工程技术之间的中间环节。

（5）技术科学与基础科学相比，具有明显的应用目的；与工程技术相比，又具有理论基础性质。因此，技术科学直接为解决生产和工程中出现的技术问题提供理论基础和实验数据，也为生产和工程不断开拓新的技术方向，促使科学技术迅速发展，是应用科学。

（6）工程技术的发展必须伴随技术科学的发展，两者密不可分。工程技术创新大多数必须是在多种学科技术科学发展基础上开拓发展，有的工程技术问题看似简单，但工程技术从单一学科发展很难成功，甚至上百年解决不了，要在多种学科技术科学发展基础上联合开拓发展。这是工程技术与学科技术的区别。

（7）以上是目前科学技术发展的现状和特点，这一特点决定着科技飞速发展，同时也决定着科技工作者要始终坚持学习新的专业知识，拓宽自己的知识面，使在解决复杂的技术问题时更为有效，这样才有可能跟上科技发展步伐。

（二）怎样学习

（1）学习的第一方面是学习书本，它是前人知识和经验积累的总结，是大量的。一定要做到“点深面广”，即要有选择地精读几本经典专著，读深、读透，有自己的体会和见解，为专业打下扎实基础，成为“点深”；在此基础上再泛读一些相关书籍，以拓宽和延伸自己的知识领域，形成“面广”。为有利于专业上的发挥和创新，尚有专业学科之间的相互交叉、渗透和融合，取各家之长，为我所用。不能讲“开卷有益”，至少是说得不全面，因为不是所有书都是好书，因为我们精力、时间有限，不可能见书就读，要讲究效果、效率。

（2）学习的第二方面是“学习工具”的学习，这里指的是数学知识、分析计算能力（包括计算机的运用）及外语等。掌握它们将有利于提高科学研究和工程技术工作效率，是“磨刀不误砍柴工”。科技工作和工程建设中有着大量的分析计算工作，随着计算机性能的提高，通用和专用的计算分析程序功能日益完善，使科技工作者有可能从大量的分析计算工作中解放出来，提高工作效率。

（3）学习的第三方面是实践，实验是实践的一部分。科技发展最根本的基础是实践，它离不开实践经验的积累，所以要十分重视积累和总结实践经验，在原有技术的基础上发展，使发展更有把握成功。即使是原始性创新，它仍有包含继承与发扬的地方。在工程建设中不可能遇到的所有技术问题都已解决，将实践经验在技术科学的基础上拓宽和提高是解决问题的唯一道路。

（三）学习马克思主义哲学，遵循实事求是的思想方法

1998 年中国科学院和中国工程院出版了由 124 位院士写的《院士思维》一书，回顾他们的科研实践，总结科研心得，并上升到方法论高度提炼出他们的思维特色，其归根到底是以马克思主义哲学为指导，实事求是，在分析问题时善于抓住主要矛盾，因地制宜地处理问题。因此，正确的思维方式是科技工作者成功的灵魂。希望大家在学习专业科技的同时，也要学习马克思主义哲学，遵循实事求是和善于抓住主要矛盾的思想方法。

（四）要树立工作为国家、为人民的观念

科技工作者的科技知识和经验是要靠长时间积累的，归根到底是始终依赖于他们的执着追求。科技是有继承性的，有一个不断持续探索和发展的过程，而科技工作的精髓是创新。只有牢固树立坚持为国家、为人民的观念，忘我工作，长期努力，才有可能创造出科技业绩。

二、工程技术的工作方法

（一）要重视分析工程需求，抓住关键

工程建设是在实现该工程已定的规划目标需求条件下，运用科技知识和工程实践经验做出工程建设方案并付诸实施。由于工程建设常常有多种需求条件，各种需求条件之间有的是相互关联、相互影响，而且有的条件可能是不确定的，或者相互矛盾、冲突的。所以任何工程都可能有着不同的建设方案，存在着不同方案的比选和优化。方案比选和优化的目的是使选用的方案能够最优地充分满足工程的实际需求。所以工程建设的首要问题是将工程的实际需求分析清楚，努力找出关键所在，关键问题处理好了，其他的就比较容

易解决。但有时次要需求在一定条件下会上升为工程成败的关键，成为关键问题。纵观工程建设实施后发生的问题，主要是工程需求没有分析清楚，没有掌握工程的实际需求，或者关键问题没有处理好，或者看似次要的问题，没有处理好而成为主要问题。其次是实现工程建设需求的方法或措施，是否最好满足工程的需求，在方法或措施上有没有做到充分或最优实现工程需求。关键问题上失误，问题发生了再来纠正或补救，常常是事倍功半，很难弥补。

（二）要做到广纳众见，精益求精

工程建设需求方案是综合相关多种学科智慧的集体创作。由于对工程需要理解不同，加上参与人员的工作背景和经历不完全相同，因此在工程建设方案形成的过程中，会出现不同意见，甚至有争论，这是十分自然的。要能坚持正确意见，同时认真研究不同意见，吸取其合理部分，特别是反对意见，常常能从另一侧面为完善建设出谋划策，这往往是完善建设的必由之路。

（三）必须立足全局，实事求是

工程作用涉及多方面的利益，因而建设方案的争论，有时是反映局部与全局、地方与国家利益的矛盾，这种情况在水利工程中比较突出。作为方案比选的最高准则，始终要着眼于全局需求与国家利益，但对局部利益与地方需求一定要详加研究，妥善处理，不产生遗留问题，避免出现新的矛盾。作为技术人员在工作中不能掺入个人得失和好恶，而应将方案的利弊分析清楚，使各种不同意见统一在工程的需求之中，统一在全局与国家利益之上。分析以往的工作失误，大都是掺入个人得失造成的，个人品德在科技创新更为重要。

（四）工程建设都有特定的科技创新需求

工程建设一般都有以往的技术和经验可以参考，但严格讲，很少有可以完全照搬照抄的工程设计，每个工程都有特定的科技创新需求。关键是如何根据需求，力求主动创新，达到优化建设。有两类思维方式。

（1）经验转移：在类比基础上把一个领域中的技术移用到另一个领域，使原有的技术获得新的突破，实现技术创新。

（2）克弱致强：任何技术都有一定的局限性，在某种条件下就不适用，这就需要针对工程的各种具体条件，找出已有技术在工程实践中不适用的弱点，通过总结，将工程实践、书本知识和试验研究三者结合，探索克服上述弱点的某种技术，成为该方面综合的工程技术，将其作为解决问题的突破口，达到使用方便、功能完备、安全运行、效益满足、避免错误等目的，实现科技创新。

附录一

媒体报道选摘

大师的风采

记江苏省水利厅高级工程师周君亮[①]

编者按 作为设计大师，他有着非同寻常的贡献；作为共产党员，他又集中体现了共产党人特有的品性，严谨、求实、开拓进取、无私奉献，正是周君亮在设计领域中完成众多“首次”设计的内在驱动力。从周君亮的身上，人们足以看出共产党人在社会主义建设中的先锋模范作用。“八五”期间，水利面临的任务十分繁重。在前进的过程中，我们将遇到许多新情况、新问题，这就要求我们像周君亮同志那样，面对困难、勇于开拓，在振兴水利的伟大实践中奉献聪明才智。

1949 年 6 月，一位 24 岁的年轻共产党人怀着建设新中国的热切希望，从复旦大学毕业来到江苏。

41 年后，在北京西郊宾馆，掌声和鲜花拥抱了他。“中华人民共和国设计大师”的殊荣，为他几十年的设计生涯作了精彩的注释，也为共产党员这个神圣字眼装点一道嫣红！

科学历来注重前后的继承关系，但对每一次成功的创新总有特殊的钟爱。在水工设计领域跋涉的周君亮，以共产党人的勇气和对人民高度负责的精神，迎难而上，使设计充满创新精神而又闪烁智慧之光。

① 本文原载于《中国水利报》(1991 年 7 月 1 日)。

1976年，周君亮主持并参加皂河抽水站的设计，该站装有两台叶轮直径5.7m、单机流量100m³/s的水泵，其口径、单机流量之大堪称国内之最。由于站址处于地震烈度9°～10°交界处，站身抗震要求非常高。以周君亮为首的设计组的同志们在国内首次采用“平面涡壳进水流道”和“液压快速闸门断流装置”，成功地解决了有关技术难题，泵站不仅运行安全可靠，而且其装置效率比当时最先进的泵站还高出3.3～3.8个百分点。1989年，这一工程荣获国家优质工程金质奖。

设计人员的职责在于把科技成果运用于具体实践，使科技尽快转化为生产力。在这个承上启下的过程中，每一次成功的创新不仅仅意味着对传统形式的突破，更是设计人员勇气、技术以及对人民负责精神的体现。然而，周君亮也深知，创新绝不是凭空想象，科学的大敌乃是所有不切实际的想象。20世纪60年代中期，在南京秦淮河武定门翻水站的设计中，周君亮又一次以科学的精神完成了独具匠心的构思。这是个街市密集区，场地极窄。如果按传统的设计，需要大量拆迁，耗资巨大。主持该站设计的周君亮在心里反复掂量，上千万元的资金对于一个尚处于恢复时期的共和国来说是个不小的数字，而进行新的设计虽可节省投资，却成倍增加了技术难度和工作量，尤其还要承担一定的风险。共产党人对人民事业的高度责任感促使周君亮作出抉择，克服困难，“狭地生花”。他冥思苦想了许久，终于从一种古老式潮汐电站结构中得到启示，在国内首创设计出“双向×流道”抽水站，避免了大量拆迁，节约投资1000多万元。1985年，推广采用了“双向×流道”结构的谏壁抽水站获得国家优质工程银质奖。

不尊重科学的蛮干，终将得到科学的惩罚，而尊重科学，并建立在科学基础之上的创新，终将得到科学的丰厚奖赏。周君亮不畏困难、勇于创新的精神撼动了传统的大门，并得到了殷情的回报。

江都抽水站三站、四站设计，在全国首次采用半堤后式站身，成为当时效率最高、单位流量造价最低的泵站。

新沭河蒋庄漫水闸改建设计，在国内首次采用水力自动翻倒门，实现了自动泄洪、自动蓄水，极富推广价值。

新沭闸设计，首次将反拱底板、正拱桥结构用于水闸，节省了大量钢材和水泥，漂亮地做出了“少米之炊”……

每一项工程的设计，不会也不可能千篇一律，但科学的结论只有一个。对待技术争论和行政干预，周君亮的态度是，不唯上，不唯书，只唯实，尊重科学，以理服人。

从青年时代起，周君亮就一直坚持学习辩证唯物主义的理论，以此指导自己的设计实践，从而逐步形成了求真务实的工作作风。

在周君亮看来，对设计过程中的一些重大技术问题看法不一是正常现象，由此而导致的技术争论将使设计本身更趋于科学和合理。因此，在与技术人员研究讨论问题时，他总是让大家各抒己见，同时也亮出自己的方案，进行民主讨论。

“遇到意见分歧时，我努力按照共产党人所提倡的实事求是的原则，从科学的精神出发，把自己的观点陈述给大家，别人有别人的道理，即使不对，又何尝不是从反面印证自己呢？如果别人说得对，就按别人的意见办，这里丝毫没有什么面子的问题。优化工程设计，个人的利害得失是小，人民的利益、国家的利益才是大。”

1972年，周君亮负责蔷北地涵加固审批，主管单位提出浆砌块石设计方案。周君亮经过现场勘查和分析对比，发现该方案不仅造价高，而且很难在汛期前完工，且无法满足排涝和灌溉的需要。于是，他多方做工作，耐心向领导解释，并得到同意，改用钢丝网内衬加固。结果不仅按期完工，而且节约工程经费100多万元。

对待设计工作中的行政干预，周君亮的态度是，领导考虑面广，立足点高，有时确定的方案的确高出一筹，但有时难免悖于科学规律，作为技术人员尤其是党员，不能见风使舵，看领导的眼色行事，应该保留自己的建议权，实事求是地反映出自己的意见，以利领导最后决策。1966年，周君亮负责淮沭河续建工程设计，既定方案是一泓行洪（另一泓排涝），有领导要求他在该工程方案选择上保持“沉默”。周君亮通过详细的现场调查发现，一泓行洪方案比二泓方案减少灌溉耕地8万亩，而且降低了行洪能力，已投资的1亿多元工程费大部分浪费了。周君亮无法“沉默”，他本着对人民高度负责的精神，还是大胆地把两个方案的利弊在有关会议上和盘托出，供在场领导和技术人员权衡，精确的数据、全面的分析使领导更弦易辙，最后采纳了二泓方案，取得了良好的工程效益。

共产党人的价值体现不是在瞬间，更多的是在持续恒久的奉献之中。曾面对白色恐怖毅然向党旗宣誓的周君亮，在几十年的设计生涯中，始终保持共产党人的那股精神——严于律己，忘我工作，即使3次面对死神也无所畏惧。

从外表看，周君亮除了言语之间流露出学者独有的谦逊和严谨外，毫无特殊之处，但谁会相信，他是在白色恐怖中加入革命队伍成为地下党员的！

周君亮出生于江苏省无锡县，由于受党的影响，早在1940年读中学时，就组织成立了读书会。进入复旦大学后，担任了土木工程系学生会干事，积极参加反内战、反饥饿等爱国运动。

1949年3月，国民党反动派无力挽回失败的命运，加紧迫害革命者，在严峻形势下，周君亮毅然加入了中国共产党，积极参与护校斗争。他的名字因此被列入敌人搜捕的黑名单中。

中华人民共和国成立后，周君亮在与之共事的老一辈共产党人的影响下，把报国之志融进了忘我的工作之中。

1964年5月，苏北平原浸染在浓浓的春意里，平畴沃野，一片碧绿，正忙于调查农田水利工程的周君亮和他的同事无心欣赏江南美景，他们骑车在灌云县农村跑了三天之后，到沭阳县又骑车跑了一天，剧烈的颠簸和劳累诱发了周君亮的胃病，第二天一早，他再也撑不住病痛的折磨被送到沭阳县人民医院。进到医院，他两眼一黑，猛然觉得呼吸和心跳都停止了，思维一片空白，一股鲜血从口中喷出——胃部大出血，医院发出了病危通知书。

1974 年，他去蒋坝船闸解决加固问题，连日的劳累，使他第三次胃出血，苏北人民医院为他做了胃切除手术。

三次胃出血，三次大难不死，周君亮乐观风趣地说："三次到马克思那里报到，三次没有收下我，马克思说，你的水利工程还没搞完，不收。"

手术给周君亮的生活带来了不便，但他照常出差，说走就走。在淮安抽水站工地一住就是两年。那时，他每天大早起身一直忙到晚上十一二点。工地食堂的饭菜常常又冷又硬，吃了胃痛，为了工作，他不得不用止痛药支撑着。同事们感慨，周君亮在设计众多的水利工程时，何尝又不是在设计着一位共产党人的生动形象？

周君亮是一名共产党员，又是技术上很有威望的高级工程师，与他共事的人有个共同感觉，从他身上感觉不到半点儿技术权威的"味儿"。他谦逊、严谨、事事处处严格要求自己，他从不向别人说教，而是以自己的表率行为去影响别人，他说："表率作用恒大于说教。"在技术上虽然是权威，却从不保守，无论什么人，只要求教于他，他总是有问必答。在与他共事的同龄人眼里，他是"老大哥"；在后之来者的年轻人的心目中，他是可尊敬的长辈。无怪乎当周君亮荣获全国设计大师时，同事们的恭贺之词如出一辙：当之无愧，无论是技术还是为人。

"设计大师"，偌大的全国水利系统获此殊荣的不过 4 人，获得者是没有理由不感到自豪和欣慰的。但在周君亮眼里，它只不过是 40 多年设计生涯的一个逗号。知识分子、共产党员的双重使命，决定了他在今后的事业中不会有些许的停留。

他依然是一位富有创新精神的跋涉者，一位壮心不已的共产党人。

老树春深花愈香

——记中国工程院院士江苏省水利厅周君亮同志①

1995年7月14日，李鹏总理在北京人民大会堂授予216名专家学者以中国工程院院士荣誉称号。这是我国工程技术方面的最高学术称号，为终身荣誉。江苏省水利厅共产党员、全国工程设计大师、高级工程师周君亮同志，是江苏省水利系统唯一获此殊荣的院士，在全国水利水电战线，亦只有9名。

像每一位献身科学的人一样，周君亮为中国的水利工程设计献出的不仅是智慧和青春，更是一颗真诚的心。

（一）为了科学，就要忘我地工作

周君亮的妻子清楚地记得：为了工作，他几乎没有度过一个完整的休息日；为了工作，他曾三次胃出血，医院曾两次发出病危通知书。

1964年他在淮河下游地区查勘时，在沭阳病倒了，胃出血量大，血压一度降到了零；1974年在检查骆马湖大堤、三河闸时，因劳累过度，胃部又一次大出血，被送往医院，病危通知书又一次发到他家中。手术、输血，连医生都认为难有指望了，然而，他又顽强地站了起来，他说："我离不开淮河！"

手术给周君亮的生活带来很多不便，但他照常出差。在淮安抽水站工地进行皂河第一抽水站现场设计，历时两年，每天从早忙到半夜，工地食堂的饭菜吃了胃痛，他用止痛药支撑着工作，同事们

① 1995年周君亮当选为中国工程院院士，江苏省水利厅原副厅长蒋传丰、原处长潘杰写了《老树春深花愈香——记中国工程院院士江苏省水利厅周君亮同志》，刊载在《江苏水利科技》1995年第6期。

感慨：周君亮在设计一个又一个水利工程时，何尝又不是在设计着一位科技工作者的光辉形象。

在40多年里，他主持设计和审批47座大中型船闸、27座节制闸、10多座抽水站，先后在《水利学报》等科技刊物和全国性学术讨论会上发表、宣读、交流论文数十篇。其中：江都抽水三站、四站为国内首次采用半堤后式站身，是当时效率最高、单位流量造价最低的泵站，获国家优质工程金质奖；新沭河蒋庄漫水闸改建的设计，在全国首次采用水力自动翻倒门，实现了泄洪蓄水自动化；在沭新闸设计中，首次将反拱底板、正拱桥结构用于水闸建筑，节省了大量钢材和水泥。

（二）要把对科学的追求，化为无限的创造力

从1949年复旦大学毕业后，这位年仅24岁的年轻共产党员，就把对科学的热爱化为无限的创造力。1966年修建武定门抽水站时，周君亮以高度的责任心和创新精神，经过多次实地查勘和对大量资料的研究分析，从一种老式潮汐电站得到启发，采用“双向×流道”设计，避免了七里街地区大规模的拆迁。当时粗算，仅此一项就为国家节约投资1000多万元。1985年，“双向×流道”结构推广用于谏壁抽水站，获国家优秀设计银质奖。

1976年皂河第一抽水站设计时，周君亮为了提高单机流量，大胆采用了两台叶轮直径为5.7m的斜流泵。由于泵型巨大，常规的中小型辅助设备全都用不上，给设计工作增加了难度，加之由于施工难度大、资金不足，工程建设进度缓慢，许多人开始怀疑、指责，甚至有人认为这个设计从一开始就是个错误。在这一段艰难的日子里，周君亮反复推敲论证，坚信这个设计是科学的，没有错，顶着巨大的压力，他又首次设计采用“平面涡壳进水流道”和“液压快速闸门断流装置”等辅助设备，成功地解决了有关技术难题。1987年，抽水站落成并交付使用，实践证明，运行安全可靠，装置效率

高。1989 年，荣获国家优质工程设计金质奖。一向不重名利的周君亮，这一次也激动地难以自持，因为在这项工程中他所倾注的心血、勇气，他所承担的风险，任何局外人都是难以想象的，这充分体现了一个科技工作者的胆识和勇气。以后，在设计无锡犊山水利枢纽工程中，把水利工程建筑与旅游胜地太湖的旖旎风光融为一体，体现了江南水乡的特色，1994 年又获国家优质工程银质奖。

（三）科学的精髓是实事求是，在探索的路上只能尊重两个字——唯实

一个科技工作者最可贵的是尊重科学，具有唯实的态度。

1966 年，周君亮负责淮沭河续建工程设计，当时已定的方案是一泓行洪，有关领导向他说明方案已定。但周君亮通过现场调查，发现一泓行洪方案比二泓行洪方案多占用耕地 3 万亩，而且行洪能力有所降低。他本着对国家负责的精神，在有关会议上将两个方案的利弊作了详细分析。最终，领导采纳了两泓行洪的方案，工程效益良好。

1972 年，周君亮在审批蔷北地涵加固工程时，发现原上报的设计用浆砌块石不仅造价大，且难以在汛期前完工，不能在当年发挥排洪和灌溉效益。经向原单位解释，改用钢丝网内衬加固，节约投资 100 多万元，汛前竣工投入运行。

（四）科学需要严谨的态度，更应有谦逊质朴的作风

1978 年在江苏省科学技术大会上，周君亮被授予在“科学技术工作中作出显著贡献的先进工作者”称号。1989 年，被建设部授予“中国工程设计大师”荣誉称号。1995 年，当选为中国工程院院士。他在水利部门、交通部门享有较高的知名度，但他从来都是待人谦逊，为人质朴。1972 年，他应交通部邀请参加葛洲坝船闸设计会议，介绍江苏船闸设计经验，主持闸门方案研究。他和其他同志一起，对采用单级闸门设计、制作、变形控制、安装等方面提出解决

问题的途径。他认真听取别人的意见，共同研究，得出可以采用单级闸门方案的结论，为闸门的选定、设计做出了贡献。

周君亮同志向来谦逊质朴，平易近人。如今虽已年逾古稀，但“老骥伏枥，志在千里。烈士暮年，壮心不已”，他现仍担任江苏省水利工程科技咨询中心顾问，还准备将历年的设计经验整理成文。

平凡的工作岗位闪烁着人生的风采。周君亮这位在党旗下成长起来的水利工程设计专家，正迈着坚毅的步伐，走向新的辉煌。

中国工程院院士周君亮①

周君亮，水利和航运工程建筑物设计专家，现江苏省水利厅专家委员会顾问，水利部科学技术委员会委员，河海大学聘任教授、博士生导师。主持、负责江都抽水站、皂河抽水站、三河闸和高良涧闸加固、京杭运河大型船闸等多项重大工程设计，创造性地解决关键难题，有多项国内首创，获三项国家优秀设计奖；并参加水利部、交通部多项设计规范和工程设计审查、研究。在科学技术上有建树，先后被评选为中国工程设计大师、中国工程院院士。

一

周君亮是江苏省无锡市（原无锡县）雪浪乡许舍镇人，1925年2月14日出生。祖父和外祖父从事教书，英年早逝。父亲从商，但

① 2005年3月，应水利部和中国水利学会要求，江苏省水利厅原计划处处长薛其昌撰文记中国工程院院士周君亮，该文由水利厅审查上报水利部和中国水利学会。

生活并不宽裕，母亲仍设法供他读书。1937 年进入无锡私立公益初中读书，日军侵占无锡后，学校停办，辍学回家。翌年，在家乡附近的惜阴初中继续读书。1939 年年底他认识了中共无锡南三乡区委的杨秋滨，要他在校内组织读书会，有七位同学共同自学辩证唯物主义哲学，阅读艾思奇的《大众哲学》。读书会在他初中毕业离校后解散了，但他对辩证思维产生了浓厚兴趣，多年自学，受益匪浅。

1940 年秋，日军“清乡”时火烧许舍镇，他家住房被烧，许舍镇被用竹篱笆围住，不准外人进入，他家被迫临时迁居城中，深感国破家亡之痛。

1941 年，冬周君亮在上海苏州工业专科学校机械科二年级读书时，太平洋战争爆发，日军进占上海市租界，学校停办，再次辍学回家。到 1942 年秋，又进入无锡私立圣德中学高三读书。不愿在日军铁蹄下屈辱地生活，在“科学救国”思想的驱动下，翌年年初他瞒着母亲只身到重庆去找哥哥，谋求读书，步行千余里，历时两月半。沿途劳苦大众的苦难生活，使他对日军侵略下国难当头和国民党的腐败统治，有了更深刻的了解。

1944 年年初，周君亮进入位于重庆的复旦大学英语专修班读书。1945 年 8 月日军投降，周君亮进入复旦大学土木工程系读书。在校期间，他担任了几届系学生会干事，其间参加了几乎所有反蒋学生运动。1949 年 3 月，周君亮在学校加入中国共产党。

1949 年 5 月上海解放，同年 6 月他以优良成绩毕业。参加上海市军事管理委员会农水处棉垦训练班学习，当时苏北地区水患严重，他学习后 9 月到苏北参加水利建设。随即治淮开始，1951 年他被调到苏北治淮总指挥部参与皂河船闸设计，此后一直从事水工建筑物设计工作。几十年来从技术员、工程师、高级工程师到教授级高工，历任设计组组长、设计室主任、总工程师。

1978 年，在江苏省科学大会上周君亮被授予“在科学技术工作中作出显著贡献的先进工作者”称号，1989 年被评为“中国工程设计大师”，1995 年当选为中国工程院院士。

二

周君亮参加或主持了八十余座大、中型水利和航运建筑物的设计和审查，对江苏省水利和京杭运河建设做出显著贡献。他长时间担任江苏省水利勘测设计院水工结构室主任和江苏省治淮总指挥部设计组组长，江苏水工建筑物的规划设计和技术进步凝聚着他和同事们的智慧和汗水。在他主持的工程设计中，有三项获国家优秀设计奖，十项工程技术创新突出，有的是首创或首次设计，大部分得到推广；先后发表论文三十余篇，在设计理论和方法上有建树。

（一）平原地区天然地基水闸设计技术的发展与完善

淮河是中华人民共和国成立后首先着手大规模治理的流域性河道，当时技术条件薄弱，既缺经验，也没有切合我国实际的规范。在老一辈专家带领下，一批青年技术人员，结合江苏实际，自行设计了一批大中型涵闸工程，周君亮成为其中的骨干。江苏处于淮河下游，平原洼地多，从 1952 年兴建国内第二大闸 63 孔的三河闸开始，建设了一批平原地区不打基桩，直接建在天然地基上的水闸。周君亮首先结合分工的专业，着重研究闸门、启闭机的设计，并在以后的工作中使闸门设计从理论到实践，日益完善成熟。接着，他作为水工结构室副主任到主任，参与和主持了一系列平原水闸的设计，他与同事们一起，不断研究提高设计水平，通过实践总结，并与理论相结合，使平原水闸设计技术日益完善。他针对江苏软土地基分布广泛的特点，结合多年实践，总结提出了水闸设计的系统配套措施：从改进结构着手，降低闸身对地基承载力的要求，提高建筑物刚度，合理处理相邻部分工程对地基的压力梯度，减少人工扰动天然地基，到协调施工程序，适当利用软土的附加压密强度，必要时结合地基处理等。反映了水闸设计技术的发展，也体现了这一时期江苏软基建闸的特色。

1966年和1967年先后进行的高良涧水闸和三河闸加固设计，是平原地区天然地基水闸设计的又一次突破性进展。这两座闸都是淮河干流在洪泽湖出口处的控制性建筑物。三河闸是淮河入江水道的排洪口门，当时设计行洪8000m^3/s，挡洪设计水位15.4m；高良涧进水闸1952年建成，当时设计行洪800m^3/s，下游为新开挖的苏北灌溉总渠，兼有排洪和灌溉供水功能。两闸在1954年淮河超标准洪水中都采取了增加压重、抬高下游水位等紧急措施来保持稳定，并发挥了排洪的显著作用。针对原设计标准太低，重新规划设计洪水位需抬至16m、校核水位17m，三河闸行洪设计流量提高到12 000m^3/s，两闸均需加固。但由于新标准与原设计标准差距很大，经多次研究计算，一直未能提出解决问题的设计方案，关键的难点是，为满足闸身稳定要增加闸身重量，这样底板强度无法满足；打坝断流施工又不可能，因不能妨碍汛期排洪。时任江苏省水利厅勘测设计院水工结构室主任的周君亮接受两闸加固设计任务后，与设计组成员一起，多次对工程结构、运行条件、设计参数等逐一进行了深入分析。其中，底板与土壤间摩擦系数的采用是关键，原设计参照英、美有关规定，三河闸采用0.33，而当时苏联规范规定和国内其他设计一般采用0.2～0.3。当时国内外均在研究黏土地基增加考虑凝聚力作用后提高与底板间摩擦系数问题，但一直未能定量。为此，周君亮系统收集、分析了过去这方面国内外，包括本省所做的试验研究资料，并决定在这两座闸加固设计中进一步做拖板试验。为与实践相验证，他又进一步总结20世纪60年代初他负责进行的与三河闸地基土质基本相同的多座小型水闸的设计和建设运行实况，综合研究后提出，三河闸在黏土地基上，将摩擦系数采用值提高到相当于增加考虑该闸拖板试验中1/3土壤凝聚力，是可行的。这样稳定需增加的闸身重量大大减少，使多年的难题得到突破。他根据实际运行经验，提出在最高洪水位时控制最小泄量、不允许闸门全关，允许风浪越过闸顶等有利稳定的配套措施。高良涧进水闸建在壤土地基上，加固时适逢1966年罕见的淮河大旱，洪泽湖干涸，他和设计组研究，抓住这一有利的施工时机，对该闸原有结构进行改造，将原来的大孔径改为小孔径，一孔改两孔；原弧形门板一分为二，改为直升拱板门；启闭机一台开两扇门；原公路桥加宽后上面填土，这样将原来的开敞式闸改造成涵洞式，闸身也加高了3m多，巧妙地充分利用原有结构，避免了拆除重建。这样两闸加固工程都分别在一个冬春内施工完成，保障了汛期行洪和及时灌溉送水。通过加强控制运行管理，达到了增加排洪安全泄量、提高防洪能力的要求。在直接浇筑于黏性土地基上的水闸底板平面滑动计算中，除考虑土壤摩擦角，还要考虑黏性土的凝聚力作用，坚硬黏土地基的摩擦系数由原来的0.30提高到0.45，壤土地基则由0.35提高到0.4，已被1984年《水闸设计规范》所采用。

周君亮对工程的研究，不仅在水工结构设计上，还涉及规划布局、施工方法等多个方面。1997年为确定淮河入海水道与京杭运河立交工程方案，他研究提出了潜运沉管建闸方案，施工期可不阻碍运河航运和入海水道行洪，虽后来在近期工程中未采用，但远景工程建设时仍有用，并为今后不具备打坝断流、开导航河条件下的工程建设，提供了新的途径。由于周君亮在水闸设计中的研究和贡献，1984年水利电力部特邀他参加《水闸设计规范》讨论和审查工作，1986年又参加《水利水电枢纽工程等级划分及设计标准（平原、滨海部分）》的审查。近年受邀参与水利部南水北调规划与布局研究和水利水电规划设计总院组织的浙江曹娥江口建闸技术审查和研究。

（二）适应发展要求和条件在结构型式和技术措施上不断创新

1．蒋庄漫水闸首次采用水力自动翻倒门

新沭河是跨鲁苏两省，经石梁河水库，分泄沭河洪水入海的流域性排洪干河，上段在山丘区，下段为平原，采用束堤漫滩行洪形式。1956年徐州专区在新沭河上建成蒋庄漫水闸，非行洪期关闸蓄水用于两岸灌溉。投产后发现，原来的插板门和后来改为直开门都不能适应新沭河洪水来得快、去得快的特点，往往洪水来时来不及开门泄洪，洪水过时又来不及关门拦蓄灌溉水。1958年，周君亮接受了研究对闸门进行改造设计的任务，他根据船闸输水蝴蝶门实践，提出将漫水闸闸门改成水力自动翻倒门，并经设计计算，可以实现当洪水位超过某一高度时，水力推动闸门倒下泄洪，当洪水位回落到某一高程时，水力推动闸门竖起关门。随后又指导徐州专区水利局绘制设计图纸。工程投产后，实现了无人管理。这一形式参加1958年全国水利勘测设计会议交流后，在国内山丘区河道获得广泛使用，经过不断实践，技术也日益完善。

2. 淮沭河续建工程引用和发展了沙土河堤防护经验

淮沭河是江苏省按照“淮水北调、分淮入沂”规划开挖的淮沭新河中的一段，承担着分洪、调水、航运任务。该河段总长66.1km，有55km经过黄泛区，土质粉土占80%左右，1957年工程实施后，一度因国民经济调整而停建，已做东西堤和河坡受雨水和风浪侵蚀，淤塌严重。1970年续建淮沭河工程时，周君亮接受协助地方设计任务后，调查总结了已建的不牢河、废黄河、苏北灌溉总渠等一系列沙土河段的冲淤变化和防护工程特性，特别是一些支河采用植物防护岸坡的成功经验，研究提出将淮沭河29km一段挖深河底，就地取用黄泛土覆盖下的壤土，护在偏泓河坡和大堤迎水坡；在船浪和风浪冲刷区，将河坡改为1∶7的缓坡来消浪；大堤迎水坡仍需块石护坡防护；在运行管理上提出用下游沭阳闸来控制抬高水位，减小比降，降低流速。这样大大优化了方案，节省了经费。当时，地方上还提出将该河原已施工的东、西两泓漫滩行洪方式改为挖深河一泓行洪。周君亮认为，还是维持原二泓方案好，并在讨论会上介绍了两方案的不同做法，引起广泛讨论，归纳得出：改为一泓方案，对超标准行洪不利，多年耕种收益也比原二泓方案小，原已投资的1亿多元中很大部分将浪费，土方工程量也将增加。经过干群座谈，地方领导多次讨论，终于取得一致意见，仍按二泓续建，缓坡消浪也得到实施。在当时财力、物力条件下，工程很快完成，随即发挥显著的调水、航运效益。

3. 沭新闸工程反拱结构设计及施工技术创新

淮沭新河续建工程，到1971年淮沭河段已能送水到新沂河，周君亮又接受了继续挖通沭新河段向连云港送水，在河口建引水的沭新闸的设计任务。当时材料非常紧张，闸址不通水运，石料供应、运输也很困难。他分析了闸址为中粗砂地基的有利条件，因地制宜，确定采用反拱底板和正拱桥的闸身结构，桥上填土加重来满足稳定要求，这样大大减少了钢筋、水泥、木材和块石用量。针对结构特点，施工时将地下水位降到闸基坑以下，先分开浇筑底板和闸墩，在正拱桥上填土加载到闸墩沉降基本稳定时，再将底板与闸身合成整体，保证了底板结构安全。沭新闸投产一年后，抽干水后检查，结构完好。在当时材料十分紧缺的情况下，采用这一结构，大大加快了建设进程，按时实现了“淮水北调”目标。这一闸身结构以后推广到太平闸、金湾闸和黄沙港闸等多座大型水闸上；有关施工方法也已推广用于船闸坞式结构。

（三）不断攀升大型泵站设计水平

1. 秦淮河武定门双向流道泵站设计首创

秦淮河经南京市区入长江，1966年，为了防洪、除涝、补水，要在武定门节制闸旁建泵站。当时周君亮任水工结构设计室主任，组织了设计组，对该站规划设计进行了详尽的研究。该站要求能正向抽江水补充秦淮河，能反向抽市区或秦淮河干流涝水入江；并能自流引水或自流排水；且能正、反向急转运行。工程位于南京市区，居民密集，按常规设计占地多，要拆迁半条七里街，困难很大，周君亮借鉴双向流道潮力电站类似设计，组织设计组在国内首次采用双向流道设计该泵站，这样可集抽灌、抽排、自引、自排功能于一站，少占用土地，造价大大降低。在设计组成员共同努力下，解决了每台机组有4组闸门的复杂运行条件下避免误操作；并在科研等单位支持下，攻克了流道内易发生脱流汽蚀和淹没旋涡影响运行功效等难题，使双向流道泵站设计获得成功。后来双向流道技术已推广到多座大型泵站。

2. 江都抽水站首次采用虹吸出水流道和半堤后式站身结构的设计创新

江都抽水站是江苏省江水北调工程从长江引水的第一级泵站，抽引江水北送，补淮水不足，并协助里下河地区抽排涝水。江都抽水站由4座站组成，总抽水能力473m^3/s，该站也是国家南水北调东线工程的第一级站。1981年该站获20世纪70年代国家优质工程奖（未排名）。其中先行建设的一站、二站单机容量800kW，水泵直径1.6m，设计中首次采用虹吸式出水流道，停机时，打开驼峰的真空破坏阀断流。当时因缺乏经验，对于能否成功采用没有把握，周君亮积极支持进行这一创新设计，并组织开展模型试验，请南京水利科学研究院进行，又对模型和实体的相似性问题作了专门研究，施工后又进行现场测试，在设计、科研、施工人员的共同努力下，不断克服困难，获得成功。后来建设的三站、四站分别采用单机容量1600kW、水泵直径2m和单机容量3000kW、水泵直径3.1m。在周君亮负责和积极支持下，这两个站的设计，在总结一站、二站实践经验基础上，在国内首次研究采用泵房、出水管和挡水墙分开组成的半堤后式站身结构，获得成功。三站、四站比一站、二站单位流量造价低44%～48%。江都四个站的先后建设，泵型越来越大，效率越来越高，本身就是大型泵站设计水平在创新中不断攀升的历史见证。

3. 主持国内外最大口径泵型的皂河第一抽水站设计，并首次设计液压快速闸门断流装置

皂河抽水站是江苏省江水北调工程也是国家南水北调东线工程的第六级泵站，位于京杭运河中运河段与骆马湖交会处皂河镇北。1975 年立项，先行建设的皂河第一抽水站规模为 $200m^3/s$，采用上海水泵厂设计研制的单机流量为 $100m^3/s$ 的 6m 直径立轴斜流泵，这是当时国内外口径最大、单机流量最大的泵型。1976 年春，时任江苏省治淮指挥部设计组组长的周君亮接受了该站设计任务，兼任皂河站设计组长。当时设计人员因“文化大革命”大量离岗，设计力量薄弱，面对这项任务繁重、技术复杂的设计任务，周君亮多方组织设计人员、有经验的工人师傅参加设计，华东水利学院老师、学生也作为毕业设计参与部分工作，并采取以老带新、去正在施工的淮安第二抽水站工地现场设计等措施，使设计更切合实际。他会同地、县同志，针对该站兼具调水、防洪、结合洼地排涝等任务，以及水系地形的复杂性，经多方案比选反复研究后，确定枢纽布局，使综合功能得以全面发挥，解决洪涝矛盾、排涝还能兼顾高低地的不同要求。在设计中，首次在高比转速水泵站上采用液压快速闸门断流装置。周君亮主持并制定主泵、主机与辅机控制程序和运行条件，参与断流装置的设计，还多次修改液压快速闸门断流系统等，使设计得到不断修改和完善。1987 年 3 月工程建成验收时，首次实现液压快速闸门断流装置断流成功。经多次现场测试，表明这一装置，即使在设备或系统运行失灵时，仍能保证安全可靠。该工程枢纽布局合理；站址在地震烈度 9°～10° 区，抗震措施得当；厂房工作环境优良，控制、检测灵活可靠；造价合理；综合效益显著，1989 年获国家优质工程金质奖（周君亮排名第一）。液压快速闸门断流装置已推广到其他泵站。

由于泵站设计的丰富经验，1986 年周君亮应水利电力部特邀，参加了《泵站技术规范设计分册》的审查工作。

（四）开国内大型内河船闸设计的先河

20世纪50年代前，京杭大运河江苏境内只是一条狭窄的河道，有由庚子赔款建造的三座10m×100m×2.5m小型船闸，当时，钢闸门设计及制造等几乎处于空白。中华人民共和国成立后，随着苏北地区水利建设的发展，河道水系得到治理，并逐步形成梯级河网，为适应内河航运的相应发展，陆续兴建了一系列船闸。周君亮从1951年起负责金属结构（闸门、启闭机等）设计和驻厂监制，1956年后负责船闸设计和审查，先后参与皂河、高良涧、仙女庙、淮安、泰州等10m口宽和宿迁15m口宽的十多座船闸设计，分别设计采用了下卧门、横拉门、人字门等多种门型，为推进闸门设计水平的提高积累了经验。

1958年江苏省京杭大运河工程指挥部成立，按照防洪、灌溉、排涝、航运综合利用规划，对境内河段进行全面整治，划定全线梯级枢纽控制并建节制闸与船闸，由省水利厅组织设计。1958年9月，交通部王首道部长来江苏，部署京杭大运河。为适应发展需要，船闸尺寸改为20m×230m×5m工作，为此，由交通部、工程指挥部抽调人员，以及省航校应届毕业生，与省水利厅勘测设计院共同组成船闸设计组，负责11座船闸设计，周君亮兼任组长。这是国内首次设计这样的大型船闸，从布置到结构面临一系列技术难题，时间又紧，周君亮按分部工程组织设计小组，同时明确各船闸总布置图负责人，精心指导和组织各小组工作，规定闸首、闸室、闸门超高和细部构造，避免矛盾。同时，着重领导研究关键技术攻关，实现了一系列技术创新：设计采用闸首短廊道对冲消能输水，并首次采用阀门变速开启，缩短输水时间，提高船闸通过能力；为节省三大材，上下闸首采用U形钢筋混凝土结构和浆砌块石边墩，闸室用重力式或衡重式浆砌块石墙体和高标号混凝土预制块护面；拟订航行指挥信号及运行规程，首次实现船闸运行集中控制和现场操作并用；上、下游闸门和阀门启闭电气连锁和人字门电轴同步开关，可避免误操作等。后来确定苏北段七座船闸先行实施并先后于1961年陆续竣工投产，设计水平国内领先。1987年我国编制《船闸设计规范》时，集中输水系统型式等不少设计方法和有关规定吸纳了这方面江苏省船闸设计建设的经验。

1984年京杭大运河徐（州）扬（州）段续建工程立项，又续建各梯级11座复线船闸，其中9座尺寸为23m×230m×5m，分别由省、市六家设计院承担设计。周君亮任京杭大运河续建工程指挥部总工程师，负责船闸工程设计审查、技术指导、施工检查和验收。在此期间，周君亮本着“精心设计、精心施工”的原则，认真参与研究并解决了工程中多项技术问题，使船闸设计水平进一步提高。如总结已建工程运行实况，包括：通过深入调研进一步研究确定双线船闸共同运行的引航道平面布置形式；推广砂土地基大口井基坑降水、水力挖土和水力填土的施工方法，配套提出落实土壤密实度要求的措施；解决复杂地基上淮阴、施桥复线船闸施工期对相邻已建一线船闸安全运行问题；将总体设计中皂河复线船闸在骆马湖南堤的闸址改到湖西，保证行洪期航运安全，减少不良地基风险；根据地形，运东船闸采用反对称广厢闸室，避免航道改道；优化施桥复线船闸施工方案，减少用地等。京杭运河复线船闸1988年国家验收总评“技术上有一定的革新和创造，工程质量总评优良”，其中有8座船闸获1989年和1992年省优秀设计奖，一座获国家优质工程银质奖。

1972年，周君亮受交通部特邀参加葛洲坝船闸设计会议，介绍江苏经验，主持闸门设计方案研究，对采用单级船闸闸门设计、制作、变形控制、安装等方法提出解决途径和措施，得出可采用单级船闸、通航过船能力较大、不必采用两级船闸方案的结论，为选定采用单级船闸做出贡献。1987年应交通部特邀担任《船闸设计规范》输水系统设计和水工建筑物设计两篇的部审会议领导小组成员和输水专业执行组长；会后受南京水利科学研究院聘请任输水设计篇总校。

（五）向发挥综合功能结合环境目标的更高要求发展

犊山防洪控制工程是无锡市防御太湖洪水，结合引排水、通航的综合利用工程，也是太湖流域治理中环太湖控制工程的组成部分。该工程位于太湖风景区，又有较高的景观要求；建成后通过加强控制运行，发挥了改善水环境的作用。工程由梁溪枢纽和五里湖枢纽组成。周君亮负责制订方案和指导设计。周君亮在研究工程布局和结构时，结合少占湖区水域、工程造型不破坏景观的要求，分析了太湖水情，以及梁溪枢纽主要在汛期高水位时防洪关闸、平时开闸，具有短期间断关闸的运行特点，提出将梁溪枢纽原考虑建设沟通无锡市与太湖间通航的双线大船闸另加一座节制闸引排水的方案，改为16m×130m短宽船闸一座加单孔宽20m节制闸一座的简化方案，除节制闸短期关闸控制水位时，由船闸维持通航外，平时两闸均敞开成上行、下行两条航线，满足航运发展。这一方案得到了有关部门的同意。在具体布置上，将两闸紧靠并列，少占水域；开门时船闸和节制闸的闸门放入水中，启闭设备分设并隐蔽在闸首闸墩上部的控制室中，使建筑群的景观和湖光水色融为一体。针对五里湖枢纽受太湖风扬影响，逆风顺水，水流湍急的特点，周君亮提出改用单宽16m双孔节制闸，平时敞开，分别用于上行、下行航线，大幅度降低了造价。两枢纽设计中，首次采用周君亮提出的下沉式圆弧升降拱板门，由定轮支承，开通闸时不碍航，有利景观；采用的拱板门体扭转刚度大，输水时振动小。在指导的设计中，还采用了防止开门中发生自锁，提高闸门启闭同步稳定性和开、关门时消除闸门倾斜累计变位，以及满足闸首输水对闸门启闭变速要求等多项革新先进技术。工程于1991年建成，投产后运行良好，1994年获国家优质工程银质奖（周君亮排名第一）。

（六）科研从基础环节抓起

周君亮经手的工程，从规划设计到施工建设，再到运行投产，注重在全过程各个环节中讲求科学、求真务实，通过扎实的基础工作实现创新。大到工程总体布局，小到新老混凝土如何结合，都进行认真细致的研究，并把理论研究、科学试验、实践检验紧密结合起来，不断探索和总结提高。在基础研究方面，他针对江苏省已建水工混凝土建筑物受碳化侵蚀严重，安全使用时间约有 1/3 低于平均水平，仅少数可达到百年以上的实际情况，重点研究了混凝土安全抗碳化侵蚀年数问题。他分析提出，造成的原因在于：①现行规范中有关耐久性指标，并没有与建筑物结构的安全使用时间明确相关，实际上成为软指标；②混凝土是复合材料，施工中材料发生离析，造成实物的耐久性与试验指标不一致；③现行耐久性指标的判别采用的是专家方法，缺乏可在施工现场试验、检测的简易方法。他和省水利科学研究所合作研究混凝土抗碳化侵蚀问题，研究同气温下混凝土构件表面碳化侵蚀深度与空气中二氧化碳浓度，以及与侵蚀时间的关系。特别是与侵蚀时间关系的研究成果，具有开创性；研究提出的试验、检测方法简单易行，已向国内外介绍，并在江苏省水利工程施工中试行。

三

周君亮为了我国水利事业，饱经艰辛，忘我劳动。特别是治淮初期，条件艰苦，他经常奔波在水利工地现场，风里来、雨里去，饱一顿、饥一顿，工作任务又重，天长日久，他患上了严重的胃病，先后胃部大出血三次，有两次都发生在出差劳累情况下。1964 年他在灌云、沭阳骑着租来的自行车查勘农田水利，奔波四天，导致胃病发作，第五天上午在沭阳县候车去连云港时突然胃大出血，医院抢救并发出病危通知书，但他坚强地跨越了死神关。1974 年他冒着严寒在骆马湖大堤检查工程，又连续赶到三河船闸检查闸室墙变位，劳累过度，刚回单位就突发胃大出血，医院发出病危通知书，紧急手术，将胃切除 3/4。手术给周君亮的生活带来不便，但他照常出差，工作仍十分认真。1976 年在淮安抽水站工地进行皂河第一抽水站现场设计，住在草屋工棚，历时两年，那时他每天清早即起身，一直忙到晚上十一二点，工地饭菜常常又冷又硬，胃痛了就用止痛药支撑着坚持工作。同事们感慨地说："周君亮在设计众多的水利工程时，何尝不在设计着一位共产党人的生动形象。"近年来，他身兼多职，为水利、交通等工程建设出谋划策，并在河海大学带着博士研究生，经常工作到深夜。

周君亮是一位有着很高威望的技术人员，科学上有着严谨的态度，更有谦逊质朴的作风。作为一名老党员，他严格要求自己，工作上忘我投入，以表率行为影响别人。周君亮态度谦虚谨慎，待人处事没有半点架子，从不保守，无论什么人，只要找到他，他总是有问必答。与他共事的同龄人称他为"老大"，在年轻人心中他是可亲可敬的长辈。他重视培养青年技术人员，在他的精心、热忱指导下，有的已成为技术骨干。如今他虽已年逾古稀，但仍是"老牛自知夕阳晚（另：老牛亦解韶光贵），不待扬鞭自奋蹄"。

在工作中，周君亮总是注意在坚持正确意见的同时，广纳众见，博采众长，认真研究不同意见，吸取其合理部分，特别是反对意见，认为其能从另一个角度吸取经验，使设计方案更完善、更优化、更精益求精。他重视学习和运用唯物辩证法，善于在工作中分清主次，抓住关键，如在皂河站设计中，正是处理好了调水、防洪、排涝之间的关系和高低地间排涝的关系，使枢纽的综合效益得以更好发挥。他在长期的工作中，总结出两种思维方式：一种是"经验转移"，在类比基础上，把一个领域中的技术移用到另一个领域，从而使原有的技术获得新的突破，如双向流道泵站设计和蒋庄漫水闸翻倒门设计的创新；另一种是"克弱致强"，任何技术都有一定的局限性，需要针对工程的具体条件，找出现有技术的关键弱点所在，作为解决问题的突破口，寻找克服方法，实现技术创新，如三河闸工程加固和犊山防洪控制工程的设计。创新有时意味着风险，周君亮往往能在充分研究论证的基础上，顶住压力，敢于采用新技术，不断完善设计。

平凡的工作岗位闪烁着人生的风采，这位在中国共产党领导下成长起来的中国工程设计大师和中国工程院院士，如今虽年逾古稀，但仍在为我国水利事业的新发展、水利科技上新水平不懈努力着。

平凡的工作岗位，闪烁着人生风采①

院士箴言： 忘年、忘位、忘归、忘求

【简介】周君亮，水工建筑物设计专家，江苏省水利厅教授级高级工程师、厅技术委员会顾问。在江苏治理淮河、淮水北调、分淮入沂、江水北调、京杭运河江苏段船闸等工程中，周君亮设计或审核了 80 余座大、中型水利工程和航运建筑物工程；他设计的工程中有三项获得国家优质工程奖；有 10 项技术创新突出，有的是原创或首次设计，大部分获得推广；先后发表论文 40 余篇，在设计理论和方法上有建树。

1978 年 5 月在江苏省科学技术大会上被省革命委员会授予在“科学技术工作中作出显著贡献的先进工作者”；1989 年获中国工程设计大师称号；1995 年当选为中国工程院院士。

① 2008 年中国人民政治协商会议南京市鼓楼区委员会为该区 48 位中国科学院院士和 16 位中国工程院院士编写传记，请江苏省水利厅委托厅办公室史新民科长参加编写组编写，他征求有关人士意见，查阅 1958 年苏联专家指导设计组当时记录，写成《平凡的工作岗位，闪烁着人生风采》，水利厅办公室主任朱海生参加编纂委员会，查对核实。登载在中国人民政治协商会议南京市鼓楼区委员会的《中国工程院院士与金陵鼓楼》，于 2008 年出版。

一、只身求学、投身革命

周君亮，1925 年 2 月 14 日出生于江苏省无锡县雪浪乡许舍镇。父亲从商，家庭生活并不宽裕，母亲仍设法供他读书。1937 年刚进入无锡私立公益初中读书时，日军侵占无锡，辍学回家。翌年在家乡附近惜阴初中读书。1939 年年底他认识中共无锡南三乡区委杨秋滨，要他在校内组织读书会，有七位同学共同自学艾思奇的《大众哲学》。

1940 年秋，日军“清乡”时火烧许舍镇，他家住房被烧，许舍镇被用竹篱笆围住，不准外人进入，他家被迫临时迁居无锡城中，深尝国破家亡的滋味。

1941 年冬，他在上海苏州工业专科学校机械科二年级读书，太平洋战争爆发，日军进占上海市租界，再次辍学回家。直至 1942 年秋，进入私立圣德中学高三读书。经历了日军铁蹄下的屈辱生活，深感落后要挨打。1943 年春，他谋求读书，瞒着母亲只身到重庆找哥哥，步行千余里，历时两月半。

1944 年年初，周君亮进入重庆复旦大学英语专修班读书。1945 年 8 月日军投降，他转入复旦大学土木工程系。在校期间，担任了几届系学生会干事，参加了几乎所有反蒋的学生运动。1949 年 3 月，在学校加入中国共产党，成为地下党员，名字也上了国民党特务要搜捕的黑名单。

1949 年 5 月上海解放，同年 6 月毕业后周君亮到上海市军事管理委员会农水处棉垦训练班学习，9 月被派到苏北行署农水处参加棉垦建设，1949 年冬参与射阳县西潮河咸水洞设计，1951 年调苏北治淮总指挥部，参与口宽 10m 皂河船闸设计。从此与工程设计结下不解之缘。

二、立志水利，屡树丰碑

（一）平原地区天然地基土上水闸设计技术的发展与完善

20世纪60年代，他从实际工作中开拓提出水闸设计的系统配套措施，从改进结构型式着手，降低闸身对地基承载力的要求，提高建筑物刚度，合理处理相邻部分工程对地基的压力梯度，减少人工扰动天然地基土，到协调施工程序，利用软土的附加压密强度，必要时结合地基人工处理等。成功应用于设计中，反映了当时江苏在软弱地基上建闸的特色。

1954年淮河大洪水后重新规划。闸总宽630m的三河闸和80m的高良涧进水闸原建闸身挡洪不稳定，闸身要加重而底板强度不够，要加固底板，打坝断流又不允许。1966年洪泽湖大堤加固，在蒋坝预留三河越闸地址，解决洪水出路后再打坝加固三河闸。时任设计室主任周君亮与加固设计组成员共同研究认为黏性地基土利用凝聚力提高摩擦系数，使稳定需要的闸身重量减少是关键。他根据反分析，提出利用压板试验中1/3土壤凝聚力提高地基土抗滑摩擦系数；同时在1967年三河闸加固设计中采用冬春季蓄水位闸身抗滑安全系数要大于设计洪水位；设计洪水位遇事故时允许控制泄量由12 000m^3/s减小到8000m^3/s，但不关门；允许部分大浪越过胸墙顶等措施。1966年高良涧闸加固设计中相应加大了原来的摩擦系数，利用当时淮河旱年，洪泽湖水干涸时机，采取闸孔一改二，开敞式闸孔改为涵洞式，增加洞顶填土重量等措施。两闸加固一个冬春完成，抗滑安全已得验证。坚硬黏土地基的最大摩擦系数由原来的0.30提高到0.45，坚硬壤土地基由0.35提高到0.40，已被1984年我国《水闸设计规范》采用。利用黏性地基土凝聚力，加大抗滑摩擦系数是一次突破性进展。

他认为现行地基土上水工建筑物抗滑动设计存在的问题，关键是：①现在设计采用的抗滑承载能力大小有任意性；②在同一地基土上建筑物于不同工况下可能采用的抗滑动承载能力不同。他在2007年“重大水利水电科技前沿院士论坛”发表研究成果，采用四个抗滑安全系数，共同控制地基土建筑物的滑动安全。复核已建三座建筑物，证实解决了问题，研究成果是原创。

（二）在建筑物结构型式和技术措施上不断创新

1957年在山丘区漫滩排洪6000m^3/s的新沭河上建成蒋庄漫水闸，闸总宽210m。洪水来时来不及开门泄洪，洪水过时来不及关门蓄水。周君亮受徐州地区副专员梁公甫委托，首次设计水力自动翻倒门，1958年汛前投产，克服了上述问题，实现了无人管理。该闸型在20世纪60年代已推广到省内石埝闸、王庄闸等十余座大、中型水闸。1958年在全国水利勘测设计院会议上作了介绍，向全国推广。已在国内山丘区河道获得广泛使用，技术日益完善。

淮沭河分泄洪泽湖洪水设计3000m^3/s、调水440m^3/s和航运。河总长66.1km，其中55km在黄泛区。1957年工程实施后几次续建，河、堤在雨水和风浪侵蚀下淤塌严重。群众称“一年挖、二年淤、三年平”。1970年周君亮接受协助地方续建设计，他和全组人员实地研究黄泛区粉砂土地基挖河经验。拟定续建采用调水、航运为地下河，行洪为地上河；大堤青坎种植防浪林，迎水坡筑块石或植物护坡，背水坡种植物护坡，坡脚加渗流反滤；河坡在风浪、船浪冲刷区做1∶7缓坡消浪；在长达29km土质更差地段深挖黄泛土下卧的重粉质壤土覆盖河坡；分洪时淮沭河下游段滩面水深减小，用沭阳闸反控抬高水位，避免河床冲刷，优化了方案。除大堤背水坡脚防渗和块石护坡外，工程很快完成，近40年调水、航运，工程运行良好。

1971年淮沭河已送水到新沂河，他接受挖通沭新河向连云港送水，在河口建沭新闸的设计任务。当时材料供应非常紧张，闸址不通水运，石料运输也困难。他确定采用反拱底板和正拱桥的闸身结构，桥上填土，用土重满足闸身稳定，极大地减少了三大材和石料用量。针对闸址为中粗沙地基，施工时将地下水位降到闸基坑面以下，先分开浇筑底板和闸墩，在正拱桥上填土加载，在闸墩沉降基本稳定时，再将底板与闸墩合成整体，保证反拱结构安全。沭新闸投产一年，抽干水检查结构完好。该结构已推广到太平闸、金湾闸等大型水闸和安徽、河北等省。施工方法已推广到船闸坞式结构。

江苏省已建水工混凝土建筑物受碳化侵蚀严重，安全使用时间约有 1/3 低于平均水平。原因是：①现行规范中耐久性指标没有与建筑物结构的使用时间明确相关，成为软指标；②混凝土施工中材料发生离析造成实物的耐久性与试验指标不一致；③现行耐久性指标判别采用的是专家方法，缺少可在施工场地试验、检测的简易方法。1997 年，他和刘农、许冠绍合作研究在同一气温下混凝土构件表面碳化侵蚀深度、空气中二氧化碳浓度与侵蚀时间的关系，研究提出的试验、检测方法简单易行，研究成果是原创。已向国内外介绍，在江苏水利工程施工中试行。

（三）不断攀升大型泵站设计水平

1966 年修建武定门抽水站按常规需要拆迁大半条七里街。周君亮和设计组人员实地研究，由一种老式潮汐电站中得到启发，提出双向 × 流道抽水站构思，集抽灌、抽排、自引、自排功能于一体。他解决了每台机组有 6 扇闸门的复杂布置，且避免了误操作；并在华东水利学院老师试验研究协助下，攻克流道内发生脱流汽蚀和淹没旋涡的难题，使设计获得成功。投资仅为原估算的 1/5，节约 1000 多万元，避免大量占地拆迁。双向 × 流道设计是原创，已推广到多座大型泵站。

江都抽水站是江水北调工程第一级站，抽水能力 475m^3/s，由 4 座站组成。1981 年因效益显著获 70 年代国家优质工程金质奖（未排名）。1966 年他主持三站设计，泵叶轮直径 2.0m，抽水 135m^3/s；

1973年他主持四站设计，泵叶轮直径3.1m，抽水210m³/s，模型泵站效率达82%。首次采用泵房、出水管和挡水墙分开的半堤后式结构，比一站、二站河床式泵房造价低44%～48%。

皂河抽水站是江水北调工程，也是南水北调东线工程规划第六级站，总规模600m³/s，为加固骆马湖南堤后向湖中补水，先建皂河第一抽水站，1975年立项，规模为200m³/s。当时南水北调规划江苏境内有六级抽水站的规模为600m³/s。为便于自动化管理，皂河第一抽水站采用上海水泵厂研制的国内外最大的斜流泵，单机流量100m³/s。当时因“文化大革命”设计人员大量离岗，1976年春省治淮指挥部设计组被迫承担具体设计工作。由周君亮兼任该站设计组长，图纸由他签字后交付施工。他一面多方组织设计人员，一面针对该站除调水外，有可能解决中运河与河西低地的洪涝矛盾和河西低地内高、低地排涝矛盾，会同地、县研究枢纽布局，确定方案。因泵直径大，常用的拍门、虹吸断流装置不能用，他根据高比转速水泵运行的过渡过程采用液压操作的快速闸门断流装置。他根据主机组设计条件，拟定泵站控制运行方式，请华东水利学院水动专业老师和学生在校内按毕业设计形式设计辅机系统图、电气原理图；并到上海开关厂绘制盘接线图和引线图。然后组织讨论确定泵站土建结构型式；委托做水工模型试验。1976年秋，拼凑了13人，成立设计组，到淮安第二抽水站施工现场设计，又要来3位工人参加设计。因准备充分，虽分在三地设计，但工作进行顺利。由于工程枢纽布局合理，综合效益显著；高比转速水泵站采用的快速门装置断流是原创，即使在设备或系统运行失灵时，仍能保证安全；泵站装置模型效率85.5%，高于同类设计；站址地震烈度9°～10°区，抗震措施得当；厂房采取了遮阳、通风和噪声控制，工作环境优良；主机、辅机运行采用机旁操作，弱电选线、过程控制，灵活可靠；单位流量造价合理等。该工程1989年获国家优质工程金质奖（周君亮排名第一）。液压快速闸门断流装置已推广到其他泵站。

他作为水利部科技创新项目（SCX2003-12）“低扬程泵站原、模型水力特性换算研究”负责人，与河海大学和江苏大学有关人员合作研究，针对国内低扬程泵站设计中采用泵站水力装置做模型试验，但在原、模型水力参数换算时采用泵水力装置的换算方法。而现行的泵水力装置原、模型制作中不要求过流部分的相对粗度相等，造成“比尺效应”。由于原、模型泵进、出水流道和泵站进、出水管的水流可能在光滑紊流区，造成雷诺数效应，引起原、模型不相似，水力参数换算有较大误差。他根据原、模相似基本理论，研究提出黑箱法计算原、模水力损失和拟等效率换算水力参数，能提高精度，有广泛应用前景。

（四）开创国内大型内河船闸设计的先河

20 世纪 50 年代前国内仅修建过几座船闸，钢闸门设计及制造处于空白。中华人民共和国成立后，随着水利建设的发展，苏北地区形成梯级河网化，陆续兴建一批船闸。1951 年周君亮担任金属结构（闸门、启闭机等）设计和驻厂监制，后任金属结构设计组长，1956 年成立设计院，他任水工室副主任，分工船闸和金属结构设计。先后参与皂河、高良涧、仙女庙、淮安等 10m 口宽和宿迁 15m 口宽的十多座船闸设计，设计了卧倒门、横拉门、人字门等多种船闸门型，从无到有，为提高闸门设计、制作、安装水平做出了贡献。

1958 年年初江苏省京杭大运河工程指挥部成立，确定船闸、节制闸等由省水利厅设计院水工结构室设计，时任水工室主任周君亮在水工室内拟定成立三个设计小组，设计口宽 15m 的淮安、淮阴和泗阳船闸设计。他拟定关于船闸设计、运行控制和信号设备的设计条件，尽可能拟定设计要求，如统一在船闸两侧临水面做一条沟通上、下游的人行信道，便于管理；为避免各小组工作可能发生的矛盾，确定各船闸的闸首、闸室和闸门的超高和细部结构尺寸；首次采用闸首短廊道对冲变速输水，缩短输水时间，提高船闸过船能力；为节省三大材，闸室根据地基允许承载力采用重力式浆砌墙或衡重式浆砌墙，浆砌墙墙身又分挖洞和不挖洞两种，墙身迎水面用高标号混凝土预制块护面，保证美观；上、下闸门和阀门的启闭电气连锁，人字门电轴同步开关，避免误操作；适应当时运输船只的装备水平，实行船闸运行集中控制和现场分散操作并用；以及推导适合阀门启闭变速输水的计算方法等，报请交通部批准，交通部以“江苏省大运河船闸设计暂行规定”批准，说明闸首口宽未定，行驶 2×3000t 顶推船队运煤，闸室尺寸 20m×5m×230m 已定，附有顶推船队双向过闸引航道布置图。他委托南京工学院以学生勤工俭学方式做电气设计，请水利厅工程局郑祖德联系。他参与淮阴船闸设计小组（组长周其明，组员林黛妍、安宝璜、朱明炎）设计下闸首，作为试验田，总结设计经验。1958 年 9 月交通部王首道部长来南京，提出船闸闸首口宽定为 20m，要求全线 11 座船闸年内开工。由交通部抽 10 人（丁行蕊、涂启明、邹觉新、续庆琪等）、省航校应届毕业生 10 人，连同大运河工程指挥部在水工室实习的 2 人（林黛妍、安宝璜）支援船闸设计组，设计组周君亮任组长。设计院水工结构室抽出 3 人参加设计。他考虑全组有船闸设计经验的人不多，将全组分成闸首、闸室与导航结构物、闸门三个小组，水工结构室来的三人担任小组长；每座船闸各有一人绘制总布置图，称为“条、块”结合，期使新手很快上手。在设计工作全面展开后使他能及时查核计算，编写设计文件。12 月中旬设计顺利完成。1959 年压缩基建，保留苏北段 7 座船闸施工。1961 年后前后竣工，验收投产。在当时条件下，有些设计不得不勉为其难，如没有轴承钢，被迫以低碳钢表面渗碳、淬火代用，造成横拉门在使用三五年后轴承疲劳压碎；人字门底枢的摩擦耦合件材质欠佳，使用十余年后，磨损严重，要更换；为减少三大材用量，在闸首两侧输水洞上部做浆砌墙，加重底板负荷，结构不尽合理。总的来说，较好地完成了任务，技术有进步。工程完成投入运行后，交通部对外作了宣传；20 世纪 80

年代交通部编制的船闸设计规范，不少地方采用了这些经验。

1984 年京杭运河徐扬段续建工程立项，续建 11 座复线船闸，有 9 座尺寸 23m×5m×230m，分别由省属交通和水利两家以及市属水利四家设计院承担设计。他被借调到京杭运河续建工程指挥部任总工程师，负责船闸工程设计审查、施工指导和验收，参与研究并解决了工程中多项技术问题：研究确定一线、二线船闸运行的不对称直线进闸引航道形式，采用分开引航道，各自双向过闸，过船能力最大；研究和推广沙土地基大口井基坑降水、水力挖土和水力填土的施工方法；解决复杂地基上淮阴、施桥二线船闸施工期内一线船闸安全运行问题；优化施桥二线船闸的施工方案；将皂河二线船闸闸址由总体设计选定的地址移到骆马湖西侧，保证行洪期航运安全，并减少施工风险；运东船闸根据地形采用反对称广厢闸室；参与研究高邮临城段将总体设计中采用的板桩墙方案改为搬东堤，拓宽航道，解决一期工程留下的卡脖子航段；修改泗阳船闸上闸首底板结构计算，改正错误，保证该结构安全等。1988 年国家验收总评“技术上有一定的革新和创造，工程质量总评优良”，其中有八座船闸获 1989 年和 1992 年省优秀设计奖，一座获国家优质工程银质奖。

1972 年 4 月受交通部特邀参加葛洲坝船闸设计会议，担任闸门组召集人。该船闸设计采用单级船闸的人字门门高 37m，宽 25m，重约 500t。由于门体结构的几何中心与重心不在同一位置；门轴支点又偏在门体一侧，在自重作用下，门体会发生扭曲变形和倾斜变位。会议要求对闸门设计、制作、安装、扭曲变形等问题提出解决途径和措施。他提出船闸人字门采用钢横梁式压弯构件，可减轻门重。要精确计算门体扭曲变形很困难，在安装就位后，承受侧向水压力时门体扭曲变形可以暂时消除，不会漏水。建议采用原位设计法，闸门在门槽内就地拼装，底梁下布置千斤顶，安装就位后，放松千斤顶，使闸门装在顶枢和底枢上，测定闸门垂直变位，如变位超过预定值，将门背十字拉架松开，再用千斤顶顶起，使结构承受反向预变位应力，再次将门背十字架固定，放松千斤顶，测定闸门垂直变位到预定值为止。在纠正闸门垂直变位时，同时也可以减少扭曲变形。得出可以采用单级船闸，过船能力大，不必采用两级船闸。会议在向时任国家计划委员会副主任顾明汇报后散会，历时20余天。葛洲坝船闸最后按单级船闸建设。

犊山防洪控制工程是防洪、引排水、通航的综合利用工程，由梁溪枢纽和五里湖枢纽组成，位于太湖风景区。省苏南水利设计院和无锡市水利设计院设计，周君亮负责制订方案和指导设计。他针对梁溪枢纽在太湖高水位关闸，平时开闸运行，航运会有很大发展，提出将枢纽由一座单孔20m节制闸和一座16m×130m船闸组成，平时两闸敞开成上行、下行两条航线，满足航运发展；洪水期节制闸控制水位，船闸维持通航。在布置上将两闸紧靠并列，少占水域；开门时船闸与节制闸的闸门都放在水中，启闭设备分设并隐蔽在闸首闸墩上部的控制室内；上层结构与亭、廊形式有机结合，使建筑群的景观与湖光水色融为一体。五里湖枢纽受太湖风扬影响，逆风顺水，水流湍急，将枢纽建成单宽16m的双孔节制闸，平时敞开，分别用于上行、下行航线，避免过闸船只相撞。两枢纽建筑物设计中采用他首次提出的下沉式圆弧升降拱板门，取消臂杆，由定轮支承，开通闸时不碍航；门库挖深小，开门输水时可冲走门库内淤积泥沙；采用扭转刚度大的圆弧门体，输水时振动小，抗行船碰撞性能好。因门体高宽比很小，为防止闸门开门过程中门体端部与门槽发生摩擦时自锁，设置限力装置。节制闸闸门采取等速启闭，采用带均衡机的电轴同步拖动；船闸闸门开门输水慢速，开、关门快速，采用带变频机和双馈机的变速电轴同步拖动；在闸门启闭机开、停机时采用电轴相位整步，保证闸门不倾斜，变位不累计。工程于1991年建成，投产后运行良好。闸门及其启闭系统设计有创新，1994年获国家优质工程银质奖（周君亮排名第一）。

三、心系民众，回报社会

周君亮为了我国水利事业，饱经艰辛，忘我劳动。特别是治淮初期，条件艰苦，他经常奔波在水利工程现场，风里来，雨里去，饱一顿，饥一顿，工作任务又重，天长日久，他患上了严重的胃病，先后胃部大出血三次，有两次都发生在出差劳累情况下。1964 年他在灌云、沭阳骑着租来的自行车查勘农田水利，奔波四天，导致胃病发作，第五天上午在沭阳县候车去连云港时突然胃大出血，医院抢救并发出病危通知书，但他坚强地跨越了死神关。1974 年他冒着严寒检查骆马湖大堤，又赶到三河船闸检查闸室墙变位，劳累过度，刚回单位就突发胃大出血，医院发出病危通知书，紧急手术，将胃切除 3/4。手术给他的生活带来不便，但照常出差，工作仍然十分认真。1976 年在淮安抽水站工地进行皂河第一抽水站现场设计，住在草屋工棚，历时两年，那时每天清早即起身，一直忙到晚上十一二点，工地饭菜常常又冷又硬，胃痛了就用止痛药支撑着坚持工作。同事们感慨地说，周君亮在设计众多的水利工程时，何尝不在设计着一位共产党人的生动形象。离休后，他仍身兼多职，为水利、交通等工程建设出谋划策，并在河海大学带着博士研究生，经常工作到深夜。

周君亮是一位有着很高威望的技术人员，科学上有着严谨的态度，更有谦逊质朴的作风。作为一名老党员，他严格要求自己，工作上忘我投入，以表率行为影响他人。他态度谦逊严谨，待人处事没有半点架子，从不保守，无论什么人，只要找到他，他总是有问必答。与他共事的同龄人称他为“老大”，在年轻人心中他是可亲可敬的长辈。

在工作中，周君亮总是注意在坚持正确意见的同时，广纳众见，博采众长，认真研究不同意见，吸取其合理部分，特别是反对意见，认为其能从另一个角度吸取经验，使设计方案更完善、更优化、更精益求精。他重视学习和运用唯物辩证法，善于在工作中分清主次，抓住关键，如皂河第一抽水站设计中，正是处理了调水与洪涝之间、高低地排涝之间的关系，使枢纽的综合效益发挥得更好。

周君亮在长期工作中总结出两种思维方式：一是“经验转移”，在类比基础上，把一个领域中的技术移用到另一个领域，从而使原有的技术获得新的突破；另一是“克弱致强”，任何技术都有一定的局限性，需针对工程的具体条件，找出现有技术的关键弱点所在，作为突破口，寻找克服方法，实现技术创新。创新有时意味着风险，他往往能在充分研究论证的基础上，顶住压力，敢于采用新技术，不断完善设计。

平凡的工作岗位，闪烁着人生风采。他已至耄耋之年，但仍在为我国水利事业的新发展、工程科技上新水平不懈努力着。

访谈邹觉新[①]

苏超：邹总，我主要是想了解一下周院士的情况。您是 1958 年参与京杭大运河一期的，大概是到 1961 年结束的吧，这段时间在江苏和周院士他们一起做京杭大运河的改造工程。此次采访一个是想了解一下京杭大运河设计的技术难题，一个是您对周院士有什么印象。

邹觉新：我是 1958 年从苏联学习回来的，之后在交通部上班。实际上 1958 年以前就开始在做运河的有关工作，后来规模要有所改变，主要是船闸的尺寸、航道的标准，而且要得很急，这个事情

① 本文是苏超为“老科学家学术成长资料采集工程（周君亮）”而做的采访。

是江苏省京杭大运河建设指挥部在抓，当时部长是王首道，他根据省里的要求赶紧组织力量一起做。但是因为当时很多设计院都下放了，包括部里的设计院也都下放了，剩下的一个水运设计规划院在国子监，那时刚开始组建，也没多少人，所以又凑了部里的一些老工程师，包括我们一些刚参加工作的，有一二十个人。大家一起来到江苏，当时是江苏省水利勘测设计院在做这件事，要求我们3个月就要把设计弄出来，然后开工建设。苏北运河的船闸是比较多的，以前建了一些，现在又要改建，又要加大规模，所以设计任务很重，几个船闸都要同时设计，所以我们去了以后就在设计院领导之下一起做。我记得当时周院士是室主任，其中一个组长是潘贤德。说实在的，我们一些老工程师以前没接触过这些，另外也都上了年纪，计算、画图力不从心了，我们这些年纪轻的就一起干。当时几个人都是有分工的，我记得我负责淮阴船闸，具体要做下闸首的设计，具体就是计算、画图这些事情。当时不像现在有计算机，还挺忙活的。

那时我们对京杭大运河不是很熟悉，原则大家都知道，但是具体情况就不太清楚了。除了设计任务繁重之外，还有很大的一个问题是京杭大运河的水的问题，因为京杭大运河的水需要靠扬州抽水站一级一级地抽上去，这里面涉及交通和水利的协调问题，还牵涉到地方上用水的问题——因为苏北的水利特别复杂，苏北运河要穿过几个湖。这段时间里，我们主要做设计工作，在设计过程中，我觉得周院士的基本功很过硬，潘贤德的基本功也是可以的。在他们的领导之下，我们的工作进展得都很快，按期且保质保量完成了任务。周院士是我们的领导，负责具体工作的分工和最后的审核，包括指导我们的工作。周院士给我的印象是工作很认真，责任心也重，我们做出来的图纸他都要一张张审查。我和周院士接触比较多的是那段时间的设计工作，感觉到他在工作方面的认真，同时他在结构方面的造诣也很深，对推动我们的工作进展起了很大作用。后来因为长江口的事情开会和周院士碰到过，那时我们也请周院士一起讨论长江口的设计方案，以及长江口回淤的问题。

苏超：那就是从 15m 口门改成 20m 口门的这个设计的那段时间。

邹觉新：对，就是这段时间。当时我刚到部里，都不太清楚标准的改动，因为那时是运河建设局具体在做这些事情。从 1957 年、1958 年苏北运河就开始大张旗鼓地开工建设，那时搞得很热闹，后来要改船闸尺寸了，新建的都要按新标准了。

苏超：从当时来看，船闸结构这一块的技术哪些在国内是先进的技术？

邹觉新：船闸里主要是两个闸首的设计任务比较重，因为闸首的底板一般都是连体式的，底板也都很厚，一般为 3～4m，所以当时设计的时候考虑到施工问题，两边都留了宽缝，浇筑的时候减少温度应力，减少地基产生的应力，两边闸墙都浇好，过了一段时间再封这两条，这个在当时是比较先进的技术，在结构方面基本都是采取重力式的结构。另外，在机械制造方面闸门很重要，20m 宽的话，虽然水头不像有的船闸那么大，但是也不小了，也有五六米高，所以这一扇门的设计在当时也是比较复杂的。说实在的，没干过，中华人民共和国成立以前的一些老工程师都没干过这些事情，新人在学校里也没学过，所以当时依靠的都是苏联伏尔加河上莫斯科运河的建设，好多先进的东西都借用过来，在这些基础上进一步去做船闸的一些设计规范。当时主要是靠一个苏联的水利专家写的一本船闸的书，引航道的匹配、靠船墩的设置、船的速度，这些都是一些新鲜事；水深怎么留，留的太大的话船闸的尺寸浪费，太小的话船进去阻力就比较大。总之我觉得从周院士开始做比较大的、先进的工作，我考虑还是主要是从这个时候开始的，整个船闸都是新鲜的，国内没有做过，都是借鉴苏联的一些技术。

苏超：你们当时都很年轻，工作、生活在一起，跟周院士本人接触下来，有没有什么比较深刻的印象？

邹觉新：我们到江苏人生地不熟，都是在他的领导之下帮我们做的，包括住的地方、吃饭的事情，还有平时的一些其他事情，都是他在联系。

苏超：当时中交规划设计院过去的人好像都是留苏的，应该说对苏联的一些船闸设计还是比较熟悉的，那么对运河的船闸设计作用应该还是蛮大的。

邹觉新：对，当时做的时候就是根据《船闸》那本书。当时苏联特别重视底板的计算，采用各种各样的计算方法。当时还没有有限元，都是手算的，都是用基础梁的那套理论，因为船闸的闸首里边还有一个很大的输水涵洞，都是2m、3m见方的，这一弄之后变成了刚性的框架计算，这些力学方面的东西周院士在大学里肯定都学过，他在船闸结构方面还是比较突出的。另外，运河上面的关系非常复杂，交通和水运的关系、太湖流域的关系等，做起来真的不容易。

苏超：但是做起来后效益还是可以的。

邹觉新：对，效益很好。不管你问谁，江苏的运河真的是做得不容易的，从1957年、1958年开始，一直到现在，现在已经是很漂亮了。

苏超：现在不是一个开拓性的工作，现在是完善、增加功能的一个工作，你们当时做的属于开拓性的工作，这个还是不一样的。

邹觉新：说到运河总体的设计概念，这个就很重要了，不仅仅从航运上讲。不解决水的问题是根本不行的。我不太清楚周院士在其中的参与程度，如果他也参与了的话，也可以说下他对整个京杭大运河的水利交通开发作用，这样可以让人物形象更丰满些。

苏超：周院士本身还是比较谦虚的，他写的都是他在设计上做了一点什么事情，没有写决策上。

附录|二|

周君亮大事年表

1925年2月14日　出生于无锡县雪浪乡许舍镇。原名周君良，有哥、姐、弟各一人。

1936年8月　由无锡县雪浪乡许舍小学五年级转入无锡县私立公益小学。

1937年9月　考入私立公益初中，11月日军侵占无锡，学校停办，失学在家。

1938年8月　在无锡县板桥镇私立惜阴初中二年级读书。

1930年2月　认识周保中、杨秋滨，经他们介绍，开始接触一些进步书籍，建议在惜阴初中内组织读书会，有杨资生(杨石平)、董玉伦(董大光)、何仲道、杜洪深、殷正中等七位同学参加。1940年夏，因毕业读书会解散。与杨资生、董玉伦有往来，直到他们去世。

1940年8月　到无锡城中私立正风中学读高中一年级。

1940年12月　日军“清乡”，烧了许舍镇房子，家中房子也全被烧毁。日军用竹篱笆将许舍乡划开，经日军检查站没有圈内“良民证”的人不准进入许舍乡，无家可回。

1941年春　搬到无锡城中居住。

1941年8月　考取在上海市租界内的江苏省立苏州工业专科学校机械科(五年制)。

1941年12月　日军进占租界，学校解散，失学回无锡县城家中。

1942年8月　考入无锡县私立圣德中学读高中三年级上学期。

1943年1月　与圣德中学同学程定和胡家骥三人自无锡县城乘木船到宜兴县丁山镇，此时丁山镇是日军占领的地方，步行到张渚镇，住在程定家认识的书店里，等待家中将路费由无锡一家书店转来。

1943 年 2 月　步行千余华里，经安徽省屯溪到江西省婺源，雇乘船民木船由婺源顺赣江支流到乐平，再穿鄱阳湖到进贤附近，改乘轮船到吉安已是 3 月 15 日。姚家三人等来钱暂留吉安。与胡家骥二人乘汽车自吉安到湖南耒阳，改乘火车经衡阳到桂林，又乘火车到金城江，从金城江花钱搭乘运输货物的军用汽车，到重庆已是 4 月 10 日，历时 70 余天。

1943 年 4 月　到重庆后住在哥哥处，暑假报考了交通大学，未考取，五个月后，搬入重庆市黄角椏的教育部沦陷区来渝学生寄宿舍，主要可以多些时间准备功课考大学。

1944 年春节　经考试进入复旦大学英语专修班学习。怕考取大学后麻烦，将原名周君良改为周君亮。

1944 年 8 月　经考核及格，随同英语专修班同学十多人及由各大学征调来的学生共七八十人，由国民党军事委员会外事局送到昆明译员训练班第四期接受口语培训，时间为一个月。

1945 年 1 月　在中国高级汽车驾驶学校当翻译。该学校 7 月停办，抗日战争胜利后，等候回国。

1945 年 9 月　乘机回国。9 月中旬在昆明译员招待所以“三级翻译官”遣散。遣散后，10 月初到重庆进复旦大学土木工程系一年级读书。

1945 年 10 月初　到重庆复旦大学读书，志愿是学机械，但复旦大学只有理学院土木工程系，当时有转学的想法。

1946 年年初　学校中发生了特务学生殴打“谷风”编辑的事件，洪深教授亦受侮辱，作为目击者，出于气愤，签名支持了正义。

1946 年 5 月　学校停课。当时哥哥在重庆小龙坎的豫华纱厂工作，两年未见，想趁游行之机去看哥哥。

1946 年夏天　随学校回到上海。母亲请人在许舍镇建了房子，回家便有住房了。由于国民党政治腐败，发动内战，时局不稳，思想上很苦闷，此时杨资生在上海闸北小学教书，知道他和中国共产党有联系，有空就去找他，并借一些进步书籍阅读。

1946年冬　因美国士兵强暴北京大学女学生事件而掀起了要求美军撤离中国的学生运动。通过这次运动，对美国参与中国内战、以援助为名进行经济侵略的认识有所提高。

1947年春　在个人主义思想指导下，参加了国民党教育部对曾担任过美军翻译的人的选拔留学考试，此为国民党在征调大学生当译员时答应的条件，未被录取。

1947年6月　学校内掀起了反饥饿反内战运动，在游行中担任纠察。在欢迎被捕同学回来的晚会后，特务埋伏在回寝室的路上对学生殴打，和许子美等四人在路边的麦田里躲了一夜。对国民党的血腥魔爪，心中激起了无限憎恨，因此开始有寻找中国共产党的想法。国民党对学校进步学生进行迫害，大批进步同学离开学校，学生运动跌入低潮，体会到革命必须要有武装，否则都是假的。

1947年暑假　乡保长勾结区里工作人员收壮丁款，勒索、威胁要带到区政府去，充分意识到离开集体，个人是起不了作用的。

1948年春　被选为复旦大学土木系系会干事，暑假系会介绍到上海郊区大场镇附近的上海幼稚师范同学办的农村托儿所盖房子，在大场镇孟江巷托儿所内（在一农民家）住了40多天，和在托儿所内工作的幼师同学一道由当地农民轮流供饭。

1948年下半年　四年级分组，选读水利组。

1948年9月　仍被选为系会干事，校中成立了应变组织，团结同学讨论时事，迎接中华人民共和国成立，担任生活小组长，名字也上了国民党特务要搜捕的黑名单。

1949年1月　经同班同学洪家军介绍参加中国共产党，3月被批准加入中国共产党，成为上海市的地下党员。

1949年6月　从上海复旦大学理学院土木工程系（水利组）大学毕业。

1949年8月　经上海市学生联合会介绍，参加上海市军事管理委员会农水处的棉垦训练班。有交通大学水利系、同济大学土木系和复旦大学土木工程系（水利组）应届毕业生20余人参加。

1949年9月　经上海市军事管理委员会华东水利部介绍，被分配到泰州苏北行署农水处，参与垦区水利工程建设。

1949年11月　被任为农水处棉垦局三级工程员，参加工程师沈衍基为射阳县西潮河建咸水洞涵洞的设计。

1950年春节前　反革命分子在一个早晨向棉垦局食堂饮水缸中投放砒霜，吃早饭时中毒。此时苏北行署已从泰州搬迁到扬州，棉垦局搬回扬州苏北行署农水处。

1950年春　和同学施启泰、蒋鼎生到大中集棉垦区为建上海劳教农场围垦测量。

1950年夏　查勘棉垦区回来第二天，反革命分子在农水处食堂饮水缸中投放砒霜，中毒，呕吐胃出血，住医院治疗。

1951年7月　调往苏北治淮总指挥部计划处，参加设计皂河小船闸设计，驻厂制造闸门和启闭机。

1952年6月　参加设计高良涧船闸、泰州船闸、淮安船闸和仙女庙船闸，驻厂制造闸门、配套启闭机和配合工地安装。

1953年　提任金属结构设计组组长，被评为一级技术员，负责指导全组闸门设计，配合处内水闸和船闸设计，还承担驻厂监制工作，配套启闭机和配合工地安装。

1954年　淮河发生大洪水，发现三河闸和高良涧进水闸挡高洪水位不稳定。自学地基土基坑小型压板滑动试验，期望利用凝聚力加大地基土滑动摩擦系数，实现闸身挡水压力的安全程度。

1955年5月　参加射阳河挡潮闸设计组，到蚌埠由淮委设计院水工结构室谈松曦主任指导设计，后到上海驻厂监制闸门，配套启闭机和配合工地安装。

1956年1月　指挥部内设立水利勘测设计院，任院内水工结构室副主任，被评为八级工程师。室内分工负责金属结构设计、启闭机配套和船闸设计。

1956 年　苏北大涝，旱作物无法抗涝，决定旱改水。水源不足，水利勘测设计院设计开挖淮沭河，北调淮水到淮北和连云港，补充灌溉用水，按照水利部意见，兼分洪泽湖淮河洪水设计 $300m^3/s$，校核 $4000m^3/s$ 经新沂河入海，完成洪泽湖泄洪入海原定 $16\,600m^3/s$。

1957 年 12 月　任水利勘测设计院水工结构室主任，水工结构室兼管审核省管的地县重要建筑物结构设计，由江苏省水利厅计划财务处审批。

1958 年 1 月　江苏省成立京杭大运河工程指挥部，被分工负责枢纽中的 11 座船闸设计。根据有关文件、交通部来人意见和自己的建议，编写船闸结构、运行、管理的预设计方案报交通部。交通部在 1958 年 4 月以《江苏省大运河船闸设计暂行规定》批复，因闸首口宽未定，先组成淮阴船闸设计小组，作为试验田，周其明为小组长，研究淮阴船闸预设计 4 个多月，成为适合当时国内材料供应困难的预设计方案。

1958 年　开始挖淮沭河，水工结构室设计淮阴闸、沭阳闸、柴米河地涵、钱集闸、六圹河地涵等，后又为沟通淮沭河与中运河和洪泽湖等航运，建张福河船闸、淮沭船闸、六塘河船闸等。

1958 年 9 月　交通部王守道部长来南京决定船闸闸首口宽 20m，行驶 2×3000t 顶推船队运煤，省内 11 座运河船闸年内完成设计。抽交通部内 10 人，省航校应届毕业生 10 人，连同大运河工程指挥部 2 人，在 10 月初集中南京支援设计工作，任设计组组长。按预设计方案，将各船闸分闸首、闸室、闸门 3 个小组设计，由水工结构室来的 3 人各负责一个小组，再安排各一人将各小组设计成果拼绘成各船闸设计总图。12 月完成设计，支援各人回各自单位。1959 年压缩基建，在苏北段运河已建有 15m 宿迁、皂河 2 座船闸外，没有省际争议的施桥、邵伯、淮安、淮阴、泗阳、刘山、介台 7 座船闸施工。

1959 年 2 月　到北京在煤炭部、石油部、水电部合办的工程师哲学进修班学习马列哲学，被各省来的学员选为该班学生党支部书记。

1959 年 7 月　学习结束回南京，一人为 7 座运河船闸设计配合水利厅工程队施工。1961 年 10 月工程竣工投产，船闸运行顺利。

1959 年　苏北因农业旱改水缺水，抬高洪泽湖蓄水位到∇13.5m，蓄水 3 个多月，因安徽省反对，被迫放低蓄水位，政务院批 800 万元救济安徽蓄水区农民。当年苏北大旱受灾，水利部要江苏省水利厅建江都抽水站抽长江水弥补里下河地区。

1960 年　江都抽水站一站由水工结构室沈日迈等参照美国设计规范河床式泵站附图设计，投产后沈日迈等留站管理，又设计二站，形成管理处设计。

1962 年 5 月　江苏省水利厅成立基建局，任该局规划设计组组长，负责审批省管水利工程建设。

1963 年　任设计院设计室主任，被评为七级工程师。水工结构室负责省管水利工程的建筑物设计，包括河、堤土方，农田水利和省地区设计重要工程结构审查。

1964 年 5 月　和谈文雄、严庭云三人到灌云、沭阳查勘农田水利，奔波四天，胃病发作，第五天上午在沭阳县汽车站候车去连云港时突发胃大出血，医院抢救发出病危通知书，坚持越过了死神关。

1965 年　设计高良涧越闸，闸身为洞顶预制半圆拱涵洞式结构，直升门，拱上填土加重提高抗滑稳定，按国内习惯滑动摩擦系数 0.33 设计。

1965 年　设计室设计的南京市秦淮河武定门闸已建成，秦淮河洪水可不经市区自排入长江。5 月为解决南京市区遇大雨被淹问题，开始设计南京市武定门抽水站，设计小组组长祝庭华，在武定门闸现场设计。

1966 年 5 月　洪泽湖干枯，无水供灌溉，江苏省水利厅要求加固高良涧进水闸，提金福海为设计小组组长。决定加固将原开敞式一个闸孔改为涵洞式两个闸孔，洞顶上填土 3m 多加闸重，底板不要加固，按习惯地基摩擦系数 0.33 计算，期望加固工作及时完成。

1966 年 6 月　“文化大革命”开始时，院长高铿和设计室副主任胡同生“靠边”受批判，设计室虽有群众派别，除个别人外，工作基本正常。

1966 年秋　淮河无水排入海，射阳县要退建海堤。11 月，江苏省水利厅设计室、南京水利科学研究院派人共同实地查勘盐城地区废黄河出海口海岸崩塌情况，对淮河入海支河口建闸有新认识。

1966 年　江都三站原由管理处组织开始设计，厅长指定设计室负责三站设计。1972 年，江都四站设计经治淮指挥部吴山决定由部设计组负责具体设计工作。

1967 年　江苏省水利厅要设计室设计加固三河闸，根据水利电力部规定按原设计洪泽湖洪水位 ∇16.0m，下游入江水道行洪改为 Q=12 000m^3/s，下游入江水道仍以高邮湖行洪水位 ∇8.5m 控制。根据地基土样室内快剪试验和基坑小型压板剪切试验的滑动成果比较，确定地基土基坑开挖回弹再压缩的滑动承载能力降低数值；去除地基土的超固结强度峰值；提高地基土的极限滑动剪切强度包线和极限滑动剪切系数 tanψ；按三河闸原设计 ∇16.00m 抗洪加固完成，三河闸胸墙原顶高 ∇17.10m，不再加高。

1968 年下半年　工作“靠边”被审查，因当翻译情况在中华人民共和国成立初期思想改造学习运动中全部交代清楚，只能等着审查。

1969 年 10 月初　与部分未下放农村的原江苏省水利勘测设计院技术人员离开“五七干校”，寄住在金湖入江水道指挥部宿舍。到大汕子格堤工地，处理有三处大堤 18 万 m^3 土方滑塌事故。

1969 年 11 月　协助淮阴地区治淮总指挥部设计排洪 3000m^3/s、

校核 4000m^3/s 的淮沭河续建工程。

1971 年年初　治淮工作组在扬州成立江苏省苏北治淮总指挥部，指挥吴山，副指挥熊梯云。规划设计组大部分人员被调到在扬州新成立的江苏省治淮总指挥部。

1970 年　汛前淮沭河已能送水、通航到新沂河，负责将水送到连云港，满足地方用水和供应海轮淡水。在沭阳县组成现场设计组，规划利用部分分水沙河开挖成沭新河。1971 年 5 月建成沭新闸，又用水泥浆砌钢筋网衬托加固被输水压力胀裂的浆砌块石蔷北地涵洞身，1972 年 5 月将新沂河的淮河水北送经蔷北地涵到沭新河北送。

1971 年 5 月　沭新闸反拱底板和正拱桥、桥上填土结构在指挥部指定用到太平闸、金湾闸、黄沙港闸。太平闸、金湾闸施工完成安全运行已 50 余年。

1972 年　苏北治淮总指挥部内人员工作分组，成立设计组，共 5 人，任组长，谈文雄任副组长，组员有潘贤德、郑祖德、施琦瑾，负责省管治淮工程协助地方组织建筑物设计小组，确定工程规划数据、结构型式、审批设计和预算、指导施工技术和工程验收，但不担负具体设计工作。

1972 年 4 月　受交通部特邀参加葛洲坝船闸设计会议，历时 20 余天。

1973 年冬　骆马湖南堤在风平浪静下因堤身渗流失事，倒堤 200 余 m，修复后计划放干骆马湖水，从湖中取土加固，要求山东在南四湖代骆马湖蓄灌溉用水 4 亿 m^3，未同意，湖中取土加固未实现。

1974 年 1 月　出差查勘骆马湖南堤和检查三河船闸闸室墙地基深层滑动，时值严寒，胃病复发。未查计算书，误认因闸室墙后用块石排水暗沟，排水能力低，墙后地下水位降不低造成，决定抽干闸室水检查地基深层滑动。刚回指挥部就胃大出血，在扬州人民医院手术切除 3/4 胃，有切口疝，回南京家中休养。体质很差。

1974 年 8 月　回指挥部设计室工作。

1976 年年初　江苏省应上海市要求使用上海水泵厂研制的 ϕ5.7m 斜流泵，扬程 6m，单泵 100m^3/s，为国内外最大叶轮水泵，上海市优待提供使用的机电设备国家指标和上海生产配套。研究当时已批准连云港区建有泵站，该站扬程低，不能选用斜流泵，能用在江水北调送水工程的皂河站。使用大水泵可以少建站占地，为放干骆马湖水，取湖内土加固南堤后抽补湖水。淮阴地区治淮指挥部已承担淮安一站、二站建设，因技术困难不能设计。1976 年年初，江苏省治淮指挥部指挥熊梯云要自己的设计组设计，被指定任该站设计组长。1976 年秋开始设计，1977 年 11 月底完成皂河第一抽水站工程技术设计并交出施工。1979 年开始施工，离开设计院，但仍为该站设计配合施工处理问题。1981 年机组开始安装时，工程停缓建，仅用维护设备的少量经费安装。试运行一年，1986 年 3 月验收投产，前后达十年多。

1977 年年底　在淮安二站工地组织现场设计组，用一个月时间突击完成淮安运西水电站兼运西分水闸设计，使洪泽湖调水由灌溉总渠入里运河 300m^3/s 与船闸引航道分开。回水利厅在计划财务处审批自己的设计，及时交淮阴地区治淮指挥部施工，使该工程于 1978 年汛期完工，实现里运河安全调水。

1978 年 3 月　在江苏省水利厅计划财务处工作，七级工程师。江苏省定连云港港区西海堤由华东水利学院负责设计，水利厅负责施工，到华东水利学院参与设计。陪同严恺院长实地研究海堤定线及该线两端开山取筑堤石料施工方案。

1978 年　经江苏省水利厅熊梯云厅长等推荐，在江苏省科学大会上由江苏省革命委员会授予“在省科学技术工作中作出显著贡献的先进工作者”荣誉称号，并获发奖状、证书，全省水利工程建设系统仅一人获此奖。

1978 年 10 月　到位于扬州的江苏省水利勘测设计院，七级工程师，任设计室主任。

1979年3月　在宿舍扫地时跌倒，发现心肌微血管严重缺血，回南京治疗，后在水利厅计划财务处工作。

1980年　在江苏省水利厅计划财务处，六级工程师，高级工程师。因是省级机关行政级技术人员，写了《平原地区大型水泵站设计》书稿二章，审查合格升任高级工程师。

1980年　江都抽水站设计因效益显著，江苏省水利勘测设计院获国家优秀设计奖（集体奖）。

1980年1月　江苏省成立京杭大运河续建工程指挥部，4月被借任该部总工程师，负责二线船闸审查设计和施工，参与研究3段航道达标工程等。

1982年12月　经江苏省职称领导小组评定可聘任教授级高级工程师职务。

1988年4月　参加全国设计大师评审委员会评选，获“中国工程设计大师”称号，获建设部荣誉证书。这是第一届，全国水利系统获得者有三人。

1988年12月　京杭大运河续建工程验收，指挥部被撤销，回江苏省水利厅计划财务处工作。

1989年　江苏省水利厅厅长熊梯云指定由刚成立的江苏省水利勘测设计院苏南分院和无锡市水利局设计无锡市犊山防洪控制工程，负责选定方案和指导设计。

1989年　被江苏省建设委员会聘为江苏省工程优秀设计评审委员会副主任，主持全省该期评审工作。1992年继续担任江苏省工程优秀设计评审委员会副主任，主持全省该期评审工作。

1989年　因皂河第一抽水站设计，江苏省水利勘测设计院获1989年国家优质工程金质奖。

1990年12月　在江苏省水利厅计划财务处按原职务厅局级待遇离休。离休后担任厅专家委员会顾问。

1992 年　按苏科干（93）4 号通知享受国务院政府特殊津贴（100 元档）。

1994 年　因犊山防洪控制工程设计，江苏省水利勘测设计院苏南分院和无锡市水利勘测设计院获国家优质工程银质奖。

1995 年　由江苏省水利厅提名、厅技术人员讨论通过，以水工建筑物工程设计专业，经江苏省政府评审推荐，参加中国工程院院士评选，1995 年 5 月当选为中国工程院院士。

1995 年 9 月　受江苏省水利厅厅长委派参加 1995 年水利部南水北调规划会议，赞成省政府秘书长代表省政府提出的东线工程对江苏水资源做加法、不做减法的意见。在中国工程院第四次院士大会上以论文《关于南水北调东线工程的建议》发言。2001 年 12 月在上海东方科技论坛第十八次学术研讨会发表论文《南水北调规划布局商榷》。

1997 年　因江苏水利建筑物钢筋混凝土碳化侵蚀十分严重，和刘龙、许冠绍组成小组，研究混凝土结构的强度和耐久性指标与安全使用年数相关，提出混凝土碳化侵蚀快速测定法，配合施工工地现场测定。发表《混凝土抗碳化侵蚀安全使用年数快速测定法》。2002 年，在 *Proceedings of the 54th International Symposium* 以论文 *An Accelerated Method to Predicate Safe Serviced Years of Concrete Constructions under Corrosion of Carbonate* 对外介绍。

1997 年 6 月　参加中国国际工程咨询公司对淮河入海水道工程可行性报告审查会，提出入海水道穿运河的两河水位配不平，运河不能断航，工程必须立交。建议采用潜运沉管方法建设淮安枢纽。为施工期保持运河通航，提出潜运、沉管等详细施工方法，在中国工程第五次院士大会学部学术报告介绍“潜运沉管建闸方法”，《中国工程科学》2000 年第 2 卷第 11 期转载。淮委按此法施工建成。

1998 年　参加水利部长江口通航规划会议，讨论意见赞成开挖、维持拦门沙水深 12.5m，增大海轮吨位航行，不能建船闸，因船闸入海引航道多海潮泥沙淤垫，阻碍海运。

1998 年　被江苏省教育厅聘为设立在扬州大学的江苏省水力动力重点实验室学术委员会任主任。

1998 年 12 月　中共江苏省委和江苏省人民政府发优待证，在医疗保健、乘车（飞机、船）方面享受副省级待遇。

2000 年　被交通部和江苏省人民政府聘为镇江扬州长江公路大桥技术顾问组顾问。

2000 年 5 月　受聘江苏理工大学教授，该校后改名为江苏大学。

2001 年 5 月　受聘河海大学教授、博士生导师，和朱岳明教授共同带博士生多人。

2001 年　被水利部聘为科技委员会委员，后为顾问，多次参加年会活动。

2002 年 9 月　提出书面意见——《润扬大桥北锚锭设计与施工意见》，建议加强北锚锭设计与施工。

2002 年 11 月　以论文《混凝土裂缝成因和抗裂技术研究》作为项目，朱岳明教授向河海大学申请院士学科发展基金。

2003 年 2 月　参加华东水利勘测设计院审查曹娥江闸设计上报文件，向浙江省绍兴市政府提出书面建议——《曹娥江大闸可行性研究报告》，提出曹娥江河口建闸的具体条件。

2003 年 2 月　被南京水利科学研究院特聘为荣誉教授（NHRI-HE-200）。

2003 年 12 月　负责“低扬程泵站原、模型水力特性换算”研究项目。在 2004 年 4 月淮河水利委员会淮河研究会第四届学术研讨会上发表论文《低扬程泵站水力特性参数原模型换算》。在《排灌机械工程学报》2009 年第 5 期上发表论文《原型及模型泵水力装置参数换算》，在 2009 年 9 月中国工程院学部与武汉大学水资源与可持续发展高层论坛宣读该论文。2008 年完成项目研究，结题验收。

2004 年　因三河船闸闸室墙地基土失稳，江苏省水利厅要将闸室墙拆去重建，有人担心1968年三河闸加固有问题。因当时找不到1968年三河闸加固计算书，发表论文《地基土与现浇混凝土压板的抗滑性》，得出结论：加固是安全的。

2005年　受聘为曹娥江大闸枢纽工程建设组专家。

2006年　被江苏省水利厅聘任为江苏省水利厅科技委员会顾问，在成立大会上宣读论文《当前江苏水利思考》。

2007年9月　在《中国工程科学》2010年第10期发表论文《地基土上水工建筑物的抗滑动稳定研究》。从地基发生滑动进一步证实三河闸加固方法准确。发表《地基土上水工建筑物的抗滑动稳定研究（续）》，在《中国工程科学》2011年第9期上发表。按《中国工程科学》编辑意见，将发表的两文合并改写成论文 *Slide Stability of Hydraulic Structures on Subbed Soils*，发表于 *Engineering Sciences* [《工程科学》(英文版)]。

2007年1月25日　提出“长江徐六泾节点整治研究”意见，该节点深泓靠长江南岸，近百年来深泓位置南北摆动约300m，流向稳定。现在从望虞河引长江水进太湖流域在增多，减少福山水道的退水量，增加节点深泓向南摆动，节点南侧土质差，将成险工，应慎重研究。

2009年10月17日　在江苏大学向研究生和辅导员讲解“工程技术学习体会和工作方法”。

2010年　南京水利科学研究院有人提出，三峡枢纽已建成双线并行五级连续船闸，建议利用顶推船队直接进出船闸，增加过闸运输量。认为只有拆除建成的双线五级连续三峡船闸，改建成分散船闸双向过闸运行才能提高运输量，写出论文《内河航运枢纽船闸双向过闸运行研讨》，未参加调研，交学部和水利部科学技术委员会2012年年会参考。写出论文《内河航运船闸运行研究》，于《江苏水利》2014年第4期发表。

2010年　应中国工程院学部与河海大学“流域水安全与重大

工程安全高层论坛”邀请，宣读经审查组将文题改为“淮河下游水安全及其对策”的论文，河海大学《水利水电科技进展》2011年第8期转载。2014年4月，被中国水利学会淮河研究会聘为顾问，将该文题名改为《淮河下游水安全分析及其对策研究》,《江苏水利》2015年第12期转载。

2012年　获中共江苏大学委员会授予的“江苏大学关心下一代工作荣誉奖”。

2015年2月　年满90岁，受中国工程院祝贺。

2016年　听力欠聪，参与学术讨论困难，已在休养之年。

附录 | 三 |

周君亮主要著述目录

周君亮，吴军．1982. 大型抽水站液压快速闸门关门时间和缓冲压力的计算探讨．江苏水利，（3）：78-90.

周君亮．1959. 京杭运河苏北段七座船闸工程技术设计（江苏省水利勘测设计院上报交通部文件）. 12.

周君亮．1966. 软粘土地基上的水闸建筑．水利学报，（2）：12-20.

周君亮．1978. 皂河第一抽水站技施设计（江苏省水利勘测设计院上报设计文件）.

周君亮．1982. 京杭大运河的整治和展望．江苏水利，（2）.

周君亮．1982. 平原地区船闸闸室墙后排水管设计．江苏航道，2.

周君亮．1982. 平原地区大型水泵站设计——泵站结构计算（评高级工程师上报材料）.

周君亮．1982. 平原地区大型水泵站设计——出水流道和出水水管设计（评高级工程师上报材料）.

周君亮．1984. 泵站结构设计与计算（一）. 江苏省水利勘测设计院技术文集 . 1.

周君亮．1985. 泵站结构设计与计算（二）. 江苏省水利勘测设计院技术文集 . 1.

周君亮．1988. 泵站结构设计与计算（三）. 江苏省水利勘测设计院技术文集 . 1.

周君亮．1988. 京杭运河徐州至扬州段续建工程竣工报告附件：第三部分送水工程和第四部分船闸工程 . 12.

周君亮．1989. 京杭运河苏北段船闸引航道布置讨论（中国水力发电工程学会通航专业委员会二次学术会议论文）. 4.

周君亮．1991. 平原地区船闸布置（在无锡市水利局勘测设计院的讲稿）. 5.

周君亮．1991. 平原地区船闸输水结构设计（在无锡市水利局勘测设计院的讲稿）. 5.

周君亮．1992. 皂河第一抽水站的断流技术．江苏水利,（3）：40-50.

周君亮．1992. 皂河第一抽水站辅机辅助设备和控制方式．江苏水利,（4）：16-24.

周君亮．1992. 皂河第一抽水站枢纽布置和泵房设计．江苏水利科技,（1）：9-19.

周君亮．1992. 皂河第一抽水站装置性能和主机结构．江苏水利科技,（2）：33-46.

周君亮．1994. 低扬程排水泵站装置选用．江苏水利,（4）：34-44.

周君亮．1996. 水工混凝土侵蚀病害 // 中国工程院第三次院士大会学术报告汇编.

周君亮．1998. 关于南水北调东线工程的建议 // 中国工程院第四次院士大会学术报告汇编 .

周君亮．1998. 水资源的开发利用．江苏水利,（4）：12.

周君亮．1999. 关于南水北调东线工程的建议．大自然探索,（1）：24-27.

周君亮．1999. 再论淮河入海水道淮安立交枢纽潜运沉管设计与施工．江苏水利,（11）：6-8.

周君亮．1999. 中国水利与 21 世纪可持续发展 // 科技进步与学科发展——科学技术面向新世纪学术年会论文集 .

周君亮．2000. 工程设计中的思想方法（在扬州大学水利工程系和江苏省水利勘测设计院作的学术报告）.

周君亮．2000. 面向 21 世纪中国水利的思考（在中国水利学会南京座谈会上的发言）.

周君亮. 2000. 南水北调工程的建议（在水利部21世纪中国水利发展战略研讨会上的发言）.

周君亮. 2000. 潜运沉管建闸方法. 中国工程科学，2（11）：78-83.

周君亮. 2000. 谈谈中国的水问题（在江苏大学兼职教授聘任大会上所作的报告）.

周君亮. 2000. 中国水利可持续发展探讨. 中国水利，（8）：35-37.

周君亮，刘龙，许冠绍. 2000. 混凝土抗碳化侵蚀安全使用年数快速测定法. 江苏水利，（3）：18-20.

周君亮. 2001. 泵站建设中装置选用问题. 排灌机械工程学报，19（1）：3-12.

周君亮. 2001. 犊山防洪控制工程设计创新. 水利水电科技进展，21（3）：9-13.

周君亮. 2001. 关于淮河入海水道工程. 江苏水利，（2）：8-9.

周君亮. 2001. 关于南水北调东线工程规划（修订）水量调配的几点意见. 江苏水利，（9）：6-7.

周君亮. 2001. 在工程技术工作中的几点体会 // 周济. 科技创新院士谈（上册）. 北京：科学出版社.

周君亮. 2002. 低扬程泵站建设中装置选用问题研究（上）. 江苏水利，19（7）：3-12.

周君亮. 2002. 低扬程泵站建设中装置选用问题研究（下）. 江苏水利，（7）.

周君亮. 2002. 低扬程泵站建设中装置选用问题研究（中）. 江苏水利，（6）.

周君亮. 2002. 对南水北调规划布局的意见. 科技导报，（5）：6-10.

周君亮．2002. 南水北调工程与规划布局商榷（在南京水利科学研究院所作的学术报告）. 10.

周君亮．2002. 南水北调工程与规划布局商榷（在中国科学技术协会年会上的发言）. 1.

周君亮．2002. 润扬大桥北锚锭设计与施工意见．

周君亮．2002. 水工混凝土侵蚀病害和骨料碱活性反应 // 江苏通榆河工程论文集（第 2 集）.

周君亮．2003. 南水北调规划布局商榷 // 南水北调（东线）对长江口生态环境影响及其对策 . 上海：华东师范大学出版社 .

周君亮．2003. "曹娥江大闸可行性研究报告" 的几点建议（向浙江省绍兴市政府提交的建议）.

周君亮．2003. 混凝土裂缝成因和抗裂技术研究 .

周君亮．2004. 泵站原、模型水力特性换算研究．江苏水利，（6）：8-11.

周君亮．2004. 低扬程泵站快速门断流装置设计．江苏水利，（4）：11-13.

周君亮．2005. 低扬程泵站水力特性参数原模型换算．

周君亮．2006. "浙东引水枢纽工程可行性研究报告" 的几点意见 .

周君亮．2006. 当前江苏水利几点思考（在江苏省南通市院士行活动中的发言）.

周君亮．2006. 低扬程泵站建设关键技术研究．

周君亮．2006. 地基土与现浇混凝土压板的抗滑动特性（上）. 江苏水利，（12）.

周君亮．2006. 地基土与现浇混凝土压板的抗滑动特性（中）. 江苏水利，（4）.

周君亮．2006. 工程技术中的思想方法．

周君亮．2006. 洪泽湖与淮河下游的关系．河海大学学报，34

（增 2）：1-8.

周君亮．2006. 水利工程技术工作中的体会（在江苏大学所作报告）.

周君亮．2007. 当前江苏水安全的几点思考 .

周君亮．2007. 当前江苏水利思考 .

周君亮．2007. 地基土与现浇混凝土压板的抗滑动特性（下）. 江苏水利，（1）.

周君亮．2007. 长江徐六泾节点整治研究 .

周君亮．2008. 地基土上水工建筑物的抗滑动稳定．水利水电科技进展，（1）：35-42.

周君亮．2009. 原型及模型泵水力装置参数换算．排灌机械工程学报，27（5）：273-280.

周君亮．2010. 低扬程泵和泵站水力装置原、模型参数换算研究（上）. 江苏水利，（1）.

周君亮．2010. 低扬程泵和泵站水力装置原、模型参数换算研究（中）. 江苏水利，（2）：4-6.

周君亮．2010. 低扬程泵和泵站水力装置原、模型参数换算研究（下）. 江苏水利，（3）.

周君亮．2010. 地基土上水工建筑物的抗滑动稳定研究．中国工程科学，（3）.

周君亮．2011. 淮河下游水安全及其对策，31（4）：13-19.

周君亮．2011. 地基土上水工建筑物的抗滑动稳定研究（续）. 中国工程科学，12（9）：22-30.

周君亮．2012. 地基土上水工建筑物的抗滑动稳定．交通科学与工程，28（2）：72-83.

周君亮．2012. 航运枢纽双向过闸运行的研讨 .

周君亮．2014. 内河航运船闸运行研究．江苏水利，（4）：6-9.

周君亮．2015. 地基土水工建筑物滑动计算三种方法比较．江苏水利，（2）：5-7.

周君亮．2015. 低扬程泵装置原模型和防止“有害”汽蚀参数换算．排灌机械工程学报，33（3）：185-195.

周君亮．2015. 粘性地基土水工建筑物滑动计算三种方法比较（续）．江苏水利，（2）：5-7.

周君亮．2016. 地基土水工建筑物滑动计算．江苏水利，（10）：1-6.

周君亮．2016. 地基土与现浇混凝土压板的抗滑动特性．

Zhou J L, Liu L, Xu G S. 2002. An accelerated method to predicate safe serviced years of concrete constructions under corrosion of carbonate // Proceedings of the 54th International Symposium.

Zhou J L. 2013. Slide stability of hydraulic structures on subbed soils. Engineering Sciences，(5)：2-12.

后　记

我写中国工程院院士自传的愿望和目的，主要是叙述和缅怀同行的共同努力，评述在工程建设中取得的成就，讨论个人学科技术方面的创新。由于工程建设中的成就主要表现在创新上，且是多种工程技术、学科理论、设计能力和施工方法的综合，具有竞争力，能够适应和推动社会经济发展。我认为对工程技术创新的争议是科学技术完善、进步的必由之路。由于工程创新内容只有通过技术论文才能说清楚，又因为自传中写的有些技术创新成果现在仍有不同意见，所以在本书第四章中就我的工程创新选录6篇文章，以方便将过程叙述清楚，这是我的责任、愿望和目的。

周君亮

2017年9月